JN248456

# 東大の英語

## 要約問題 UNLIMITED

竹岡 広信

編著

教学社

## ●掲載内容についてのお断り

- 本書は，要約問題が初めて出題された 1960 年度から 2020 年度までの 61 年分の問題（前期日程）をすべて掲載しております。ただし，入試が実施されなかった 1969 年度，要約が出題されなかった 1970・1988 年度は除きます。
- 赤本ウェブサイトの下記アドレスより，一部の問題の音声（MP3）をダウンロードできます。ファイルは ZIP 形式で圧縮しています。配信は予告なく終了する場合がございます。
  http://akahon.net/sound/unlimited/

下記の問題に使用されている著作物は，2021 年 9 月 6 日に著作権法第 67 条の 2 第 1 項の規定に基づく申請を行い，同条同項の規定の適用を受けて掲載しているものです。

　「英文を和文に要約する」「英文の要旨を和文でまとめる」という作業は，様々な力を必要とします。選択式の問題でスコアアップを目的とした試験に要する「ゲーム的な問題処理能力」では到底太刀打ちができません。

　当たり前のことですが，何よりもまず，対象となる英語そのものがきちんと読めていなければ話になりません。そこには英単語の知識，構文の理解は当然として，その英文を理解するだけのバックグラウンドも必要となります。バイオマスのことを知らない人が biomass を含む文を読んでも理解が困難でしょう。

　次に必要なのは，読んだ英文の「言いたいこと」を抽出する力です。この力は，英文を漫然と読んでいても身につくものではありません。「筆者が言いたいことは結局これだ」ということを短時間で把握する力が要求されます。これは英語力というより「学力」の範疇に入ります。日本語の「言いたいこと」がわかる力がないのに，英語ならわかるということにはならないでしょう。この力がないと，要旨・要約問題を解くのは不可能です。

　さらに，「言いたいこと」がわかるだけでは「要旨・要約文」は作れません。英文の内容を丹念に読み進め，筆者がその「言いたいこと」の肉付けをどのように展開しているのかを把握しなければなりません。この作業をきっちりやらないと，「何となく内容はわかっている」という大雑把なレベルにしか到底達しません。こうした肉付けの把握には緻密な作業が要求されます。

　これらをきちんとした文に整える論理性も必要となります。数学の証明問題が苦手な人には，こうした論理性は希薄かもしれません。

　最後にもう一つ越えるべき難関があります。字数を削り整えるという作業です。主張とその肉付け部分をすべて書くと，大半の場合，制限字数よりかなりオーバーします。よって，そこから情報を削らずに文字数を削ることが必要となります。このためには，「簡潔に言い換える力」「漢字力」などが必要となります。「島嶼」という単語を知らなければ「様々な島々」を縮めるのは困難でしょう。

　要旨・要約はこれだけでは終わりません。出来上がったものを，パソコンに入力するのではなくて，自分の字で書かなければなりません。その字によって，採点官は受験者のことを知ることになります。つまり「受験者が今までどのような字を書いてきたのか，学校・家庭を問わずどのような教育を受けてきたのか，汚い字を書いても誰にも注意されないような環境で育ったのか，きちんとした性格なのか，いい加減な性格なのか」といった情報まで伝えることになります。

　以上のことを約 10 分で行うのが東大の要旨・要約問題です。この 1 冊をやりきることができれば，相当な「学力」がつくことでしょう。そんな素晴らしい問題を，1960 年まで遡って，58 題掲載しました。ともに味わい尽くしませんか？

　最後に，吉村聡宏先生，教学社編集部の皆様には，貴重な御意見を賜りまして誠にありがとうございました。

竹岡 広信

# CONTENTS

# 東大要旨・要約問題の変遷

　「東大の英語」の大問 1 と言えば、要旨・要約問題である。その要旨・要約問題について、2020 年度の試験から，最初に出題されたと思われる 1960 年度までを振り返ってみよう。なお、問題の難易度は英文自体の難しさではなく，採点した際の生徒の出来映えで判断している。

## 〜 2020〜2000 年度

| 年度 | 英文の長さ(語数) | | 解答の指定字数 | 指示文 | タイトル | 難易度 | 本書での扱い |
|---|---|---|---|---|---|---|---|
| 2020 | 383 | 語 | 70〜80字 | 要約 | 高齢者にやさしい社会を目指す運動 | 標準 | 第 2 章 |
| 2019 | 321 | 語 | 70〜80字 | 要約 | 欧州での子どもの権利の変遷 | やや難 | 第 2 章 |
| 2018 | 352 | 語 | 70〜80字 | 要旨 | デマの拡散について | やや難 | 第 1 章 |
| 2017 | 361 | 語 | 70〜80字 | 要旨 | 国際ビジネスにおける交渉のカギ | やや難 | 第 2 章 |
| 2016 | 318 | 語 | 100〜120字 | 要旨 | 社会が結束する要因 | 難 | 第 1 章 |
| 2015 | 350 | 語 | 70〜80字 | 要約 | 危険認知における人間の反応 | 標準 | 第 1 章 |
| 2014 | 388 | 語 | 80〜100字 | 要約 | 地球環境への人間の影響 | 標準 | 第 4 章 |
| 2013 | 345 | 語 | 70〜80字 | 要約 | クモの巣の強靭性とその応用 | やや難 | 第 5 章 |
| 2012 | 256 | 語 | 70〜80字 | 要約 | 新たな移民社会の形態 | 標準 | 第 2 章 |
| 2011 | 245 | 語 | 70〜80字 | 要約 | 基礎科学における学際的教育の重要性 | 難 | 第 3 章 |
| 2010 | 346 | 語 | 90〜100字 | 要約 | 相関する SF と科学 | 難 | 第 5 章 |
| 2009 | 291 | 語 | 70〜80字 | 趣旨 | 日常に潜む感動の発見 | 標準 | 第 1 章 |
| 2008 | 265 | 語 | 70〜80字 | 要約 | 外見と内面との関係 | 難 | 第 1 章 |
| 2007 | 281 | 語 | 80〜100字 | 要約 | 詩の意味を決定するのは誰か | やや難 | 第 3 章 |
| 2006 | 243 | 語 | 65〜75字 | 要約 | 民主主義の理想と現実 | 易 | 第 2 章 |
| 2005 | 217 | 語 | 60〜70字 | 要約 | 身体のリズム感や調和力の維持の仕方 | 難 | 第 5 章 |
| 2004 | 271 | 語 | 60〜70字 | ※1 | 専門家の記憶の仕組み | 標準 | 第 1 章 |
| 2003 | 298 | 語 | 60〜70字 | 要約 | 言語の消失と誕生 | やや難 | 第 2 章 |
| 2002 | 276 | 語 | 40〜50字 | ※2 | 日本のニュース番組の特徴 | 易 | 第 2 章 |
| 2001 | 195 | 語 | 30〜40字 | 要約 | 日常的な物の価値の見極め | 標準 | 第 1 章 |
| 2000 | 209 | 語 | 40〜50字 | 要約 | 人間の独自性 | 標準 | 第 1 章 |

※ 1　2004 年度は，指示文が「一般的にどのようなことが言えるか」となっており，独特であった。
※ 2　2002 年度は，下線部の説明問題が 2 問あり，そのうち 1 問が結果的に段落の要約になっている。

## 〰 1999〜1980 年度

| 年度 | 英文の長さ（語数） | 解答の指定字数 | 指示文 | タイトル | 難易度 | 本書での扱い |
|---|---|---|---|---|---|---|
| 1999 | 321 語 | 100〜120字 | 要約 | オーラル・ヒストリーの特徴と影響 | 難 | 第2章 |
| 1998 | 239 語 | 80〜100字 | 要約 | 環境保護の2つの立場とその考え方 | 易 | 第4章 |
| 1997 | 247 語 | 100〜130字 | 要約 | 農耕の起源についての考え方の変化 | 易 | 第5章 |
| 1996 | 196 語 | 80〜100字 | 要約 | 情報通信技術と労働形態の変化による影響 | 標準 | 第2章 |
| 1995 | 120 語 | 60〜70字 | 要約 | 現代言語学が目指すもの | 易 | 第3章 |
| 1994 | 363 語 | 80〜100字 | 要約 | 自己不利益化の説明と問題点 | やや難 | 第1章 |
| 1993 | 310 語 | 80〜100字 | 要約 | 短期記憶と長期記憶の特性 | 易 | 第1章 |
| 1992 | 223 語 | 70〜80字 | 要約 | 大学生にとっての蛍光ペンの影響 | やや難 | 第3章 |
| 1991 | 218 語 | 60〜80字 | 要約 | 買い物袋をめぐる競争の茶番劇 | 難 | 第4章 |
| 1990 | 180 語 | 60〜80字 | 要約 | プロと素人の画家の違い | 易 | 第1章 |
| 1989 | 211 語 | 70〜90字 | 要約 | 象と秒との大きさ比較 | 易 | 第1章 |
| 1988 | 出題なし | | | | | |
| 1987 | 195 語 | 80〜100字 | 要旨 | 小さな町の良いところ | 標準 | 第1章 |
| 1986 | 222 語 | 80〜100字 | 要旨 | 「下等動物」という概念の誕生 | 標準 | 第1章 |
| 1985 | 328 語 | 90〜110字 | 要旨 | 環境適応ゲームは動物にとって有利か | 標準 | 第4章 |
| 1984 | 226 語 | 80〜100字 | 要旨 | 初等教育で歴史を教える意義 | 難 | 第3章 |
| 1983 | 244 語 | 80〜100字 | 要旨 | 人間が自然制圧に要した時間 | やや難 | 第2章 |
| 1982 | 291 語 | 60〜80字 | 要旨 | 将来への希望と恐怖の持ち方 | 標準 | 第1章 |
| 1981 | 232 語 | 60〜80字 | 要旨 | イングランドの自然の原初の姿への復元 | 難 | 第4章 |
| 1980 | 165 語 | 50〜70字 | 要旨 | 子どもが知性を発揮するとき | 標準 | 第1章 |

## 〽1979〜1960 年度

| 年度 | 英文の長さ(語数) | 解答の指定字数 | 指示文 | タイトル | 難易度 | 本書での扱い |
|---|---|---|---|---|---|---|
| **1979** | 169　　語 | 50〜70字 | 要旨 | 自伝の粉飾 | やや難 | 第 1 章 |
| **1978** | 242　　語 | 80〜100字 | 要旨 | 先人の恩恵である高度な文明 | やや難 | 第 2 章 |
| **1977** | 271　　語 | 80〜100字 | 大意 | 漫画ではなく本を読むべき | 標準 | 第 3 章 |
| **1976** | 292　　語 | 100〜120字 | ※3 | 煉瓦職人の仕事への姿勢の変化 | 標準 | 第 1 章 |
| **1975** | 384　　語 | 100〜120字 | 大意※4 | 共通の規範に基づく口論 | やや難 | 第 1 章 |
| **1974** | 247　　語 | 100〜120字 | 大意 | 感情と結びつく記憶の再生 | やや難 | 第 1 章 |
| **1973** | 232　　語 | 60〜80字 | 大要※5 | 聞き上手な，人の良いロバート | やや難 | 第 1 章 |
| **1972** | 233　　語 | 80〜100字 | 主旨 | 米国の科学研究界への苦言 | やや難 | 第 2 章 |
| **1971** | 255　　語 | 80〜100字 | 論旨 | 現代の北米教育の問題点 | やや難 | 第 3 章 |
| **1970** | 出題なし | | | | | |
| **1969** | 学生紛争のため東大入試が取りやめになった | | | | | |
| **1968** | 252　　語 | 100〜120字 | 要旨 | 時間に支配される現代人 | 標準 | 第 1 章 |
| **1967** | 245　　語 | 100〜120字 | 要旨 | 政治情勢に対する私の姿勢 | やや難 | 第 2 章 |
| **1966** | 200　　語 | 80〜100字 | 要旨 | 生後数年の経験と将来の人間関係 | やや難 | 第 1 章 |
| **1965** | 191　　語 | 60〜80字 | ※6 | 産業革命という用語の問題点 | 標準 | 第 2 章 |
| **1964** | 175　　語 | (1)45〜75字<br>(2)30〜50字 | 要旨 | 普通教育が及ぼす悪影響 | 標準 | 第 3 章 |
| **1963** | 193　　語 | 100〜150字 | 要旨 | 社会人としての立派な行動 | 標準 | 第 1 章 |
| **1962** | 182　　語 | 125〜175字 | 要旨 | 英国の教育制度と民主主義 | 標準 | 第 3 章 |
| **1961** | 215　　語 | 100〜150字 | 要旨 | 英国人にとってのユーモア | やや難 | 第 1 章 |
| **1960** | 235　　語 | 50〜150字 | 大意※7 | 人々を突き動かすもの | やや難 | 第 0 章 |

※ 3　1976 年度は，「筆者の仕事に対する態度の推移」を述べる問題。
※ 4　1975 年度は，「第二節の大意」を述べる問題。
※ 5　1973 年度は，段落整序，下線部の意味の説明問題も含まれている。
※ 6　1965 年度は，「Industrial Revolution という用語が必ずしも適当と考えられていない理由」を述べる問題。
※ 7　1960 年度は，下線部の訳や説明問題も含まれている。

## 1 英文の長さについて

　1990 年代は約 240 語が平均的語数であった。2000 年代はやや増加して約 255 語が平均的語数となった。**2010 年代はぐっと増えて約 330 語**となっている。

## 2 解答の指定字数について

　1960 年代，1970 年代は 100〜120 字が主流であったが，1980 年代には 80〜100 字が主流となり，1990 年代後半になると再び長くなった。2000 年代は，逆に 60〜70 字のような短いものが主流になり，**2010 年代は 70〜80 字が主流**となっている。かけられる時間が 10 分ぐらいであることを考慮すれば妥当な長さだと思われる。

　なお，初期の頃の問題は「字数に句読点は含めない」が主流であったが，近年の問題は「字数に句読点を含める」が主流となっている。

## 3 指示文について

　「要旨をまとめよ」や「要約せよ」などの指示文について，東大が「要旨」「要約」「大意」を意識的に区別しているかどうかは定かではないが，文字通りの指示文は次のように変化してきた。**ここ 30 年では「要約せよ」が主流**である。

| 年　　度 | 要　　約 | 要　　旨 | 大　　意 | その他 |
|---|---|---|---|---|
| 2020 〜1990 | 25 | 3 | 0 | 3 |
| 1989 〜1960 | 1 | 17 | 4 | 5 |

## 4 テーマについて

　「人間の精神構造」に関わるものが半数近くを占め，次いで多いのが「社会の構造・仕組み」について。**2000 年代以降は「人間の精神構造」と「社会の構造・仕組み」の割合は同程度**。古い問題も，今でも十分に興味深く読める。本書では，問題をテーマごとに掲載することで，新旧織り交ぜて問題に触れることができるようにした。

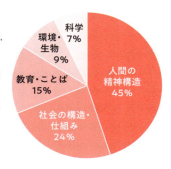

## 5 難易度について

　**ここ 10 年ほど難化傾向**にある。当然ながら，難しければ平均点は下がり，合格点も下がるであろうし，簡単ならその逆になるであろう。よって，「問題が難しい」と悲観する必要はないし，「問題が簡単だ」と楽観するのも馬鹿げている。

# 問題を解く際の注意事項

**1** **「要約」**は，文章を短くして全体の意味をきちんと説明すること。よって，**各段落の内容をできるだけ盛り込む**ようにしたい。具体例に多くの字数が割かれている場合は書く必要があるだろう。

**2** **「要旨」「趣旨」**は，文章全体で筆者が最も言いたいことを示すことが求められるので，**譲歩の部分や具体例を省いて「筆者の主張」を正確に書く**。過去の問題を見る限り，「要旨をまとめよ」は「譲歩の部分や具体例，またすべての段落に触れる必要はない」という程度の意味で使われている可能性が高い。「大意」は，文章全体で言おうとしているおおまかな内容を書くものと考えられる。

**3** 「要旨・要約問題」は，**英文を正確に読むための「英語力」**と，その内容を**簡潔な日本語で表現するだけの「学力」**が問われる。情報は詰められるだけ詰め，漢字を使用するなどして字数を削減する（情報は残すこと）。

冗長な例　　守られるべき原則と実際に行われていることに大きな開き（26 字）
簡潔な例　　原則と現実との乖離（9 字）

**4** **特殊な解法，鮮やかな解法はない。**トピックセンテンス，ディスコースマーカー，言い換え，対比などに注目するのは本末転倒。**内容を丁寧に追いかけること。**

**5** 不要なことを書いても，本文の内容と齟齬がなければ減点されないだろうが，その分だけ書くべき情報が減り，結果的に減点につながる。

**6** 英文中にある「比喩的な表現」「難解な表現」はそのまま書かず，それを具体的に言い換えた箇所から要約に組み込むこと。

**7** 「70〜80 字にまとめよ」とあれば，巧みな日本語を用いて情報を詰めれば「70 字で十分に書けるはずだ」ということ。ただし，冗長な言葉を用いすぎた場合は，制限字数一杯まで使わないと情報が漏れてしまう可能性がある。

**8** 要旨・要約を書く際，和文は必ずしも英文の書かれている順序で書く必要はないが，敢えて順番を変える必要もない。

**9** 語尾は「です，ます」ではなく，「だ，である」で書く。

**10** **「字の丁寧さ」にも学力が現れる**ことを忘れてはいけない。「急いでいたから汚い字になった」という言い訳も学力不足の露呈になる。

# 採点基準例

## 採点にあたっての一般的な注意点

※本書に掲載の採点基準は模擬試験や著者独自の分析に基づいたものであり，東大の公式発表のものではない。自身の達成度を確認する際の参考としてほしい。

### 1 漢字のミスについて

　　模試では漢字のミスは減点しないことが多い。ただし，意味が変わってしまい内容に影響するようなミスは内容点で **1点減** とするのが一般的（東大の試験本番での漢字ミスは減点の可能性あり）。

　　例1　×完壁　　（○完璧）　　→　減点しない
　　例2　×看者　　（○患者）　　→　減点しない
　　例3　×化学技術（○科学技術）→　減点する

### 2 指定字数の違反について

　　指定字数（たとえば 80〜100 字）の指示を守っていないものは **0点**。ただし，句読点がなくても減点しない。指定字数が 80 字までの場合，80 字目が句点とともに書いてあっても減点しないことにする。

### 3 誤訳について

　　各区分（解答に盛り込むべき要素）の大筋の意味は理解していると思われるが，どうしても許容できない訳語・誤訳がある場合は，1 カ所につき **1点減** とする。ただし，各区分の配点を越えた減点はしない（区分(A)が 5 点満点の場合、6 カ所に誤訳があっても減点は 5 点までとする）。また同一表現の誤訳が複数回ある場合でも 1 点減にとどめる。

### 4 余計な情報について

　　全体の大筋が理解され，必要な要素がすべて含まれている場合でも，英文では触れられていない，あるいは英文とは明らかに矛盾する部分が含まれている場合は，その部分全体について **1点減** とする。なお，大筋が理解されていない場合は区分全体で減点する（5 点満点の区分(A)の大筋が理解できていない場合，5 点減とする）。

　　各問題の具体的な採点基準は，解説中に示す。なお，解説中に掲載の生徒答案例は，著者が指導してきた生徒のものである。貴重な資料の提供に感謝したい。

# 第0章
# 1960年度の問題を解いてみよう

　東大で最初に出された要旨・要約問題が，どんな問題だったのだろうと古本を探しに探して辿ったところ，どうやら1960年に出題されたのが最初だということがわかった。1965年版の「赤本」で，「（昭和）35年（1960年）からは，例年大意を書かせる…問題が加わった」とある（実際，1956〜1959年には要旨・要約問題は出題されていないことを確認。それ以前の問題は資料がないので詳細は不明だが，おそらく出題はないと思われる）。

　テーマは，東大の要旨・要約問題で頻出の「人間の精神構造」に関するもの。60年以上前（竹岡が生まれる1年前！）の問題であるが，今でも十分に通じる内容である。英文そのものは昨今の問題より難しいので，読解力の高くない者は「全体の言いたいこと」がつかめず，要約で正解には辿り着けなかったであろう。1965年版「赤本」でも「大意説明はむずかしい。思いきったまとめ方が大切」と記載されていた。

　このときは要約以外にも小問が用意されていたが，それは問題のレベルや，受験生側が要旨・要約問題に不慣れであることを考慮した上で，要旨・要約問題だけでは合否判定が難しいと感じたからかもしれない。しかし，この問題の後の，次の年以降は，要旨・要約問題が独立した形式で出題されることになったところをみると，この1960年の入試で「要旨・要約問題が十分に合否判定に使えるものである」という確信を大学側はもったのであろう。

　なお，解答の指定字数は，50〜100字とかなり幅が広いものであった。東大の意図は，字数に幅をもたすことで「出題意図」を探られないようにすることだったのかもしれない。

やや難

## 1 人々を突き動かすもの

a

### 文章の流れを確認する

| 第 1 ～ 3 文 | 人間は権力や富の追求のような私利私欲では動かない。 |
| 第 4・5 文 | 民主主義国家が行う積極的な外交政策が魅力的に見えるかどうかも私利私欲に基づくものではない。 |
| 第 6・7 文 | 人間を動かすのは理想である。 |
| 第 8・9 文 | 人々を戦争継続に駆り立てるのも私利私欲ではなく，理想主義的な大義名分なのだ。 |

### 答案を作成する

▶上記の〔文章の流れ〕をまとめると次のようになる。

| 人 | 間 | は | 権 | 力 | や | 富 | の | 追 | 求 | の | よ | う | な | 私 | 利 | 私 | 欲 | で | は |
| 動 | か | な | い。 | 人 | 々 | に | と | っ | て | 民 | 主 | 主 | 義 | 国 | 家 | が | 行 | う | 積 |
| 極 | 的 | な | 外 | 交 | 政 | 策 | が | 魅 | 力 | 的 | に | 見 | え | る | か | ど | う | か | も |
| 私 | 利 | 私 | 欲 | に | 基 | づ | く | も | の | で | は | な | い。 | 人 | 間 | を | 動 | か | す |
| の | は | 理 | 想 | で | あ | り， | 人 | 々 | を | 戦 | 争 | 継 | 続 | に | 駆 | り | 立 | て | る |
| の | も | 私 | 利 | 私 | 欲 | で | は | な | く， | 理 | 想 | 主 | 義 | 的 | な | 大 | 義 | 名 | 分 |
| な | の | だ。 | | | | | | | | | | | | | | | | | |

140

▶ 150 字以内なので，**上記を解答としてもよい。**

▶ 指定字数は 50〜150 字と幅が広いが，第 6 〜 9 文をどの程度詳しく書くかで変わる。まず，「私利私欲」の具体例である「権力や富の追求」は省略しても差し支えないだろう。さらに，「人々にとって積極的な外交政策が魅力的に見える」と「人々を戦争継続に駆り立てる」は，つまり「人々が積極的な外交政策や戦争継続を支持するようになる」ということであるから，1 つにまとめられる。

---

**解答例**

民主主義国家の積極的な外交政策や戦争など
に人間を突き動かすのは，自己の私利私欲では
なく，そこに伴う理想主義的な大義名分である。

50                                                           60

---

## 自分の答案を採点する

---

**採点基準**

✓ 各区分の抜けは **2 点減**。

✓ 不十分なら **1 〜 2 点減**。

✓（A），（B）それぞれの満点を超えては減点しないものとする。

例：（A）の区分で 1・2 両方の抜けがあった場合は，4 点減ではなく，3 点減とする。

---

**（A）3 点満点**

1．（民主主義国家の）（積極的な）外交政策や戦争などに人間を突き動かすのは

※「外交政策や戦争」は「戦争など」でも可。

2．自己の私利私欲ではなく

---

**（B）2 点満点**

そこに伴う理想主義的な大義名分である

※「よりよい世界にするため」などでも可とする。

生徒答案例は，下記の 3 〜 5 のように，そもそも英文の言わんとする意味が理解できていないものが大半であった。特に，self-interest を「興味」と解した者は，それだけで全体像を読み誤っていた。また，制限字数に 100 字もの幅があり，制限字数を頼りにまとめる，といったことも難しかったようである。

**生徒答案例**

1 ▶ (A)人類の大多数は私利私欲に支配されることはない。彼らは権力や莫大な財産に対する貪欲な欲求に駆り立てられることはなく，彼らに外交や戦争のために平穏な生活を犠牲にするよう求める時，私利を理由に彼らに訴えかけるのは意味がなく，(B)彼らの行動は人類の利益のためであり，よりよい世界になると納得させる必要がある。　　　　　　　　　　　　　　　　　　　　　　　　　　　　**5** / 5点

（A）（B） ともに OK!

2 ▶ (A)多くの人々はそれほど利己心にとらわれておらず慎ましやかな生活を望んでいる。ゆえに戦争などに人々の心を駆り立てるとき利己心に訴えかけるのは無意味だ。(B)戦争の終結や平和の持続等の人類全体のためになり，世界をよりよくするような目標があったからこそ人々は戦争に尽力し，二度にわたる大戦が続いたのである。　　　　　　　　　　　　　　　　　　　　　　　　　　　　**5** / 5点

（A）「多くの人々はそれほど利己心にとらわれておらず慎ましやかな生活を望んでいる」→「多くの人々は慎ましやかな生活を望んでいるとしても，それほど利己心にとらわれているわけではない」とすべきだが，減点はしない。

3 ▶ (A)大多数の人々は自分や家族のためにまともな生活を望んでおり，私利私欲が原因でそれらを捨てたりはしない。(B)しかし彼らが自分自身を発揮させるためには，自分がしていることは人類にとってよいことであり，世界がより良くなると納得させなければならない。　　　　　　　　　　　　　　　　　　　　　　　**1** / 5点

（A）（B）「大多数の人々は自分や家族のためにまともな生活を望んでおり，私利私欲が原因でそれらを捨てたりはしない。しかし，彼らが自分自身を発揮させるためには，」→「大多数の人々は自分や家族のためにまともな生活を望んでいるものの，私利私欲だけに支配されているわけではない。しかし，戦争などのために自分自身を犠牲にするには，」とする。**― 4**

4 ▶(A)大多数の人間は自己欲求を抑圧することができ，力や富に対して関心を示すことはないが，それがひとたび民意による国の政策であるとすると，たとえ国の力と富の獲得への貢献であったとしても気づかずに(B)自身の行為は人類貢献，世界をよりよくするものだと信じて個人のことを犠牲にしても進んでやってしまうということ。

0 / 5点

（A）「力や富に対して関心を示すことはないが，それがひとたび民意による国の政策であるとすると，たとえ国の力と富の獲得への貢献であったとしても気づかずに」→「力や富への欲望に支配されることはないが，戦争などに向かう（自身の行為…）」とする。− 3

（B）「自身の行為は人類貢献，世界をよりよくするものだと信じて」→「自身の行為が人類貢献，世界をよりよくするためのものだと信じれば」− 2

5 ▶(A)大半の人々は利己的な関心に支配されず，穏やかな暮らしを望み，戦争のために生活を犠牲にすることを拒絶する。(B)彼らには利己的関心や外交政策のためにではなく，自分たちの行動が世界をより良くすると確信させられ自ら働く民主的な外交政策が理想である。そして彼らは財産や命のために戦うより簡単な方法は降伏だとわかる。

0 / 5点

（A）「大半の人々は利己的な関心に支配されず，その（＝利己的な関心の）ために戦争に協力することを拒絶する」とする。− 3

（B）「利己的関心や外交政策のためにではなく」→「利己的関心のためにではなく」，「確信させられ自ら働く民主的な外交政策が理想である」→「確信させられれば，彼らを動かすことができる」とする。最終文は不要。− 2

## b

**This is the very cause**

「これはまさに大義」

▶ This は設問 c で問われているので，ここでは「これ」でよかろう。

▶ the very cause「まさに大義」の意味。cause は「人間を突き動かす原因」の
ことで，その場合の定訳は「主義，大義名分」であるが，「原因」としても×には
できないかもしれない。

**which they have rejected unconsciously as the motive for their private
lives**

「彼らが私的な生活をする際の動機として無意識のうちに拒んだ（大義)」

▶ which は rejected の目的語。「それ（＝大義）を私的な生活をする際の動機とし
て無意識のうちに拒んだ」ということ。要するに「自分の私利私欲で動いていると
いうことを，人は無意識のうちに拒む」ということ。

**; they will reject it equally when it is put forward as the basis for foreign
policy.**

「外交政策の根拠として持ち出されれば，人々は同様にそれを排斥するであろう」

▶ 直前の関係代名詞節はセミコロンの前までであることに注意。

▶ equally は「等しく」ではなく「同様に」とすれば意味が通る。

▶ put 〜 forward は「（意見・案など）を出す」の意味。

▶ when 以下は「外交政策の基盤として私利私欲が掲げられれば」の意味。つまり
「ある外交政策が発表される場合に，その意図が国民一人一人の私利私欲を満たす
ためのものであるならば」という意味。

---

### 解答例

これは，彼らが自分の私的生活の動機として無意識のうちに拒んできた大義そのもの
であり，外交政策の根拠として持ち出されれば，人々は同様にそれを排斥するであろ
う。

## 自分の答案を採点する

✓ 各区分の抜け・不十分なら **1点減**。

✓ （A），（B）それぞれの満点を超えては減点しないものとする。

例：（A）の区分で1～3すべての抜けがあり，さらに誤訳と思われる箇所があった場合でも，最大3点減とする。

---

**（A）3点満点**

1．これは，彼らが自分の私的生活の動機として
2．無意識のうちに拒んできた
3．大義そのものであり

**（B）2点満点**

1．外交政策の根拠として持ち出されれば
2．人々は同様にそれを排斥するであろう

---

生徒答案例

1 ▶ これこそが彼らが私生活の動機として無意識に拒絶してきた大義そのもので，それが外交政策の根拠として提示されたとき，彼らはそれを同様に拒絶するだろう。

**5** / 5点

2 ▶ これはまさに自身の私的な生活への動機として無意識に彼らが拒んだ要因である。×つまり ［→トル］，彼らはそれが外交政策の基本として提案される時，同様に拒むだろう。

**4** / 5点

3 ▶ これがまさに，彼らが私生活の動機として無意識の内に拒絶してきた×理由［→大義］である。それが外交政策の基礎として×推進されるとなれば ［→提示されるならば］，彼らは同様に拒絶するだろう。

**3** / 5点

**4 ▶** これが私生活の動機として ［抜け→彼らが］無意識のうちに拒絶したまさにその原因であり，外交政策の根拠として提唱されれば×平等に［→同様に］拒絶するだろう。

3 / 5点

**5 ▶** これは彼らが個人の生活への動機として無意識に拒んだ×本当の原因［→原因そのもの］である。×つまり［→トル］彼らはそれが×外国の考え方が基本となることを拒むとき［→外交政策の基本として提案されるとき］，同様にそれを拒むだろう。

2 / 5点

## C

**イ** 文構造の理解を尋ねる問題。when the people are called upon to sacrifice their quiet life for an active foreign policy or, still more, in war, it is … は，when 節は it is の前までである。さらに or がつなぐのは for an active foreign policy と in war の副詞句。全体の文意「人は私利私欲で動かない」を言い換えれば「人は自らの生活を進んで犠牲にすることもある」となる。よって for an active foreign policy と in war はともに sacrifice を修飾すると考えるのが適切。解答は sacrifice their quiet life としてもいいだろう。

**ロ** この文全体の主張「人は理想で動き，私利私欲では動かない」と，下線部の「これは人々が拒絶する大義である」という内容から，This は直前の self-interest だとわかる。

**ハ** 問題となっている代名詞を含む文の意味は「人々が努力するためには，自分の行為が人類の利益のためになり，そのためによりよい世界が生まれるということを確信できないといけないのだ」。よって it は「自分の行為（what they are doing）」だとわかる。

**ニ** these appeals を含む文と，その前の文の意味は「『現実主義者』は，『戦争を終結させるための戦争（第一次世界大戦）』や『恒久的平和のための望み（第二次世界大戦）』といった大義を笑い飛ばす。しかし，こうした訴えがなければ戦争が継続することはなかったであろう」。よって the war to end war と the hopes for a lasting peace が正解。

**ホ** do it を含む文は「人々に，戦っているのは自身の財産や生活のためにすぎないと一度でも言えば，それを行うためのもっと安易な方法——つまり降伏という方法

があることに気がつくだろう」とある。「自身の財産や生活のために戦う」とは，つまり「自身の財産や生活を守るために戦う」ということであり，この文は「自身の財産や生活を守る方法としては，戦うより降参するほうが簡単だ」と言っているのである。よって，「自身の財産や生活を守ること」が正解。

---

### 解答例

イ　sacrifice (their quiet life)

ロ　self-interest

ハ　what they are doing

ニ　the war to end war と the hopes for a lasting peace

ホ　自身の財産や生活を守ること

---

**全訳**　　人類の大半は私利私欲によって支配などされていない。もちろん，自分と家族のためにそこそこの生活を送ることを望み，それなりの安全と静かな生活を望んでいることは間違いない。しかし，人は権力に対する強欲で突き動かされることはなく，また巨万の富への欲によってでさえ心動かされることはない。それゆえ，人々に，積極的な外交政策や，またさらには，戦争において，自分たちの静かな生活を犠牲にするように求める時に，私利私欲というものを基にして訴えかけても無駄である。ロこれ（＝私利私欲〈self-interest〉）は，彼らが自分の私的生活の動機として無意識のうちに拒んできた大義そのものであり，外交政策の根拠として持ち出されれば，人々は同様にそれを排斥するであろう。民主的な外交政策は理想主義的なものでなければならない。あるいは少なくとも立派な一般原理を持ち出して正当化しなければならない。人々が努力するためには，自分の行為が人類の利益のためになり，ハその（＝人々の行為〈what they are doing〉）ためによりよい世界が生まれるということを確信できないといけないのだ。「現実主義者」は，「戦争を終結させるための戦争（第一次世界大戦）」や「恒久的平和のための望み（第二次世界大戦）」といった大義を笑い飛ばす。しかし，ニこうした訴え（＝「戦争を終結させるための戦争」や「恒久的平和のための望み」〈the war to end war / the hopes for a lasting peace〉）がなければ戦争が継続することはなかったであろう。人々に，戦っているのは自身の財産や生活のためにすぎないと一度でも言えば，ホそれ（＝自身の財産や生活を守ること）を行うためのもっと安易な方法 —— つまり降伏という方法があることに気がつくだろう。

☐　*l.*1　mankind「人類」　※現在は性差別を連想させるため使用は避けられる。
☐　*l.*1　dominate ～「～を支配する」

☐ *l*.1 self-interest「私利私欲」

☐ *l*.2 a decent living「そこそこの生活」

☐ *l*.3 reasonable「多くも少なくもない，それなりの」

☐ *l*.3 drive ～ on「～を駆り立てる」

☐ *l*.3 a greedy appetite for ～「～に対する強欲」

☐ *l*.5 call upon ～ to *do*「～に…するように頼む」

☐ *l*.5 sacrifice ～「～を犠牲にする」

☐ *l*.5 foreign policy「外交政策」

☐ *l*.5 *A* or, still more, *B*「*A* あるいはさらに *B*」

☐ *l*.6 it is useless *doing*「～するのは無駄だ」

☐ *l*.6 appeal to ～「～に訴える」

☐ *l*.6 on grounds of ～「～を根拠に」

☐ *l*.6 the very＋名詞「まさに～」

☐ *l*.7 cause「（個人や社会の掲げる）主義，大義名分」

☐ *l*.7 unconsciously「無意識のうちに」

☐ *l*.7 the motive for their private lives「私的生活（を送る際）の動機」

☐ *l*.8 put ～ forward ／ put forward ～「（意見・案など）を出す」

☐ *l*.9 have got to *do*＝have to *do*

☐ *l*.9 idealistic「理想主義的な」

☐ *l*.9 at（the〈very〉）least「少なくとも，最低に見積もっても」

☐ *l*.10 justify ～「～を正当化する」

☐ *l*.10 in terms of ～「～の観点から」

☐ *l*.10 great general principles「立派な一般論」

☐ *l*.10 if S be to *do*「S が…するつもりなら，S が…するためには」

☐ *l*.11 exert *oneself*「努力する」

☐ *l*.11 be convinced that SV「SV を確信する」

☐ *l*.11 for the good of ～「～の利益のため」

☐ *l*.13 the war to end war「戦争（というもの）を終結させるための戦争」

☐ *l*.13 a lasting peace「恒久の平和」

☐ *l*.14 keep ～ going「～を継続させる」

☐ *l*.17 surrender「降伏する」

１問１問が超貴重な過去問です。
掲載順に解くもよし，興味のあるテーマから
解くもよし，高級フレンチを味わうように，
じっくりと楽しみながら解いてくださいね。

# 第1章

# 「人間の精神構造」
# を味わう

# 2　プロと素人の画家の違い

## 文章の流れを確認する

| 第1文 | プロの画家は素人画家が選ばないようなものを画題とする。 |
|---|---|
| 第2文 | 自然のままでも劇的であったり美しかったりする題材を選ばない。 |
| 第3文 | そうしたものには画家にできることはほとんど残されていない。 |
| 第4・5文 | 絵の構図を自分で決め，自然の景色の細部を自分で配列しなおすという必要がないからだ。 |
| 第6・7文 | プロの画家は，平凡で面白味に欠ける景色の方を好む。 |
| 第8文 | それが画家としての技量を試す良い機会を提供してくれるからである。隠れた美を見出せる機会を与えてくれるからだ。 |

## 答案を作成する

▶ 9行目の The serious artist, however, does not want … などからわかる通り，「素人とプロの単なる対比」というより，「プロの画家は何をするのか」を説明するために素人の画家を引き合いに出していると考えるのがよい。

|  | 素人の画家 | プロの画家 |
|---|---|---|
| 画題 | 元から美しい景色 | 平凡でつまらない景色 |
| 目指すもの | できあがりの美しさ | 自らの技量を試すこと<br>隠された美を見出す（自然から芸術をつくる） |

▶よって，プロの画家を中心にまとめる。書くべきことは次の通り。

| プ | ロ | の | 画 | 家 | が | 選 | ぶ | 画 | 題 | は | ， | | 素 | 人 | が | 好 | み | そ | う | な |
|---|---|---|---|---|---|---|---|---|---|---|---|---|---|---|---|---|---|---|---|---|
| 構 | 図 | を | 考 | え | な | く | て | も | よ | い | よ | う | な | 美 | し | い | 題 | 材 | で |
| は | な | く | ， | | 自 | ら | 構 | 図 | を | 考 | え | な | け | れ | ば | な | ら | な | い | よ |
| う | な | 平 | 凡 | な | も | の | で | あ | る | 。 | そ | れ | に | よ | っ | て | 自 | ら | の |
| 技 | 量 | を | 試 | し | ， | | 隠 | れ | た | 美 | を | 見 | 出 | そ | う | と | す | る | か | ら |
| で | あ | る | 。 | | | | | | | | | | | | | | | | | |

110　　　　　　　　　　　　　　　　　120

▶ここから指定字数（60〜80字）内に収める。

**解答例**

| プ | ロ | の | 画 | 家 | は | ， | | 構 | 図 | を | 考 | え | る | 余 | 地 | が | な | い | ほ | ど |
|---|---|---|---|---|---|---|---|---|---|---|---|---|---|---|---|---|---|---|---|---|
| 美 | し | い | 素 | 人 | 好 | み | の | 景 | 色 | を | 避 | け | て | ， | | 敢 | え | て | 平 | 凡 |
| な | 景 | 色 | を | 選 | ぶ | 。 | そ | こ | か | ら | 自 | ら | の | 技 | 量 | を | 試 | し | て |
| ， | | 隠 | れ | た | 美 | を | 見 | 出 | そ | う | と | す | る | か | ら | で | あ | る | 。 |

70　　　　　　　　　　　　　　　　　80

## Column　対比の文化

　2020年に放映された，「バーガーキング（Burger King）」というハンバーガーチェーン店のコマーシャルは衝撃的でした。ハンバーガーが1つ画面中央に置かれ，それをカメラが捉えているだけの素っ気ないものです。しかし，時間を早送りにしているため，徐々にハンバーガーが腐っていきます。ビーフパティには白いカビが生え，全体が緑色のカビに覆い尽くされ，酷い状態になったところで，画面中央に「人工保存料を使わない美しさ（The beauty of No Artificial Preservatives）」というコメントが出てきます。「対比」することが文化の一部になっている英語圏の人々は，このコマーシャルを見て「（防腐剤が山ほど入った）腐らないハンバーガー」というものの存在に改めて気がつくのでしょう。

　こうした対比が日常的に行われている英語圏の人々なら，本文の the amateur painter を見た時に，the professional painter の存在をイメージするのでしょう。なお，対比される場合には，しばしば the がつけられることも重要です。

## 自分の答案を採点する

### 採点基準

✔ 各区分の抜けは **2点減**。

✔ 不十分なら **1点減**。

✔（A），（B）それぞれの満点を超えては減点しないものとする。

　例：（B）の区分で1・2両方の抜けがあり，さらに誤訳と思われる箇所があった場合でも，最大4点減とする。

**（A）6点満点**

1．プロの画家は
2．構図を考える余地がないほど美しい素人好みの景色を避けて
3．敢えて平凡な景色を選ぶ

**（B）4点満点**

1．そこから自らの技量を試して
2．隠れた美を見出そうとするからである

　　※「自然に秩序を見出し，そこから芸術をつくる」でも可とする。

※「プロの画家」と「素人の画家」を対等に扱った場合は **2点減**。

この文を「プロの画家」と「素人の画家」の単純な対比だと考えて，両者を書き並べただけの答案が多かった。この英文は「プロの画家の素材選び」が本題であり，「素人の画家」は，主張を補強するためのものにすぎない。また「プロの画家は，自らの技量を試すため」という箇所が抜けている答案も多かった。

**生徒答案例**

1 ▶Ⓐ素人は元々綺麗な景色を選ぶが，プロの芸術家は平凡な景色を選ぶ。Ⓑというのも，彼らは彼らの能力によって，自然の中に美しさや秩序を見出すことができるからである。　　　　　　　　　　　　　　　　　　　　　**8** / 10点

（A）２．不十分。素人が「元々綺麗な景色」を選ぶ理由を書くこと。－**1**

（B）１．不十分。「能力を試すために」とすべき。－**1**

2 ▶Ⓐ画家での，アマチュアとプロには大きな違いがある。前者は美しい景色を描こうとする。Ⓑ後者は，芸術家の力が試される平凡な景色を描こうとし，自然から芸術を作る。　　　　　　　　　　　　　　　　　　　　　　　　**7** / 10点

アマチュアとプロを対等に扱っている。－**2**

（A）２．不十分。アマチュアが「美しい景色」を描こうとする理由を書くこと。

－**1**

3 ▶Ⓐ美しい風景はそれ自体が完成されているので素人の画家は構図を練らなくていいので題材にするが，Ⓑプロは自分の画家としての能力を試すためにそうはせずⒶ地味な風景を選ぶ。　　　　　　　　　　　　　　　　　　　　　**6** / 10点

アマチュアとプロを対等に扱っている。－**2**

（B）２．抜けている。－**2**

4 ▶Ⓐ風景画のプロは素人が扱う題材を好まない。それは，素人は，すでに完成していて模写するだけの簡単な風景を好むが，Ⓑプロは技術を磨くためⒶ一見質素な風景を選ぶからだ。　　　　　　　　　　　　　　　　　　　　　**6** / 10点

（A）２．不十分。「簡単な」ではなく「美しい」。－**1**

（B）１．不十分。「磨く」は「試す」の間違い。－**1**

　　　２．抜けている。－**2**

5 ▶Ⓐ偉大な風景画家は，素人の風景画家が，地味あるいは面白くないという理由で描かないような風景を選ぶ。Ⓑ自然から芸術を生み出す機会を与えてくれるからだ。　　　　　　　　　　　　　　　　　　　　　　　　　　　**5** / 10点

（A）１．不十分。「プロの」がない。－**1**

　　　２．抜けている。－**2**

（B）１．不可。「機会を与えてくれる」は「技量を試せる」とすべき。－**2**

全訳

　素人画家が画題として最も魅力的だと思う景色は，本職のプロの画家がまず選ばないような景色であるということは意味深いことである。過去，現在を問わず，偉大な風景画家で，自然のままでも劇的であったり美しかったりする題材を選んだ人はごく稀である。自然のままで美しいか，もしそうでないとしても人の目に魅力的に映る風景には，目の前に見える通り忠実に写す以外に，画家にできることはほとんど残されていない。こうしたことは，素人画家にとっては，とても有り難いことである。なぜなら，描く絵の構図を自分で決め，自然の景色の細部を自分で配列しなおすという必要がないからだ。景色の方が，自分に代わって，構図をすでに決めてくれているというわけだ。しかしプロの画家は，こうしたことは望まない。彼らは，素人であれば平凡だとか面白味に欠けるとかいった理由で退けるような景色の方を好む。プロがこの種の景色を好むのは，それが画家としての技量を試す良い機会を提供してくれるからである。つまり，美が目につきにくい所に美をとらえ，自然の様々な要素が雑然としている所に秩序を生み出すこと，一言で言えば，自然から芸術を作ることが技量なのである。

- ☐ *l*.1　scenery＝the natural features of a particular part of a country that you can see, such as mountains, forests, deserts, etc.（『ロングマン現代英英辞典』より）
- ☐ *l*.1　the amateur painter「素人の画家」　※「総称」を示す the。
- ☐ *l*.1　most attractive「極めて魅力的である」　※「絶対最上級」と呼ばれるもの。日本語にする場合「一番魅力的」でも可。後に出てくる most often も同じ。
- ☐ *l*.2　a subject for painting「画題」
- ☐ *l*.5　naturally beautiful or otherwise attractive to the human eye「自然のままで美しい，あるいは，もし自然のままでは美しくなくても，人間の目には魅力的な」　※この otherwise は「それ以外の点で」と訳すことも可能。
- ☐ *l*.6　leave A with B「A に B を残す」
- ☐ *l*.6　little to do except *do* ～「～以外にやることがほとんどない」
- ☐ *l*.8　rearranging …　※ compose … を具体化，補足する分詞構文。
- ☐ *l*.11　the challenge to *one's* skill「技量に対して挑んでくるもの」→「やりがいのある仕事」
- ☐ *l*.12　it（＝beauty）is not easy to see

易

1989 年度

# 3 象と秒との大きさ比較

## 文章の流れを確認する

| 第1段落 | 筆者は人々に，動物の象1頭と，時間の1秒ではどちらが大きいと思うかを尋ね，象の大きさに等しいと人々が考える時間の長さを調べようとした。 |
|---|---|
| 第2段落 | 大半の人は象を選んだが，象に匹敵する時間の長さについて意見が割れた。 |
| 第3段落 | 象の方が大きいと思われるのは，象が動物の中では大きく，秒が時間の単位の中では小さいからだろう。我々は異種のもの同士を比較する際に，本能的にそれぞれの同種のものの平均値と関連づけて考えるのである。 |

## 答案を作成する

▶ 「要旨をまとめよ」なら，最終文の「我々は異種のもの同士を比較する際に，本能的にそれぞれの同種のものの平均値と関連づけて考える」で十分だが，この問題は「要約せよ」なので，象と秒の話も盛り込み，「『1頭の象と1秒ではどちらが大きいのか』という問いには象の方が大きいと答える」を足すこと。

▶以上のことを考慮してまとめると次のようになる。

動物の象1頭と，時間の1秒ではどちらが大きいと思うかと尋ねると，大半の人は象を選んだ。象の方が大きいと思われるのは，象が動物の中では大きく，秒が時間の単位の中では小さいからだろう。我々は異種のもの同士を比較する際に，本能的にそれぞれの同種のものの平均値と関連づけて考えるのである。

▶これを指定字数（70〜90字）内に収める。

**解答例**

1秒よりも1頭の象の方が大きいと，大半の人が答えるのは，人間は異種のもの同士を比較する際に，本能的にそれぞれの同種のものの平均値と関連づけて考える傾向にあるからである。

## 自分の答案を採点する

### 採点基準

✔各区分の抜けは **2 点減**。

✔不十分なら **1 点減**。

✔（A），（B）それぞれの満点を超えては減点しないものとする。

例：（A)の区分で 1・2 両方の抜けがあった場合は，4 点減ではなく，3 点減とする。

**（A）3 点満点**

1．1 秒よりも 1 頭の象の方が大きいと

2．大半の人が答えるのは

**（B）7 点満点**

1．（人間は）異種のもの同士を比較する際に

2．本能的に　※「直感的に」も可。

3．それぞれの同種のものの平均値と関連づけて考える傾向にあるから
である

全体の方向性を間違えたものは少なかったが，最終文「異種のものの比較にあたっては，それを同種のものの大きさの平均値と直感的に関連づけて考える」の部分の訳が不十分なものや，誤訳したものも目立った。また，字数から考えて具体例（＝「象と秒」の比較）も含めるべきだが，それを主張のように書いてはいけない。細かいことだが，「1 頭の象」「1 秒」を，それぞれ「象」「秒」とした答案も多かった（減点はしていない）。

**生徒答案例**

1 ▶(A)秒か象のどちらが大きいかの質問に対してある人は光の移動距離と秒は等しいと考え，秒にした。大抵の人は象と答えるが(B)人々は本能的に異なる物を各平均の大きさと関連づけて比べるからだ。　**9** /10点

（A）「ある人は…にした」は不要。減点なし。

（B）3.「各平均の大きさ」は「それぞれの同種のものの平均的な大きさ」とする。**−1**


2 ▶(A)象と1秒の大小比較をする際比較対象に差はあるが大半の人が象が大きいとするのは(B)彼らが象は大半の動物より大きく秒は時間の中で短いと考え本能的に各対象の平均的な大きさを関連させるからだ。　**7** /10点

（A）「比較対象に差はあるが」は不要だが，減点はなし。

（B）1. 抜けている。**−2**

　　3.「各対象の平均的な大きさ」は「各対象の同種のものの平均的な大きさ」とする。**−1**


3 ▶(A)象と1秒はどちらが大きいか質問すると，1人の物理学者は1秒を選んだが，大半の人は象を選んだ。(B)これは，人は異なる物を比べる際，それらを同種の平均的な大きさに関連付けて比較するからだ。　**7** /10点

（A）「1人の物理学者は1秒を選んだ」と書くと，なぜ彼だけそうしたのかを書かねばならなくなる。よって省くのが無難。**−1**

（B）2.「本能的に」が抜けている。**−2**


4 ▶(B)概念の違う2つのものを比較するとき人は各々の事柄の平均と関連づけて違う概念同士を比較する。(A)動物の中で最も大きい象と時間単位の中で最も小さい1秒を比べると象が大きいと感じる人が多い。　**6** /10点

（A）1. 本文に「最も大きい」「最も小さい」とまでは書かれていない。**−1**

（B）2.「本能的に」が抜けている。**−2**

　　3.「各々の事柄の平均」は「各々の事柄と同種のものの平均」とする。**−1**


5 ▶(A)象と1秒とではどちらが大きいかという質問に対し，ほとんどの人は象だと答えた。(B)それは，我々がそれぞれ全く異なった対象を比較する時に，それぞれの同種のものを結びつけて考えるからだ。　**6** /10点

（B）2.「本能的に」が抜けている。**−2**

　　3. 不可。「同種のものを結びつける」は「同種のものの平均値と関連づける」とする。**−2**

**全訳**

**第1段落**

　数年前，アメリカへの旅の途中で，私は暇つぶしに，乗り合わせた人々にいくつかのかなり奇妙な質問をして答えてもらった。最初の質問は，「象と秒（a second）は，どちらが大きいと思いますか」というものだった。私が言いたいのは，時間の1秒（a second）のことで，2番目の（second）象ではないことを説明してから，私は，人々が1頭の象の大きさに等しいと考える，時間の長さの単位はどのようなものであろうかを調べようとした。

□ *l*.1　pass the time「暇つぶしをする」
□ *l*.5　what sort of length of time「秒」「分」「時」「日」「月」「年」などのこと。

**第2段落**

　1人の乗客は物理学者だった。彼は，「秒」というのは，その時間に光が移動する距離に等しいはずだと主張し，もちろん，それは象よりはるかに大きいと言った。しかし，他の乗客の大部分が象の方を選んだ。ただ，象に匹敵する時間の長さはどれだけかということになると，ずいぶんと意見の差はあった。

□ *l*.7　a physicist「物理学者」　※a chemist「化学者」，a scientist「科学者」と一緒に覚えればa physician「医者」と区別できる。
□ *l*.9　vote for ～「～に賛成の票を入れる」
□ *l*.11　compare with ～「～に匹敵する」

**第3段落**

　たいていの人が，1頭の象の方が1秒より大きいに違いないと感じるのはなぜだろうか。その理由はおそらく，象は私たちが知る大半の動物より大きいと考えられていて，秒の方は，我々が関心をもつ時間の長さの大部分より短いことにある。私たちの発言の真意は，1頭の象は動物としては大きいが，1秒は時間としては小さいということなのだ。つまり，私たちは，異種のものの比較にあたっては，それを同種のものの大きさの平均値と直感的に関連づけて考えるのである。

□ *l*.12　most people would「もし大半の人々に尋ねれば」　※仮定法。
□ *l*.13　presumably「おそらく」
□ *l*.15　an elephant is large for an animal の for は「～の割には」の意。
□ *l*.16　small as time goes「時間が関わる範囲では小さい」
□ *l*.16　instinctively「本能的に」
□ *l*.16　unlike objects「種類の違う物質」
□ *l*.17　relate A to B「A を B に関連づける」

**4** 短期記憶と長期記憶の特性

1993 年度

## 文章の流れを確認する

**第1段落** 短期記憶が長持ちしない例。

**第2段落** 記憶には2種類ある。
短期記憶：多くの情報が入るが，容易に破壊される。
長期記憶：多くの情報は入らないが，容易には破壊されない。

**第3段落** 記憶こそが「その人」を作る特徴である。

## 答案を作成する

▶記憶には2種類あることとその特徴を書く。
短期記憶の特徴：多くの情報が記憶できる／すぐに破壊される
長期記憶の特徴：多くの情報は記憶できない／容易には破壊されない
▶第3段落の「記憶こそが消えることのない個人の特徴である」が最大のポイント。
第3段落で述べられている記憶は，直接言及されてはいないが「長期記憶」である
ことは明らか。

|  | 短期記憶 | 長期記憶 |
|---|---|---|
| 入る量 | 多い | 少ない |
| 耐久性 | すぐに破壊される | まず消えることはない |
| 人間にとって |  | 個人の特徴と言える |

▶以上のことを考慮してまとめると次のようになる。

記憶には2種類ある。1つは短期記憶で，これによって多くを貯蔵できるが，容易に破壊される。もう1つは長期記憶で，これによって多くは貯蔵できないが，容易には破壊されない。そしてこの長期記憶こそが，過去の経験，思い出の複合体である個人を個人たらしめる永続的な特徴であるのだ。

▶これを指定字数（80〜100字）まで削る。

| 解答例 |
| --- |

記憶には短期記憶と長期記憶の2種類がある。前者には多くの情報が入るが容易に破壊される。後者に入る情報はわずかだが，容易に消えず，ここに貯蔵される耐久性の高い記憶こそが個人の最も永続的な特徴なのだ。

## 自分の答案を採点する

### 採点基準

✔各区分の抜けは **2 点減**。

✔不十分なら **1 点減**。

✔（A），（B）それぞれの満点を超えては減点しないものとする。

例：（B）の区分で1・2両方の抜けがあり，さらに誤訳と思われる箇所があった場合でも，最大4点減とする。

---

**（A）6 点満点**

1．記憶には短期記憶と長期記憶の 2 種類がある

2．前者には多くの情報が入るが容易に破壊される

3．後者に入る情報はわずかだが，容易に消えず

---

**（B）4 点満点**

1．ここに貯蔵される（耐久性の高い）記憶こそが個人の
　　※「耐久性の高い」はなくても可。

2．最も永続的な特徴なのだ

---

### 生徒答案例

1 ▶ ⒜記憶には二種類ある。大半は短期記憶に分類され，すぐに消滅する。残りの僅かな記憶は長期記憶として永久に蓄えられる。⒝ゆえに記憶は個人として最重要な特徴であり，記憶を喪失して初めて自分を見失うことになる。　**10**/10点

（B）「自分を見失う」は「自己が喪失する」とした方がよいが減点はなしとする。

2 ▶ ⒜記憶には 2 つの過程がある。多くの情報が蓄積されるが大半は失われる短期記憶と，少ししか蓄積されないが消えにくい長期記憶だ。⒝記憶は個人を最も特徴づけるもので，記憶を失えば自分は自分でなくなるといえる。　**9**/10点

（A）3．「蓄積されない」は「入らない」とする。**－1**

3 ▶Ⓐ脳には短期，長期記憶の2つの体系がある。前者はすぐに忘れるが後者は様々な療法を行っても消すのが困難だ。Ⓑ記憶は個人としての特徴を表し，脳と密接に関係し，体の一部を取り替えても自分であり続ける要因なのだ。　**7** /10点

（A）2・3ともに「入る情報量」の記述がない。**－2**

（B）2．「最も永続的な」がないので不十分。**－1**

4 ▶Ⓐ記憶には多くの情報が蓄えられ破壊されやすい一時的な短期型と，消去困難な長期型がある。Ⓑ長期型は過去の複雑な経験や記憶が脳に強く結びついているため消去困難でそれを失うのは自我を失ったときしかない。　**6** /10点

（A）3．不十分。「わずかな情報しか入らない」が抜けている。**－1**

（B）1．「長期型は…しかない」は最終文の a complex of … to be myself の誤読。

**－1**

　　　2．抜けている。**－2**

5 ▶Ⓐ記憶には，約15分から1時間までは記憶できる短期記憶と長期記憶がある。短期記憶は妨害によって簡単に消滅してしまうが，長期記憶は医療を駆使しても消すことは難しい。Ⓑ自分の見た目を変えようが自分は自分である。　**4** /10点

（A）「約15分から1時間までは記憶できる」は不要な情報だが減点なし。

　　　2・3．短期，長期それぞれの情報量についての記述がない。**－2**

（B）まったくの見当違いな答え。**－4**

---

**全訳**

**第1段落**

8，5，7，3，1，2。今，これらの数字をもう一度繰り返して言ってくださいとお願いすれば，きっとほとんどの人ができるだろう。長時間話をした後で同じことをお願いすれば，今度はおそらくできないだろう。こうした記憶は，短時間しかもたないものなのである。

- □　*l.*2　you could＝you could repeat these numbers
- □　*l.*2　you couldn't＝you couldn't repeat these numbers

**第2段落**

記憶の保持には，まったく異なる2つの過程が脳の中で関わっていて，1つは，大体15分から1時間という短期記憶，もう1つは長期記憶，というのが事実らしい。多くの情報は一時的に短期記憶用の記憶貯蔵庫に入るが，その大部分は捨

てられ，ほんのわずかなものだけが長期記憶の記憶貯蔵庫にまで達する。記憶がこの短期記憶貯蔵庫の中にある間は容易に破壊される。たとえば，何か他のことに気をとられるとか――本文の最初にあげた一連の数字を覚えておられるだろうか――あるいは，たとえば，てんかんの発作や脳震盪などのために脳が干渉を受けることによって，である。けんかで殴り倒された後で意識を取り戻し，「ここはどこだ？」と尋ねる映画の主人公は，それを冗談で言っているわけではない。彼を打ちのめした一撃が痛烈なものであったとすれば，それはその人の頭の中の電気系統に影響を及ぼし，短期記憶装置に貯蔵されていたものを破壊してしまっていただろうからだ。しかし，彼が永続的な長期の記憶装置に貯蔵されていたものを失ってしまうことはないだろう。実際，こうしたものを消すのはとんでもなく難しいのである。精神医学の治療においては珍しくないことだが，精神分析医は，薬物，電気ショック療法，インシュリン療法，精神分析療法でそうした記憶を取り除こうとするが，ほとんど成功しないというのが普通である。

- [ ] *l*.4  the case「実情，正しいこと」
- [ ] *l*.4  be involved「関わっている」
- [ ] *l*.5  short-term「短期の」⇔ *l*.6  long-term「長期の」
- [ ] *l*.5  that is「すなわち」
- [ ] *l*.6  many items of information「多くの情報」 ※information は不可算名詞なので数える場合は an item of 〜 とする。
- [ ] *l*.6  find *one's* way into 〜「〜に入る」 ※「〜への道を見つける」が直訳。
- [ ] *l*.7  discard 〜「〜を捨てる」
- [ ] *l*.8  while S'V', SV「S'V' の間は SV」
- [ ] *l*.9  destroyed：by distraction，… or by interference …：by an epileptic fit, or concussion の並列関係に注意。
- [ ] *l*.9  distraction「気をとられること」
- [ ] *l*.10  interference with 〜「〜に対する干渉」
- [ ] *l*.11  epileptic「てんかんの」
- [ ] *l*.11  concussion「脳震盪」 ※percussion「パーカッション」と同語源。
- [ ] *l*.13  real「（見かけでなく）本当の，正真正銘の」

---

### 第3段落

たしかに，考えてみれば，ひょっとすると記憶は，個人としての特徴のうちで最も耐久性の高いものであるのかもしれない。自分の手や脚を失い，本物の臓器を合成樹脂のものに替えたり，形成外科手術によって顔の容貌を変えることはあり得るが，それでも私は依然として「私」であり，その「私」とは，脳の中にしっかりと収められた過去の経験，つまり過去の記憶の複合体なのである。こうした記憶をなくした時，はじめて私は私ではなくなるのである。

---

- [ ] *l*.20  when one comes to think about it「考えてみれば」 ※come to think about〔of〕it とも言う。

- □ *l*.21 durable「耐久性のある」
- □ *l*.21 a limb = an arm or a leg
- □ *l*.21 have ～ replaced「～を取り替えてもらう」
- □ *l*.22 plastic surgery「形成外科手術，（美容）整形手術」
- □ *l*.23 complex「複合体」
- □ *l*.23 held tight and firm within my brain は past experience, past memories の説明。
- □ *l*.24 cease to be ～「～でなくなる」

# 5　子どもが知性を発揮するとき

1980年度

## 文章の流れを確認する

**前半**　子どもが最も知性を示すのは自分のしていることに最大の関心を払っている時である。子どもが知的に行動するように，学校は子どもの興味をかき立てる場でなければならない。

**後半**　子どもは退屈すると愚かな行動をするようになり，ひいては物事を理解しようとすること，人生や体験に積極的・意欲的に対処することを忘れてしまう。

## 答案を作成する

▶「何かに熱中している」
　→「知性を発揮する」
　→「学校は子どもの知的好奇心を喚起する場所になるべきだ」
　という流れを押さえる。
▶前半と後半の趣旨は次の通り。

| 子 | ど | も | が | 最 | も | 知 | 性 | を | 示 | す | の | は | ， | 何 | か | に | 関 | 心 | を |
|---|---|---|---|---|---|---|---|---|---|---|---|---|---|---|---|---|---|---|---|
| も | ち | そ | れ | に | 熱 | 中 | し | て | い | る | 時 | だ | 。 | 子 | ど | も | が | 知 | 的 |
| に | 行 | 動 | す | る | よ | う | に | ， | 学 | 校 | は | 子 | ど | も | の | 興 | 味 | を | か |
| き | 立 | て | る | 場 | で | な | け | れ | ば | な | ら | な | い | 。 | 子 | ど | も | は | 退 |
| 屈 | す | る | と | 愚 | か | な | 行 | 動 | を | と | る | よ | う | に | な | る | 。 | | |

90　　　　　　　　100

▶これらを指定字数（50〜70字）内に収める。

解答例

| 子 | ど | も | は | 何 | か | に | 熱 | 中 | し | て | い | る | 時 | に | 最 | も | 知 | 性 | を |
|---|---|---|---|---|---|---|---|---|---|---|---|---|---|---|---|---|---|---|---|
| 発 | 揮 | し | ， | 退 | 屈 | し | た | 時 | に | 愚 | か | な | 行 | 動 | に | 出 | る | の | で |
| ， | 学 | 校 | 教 | 育 | は | 知 | 的 | 関 | 心 | を | 喚 | 起 | す | る | も | の | で | な | け |
| れ | ば | な | ら | な | い | 。 | | | | | | | | | | | | | |

## 自分の答案を採点する

採点基準

✓各区分の抜けは **3 点減**。

✓不十分なら **1 ～ 2 点減**。

✓（A），（B）それぞれの満点を超えては減点しないものとする。

　例：（B）の区分で1・2両方の抜けがあった場合は，6点減ではなく，5点減とする。

### （A）5 点満点

1．子どもは何かに熱中している時に

2．最も知性を発揮し

3．退屈した時に愚かな行動に出るので

　※指定字数の最小値が 50 字であることを考慮すれば，3 は実質上 1・2 と同じ意

　　味なので，なくても問題ないだろう。

### （B）5 点満点

1．学校教育は～でなければならない

2．（子どもの）知的関心を喚起するもの

**生徒答案例**

1 ▶Ⓐ子供は自分の行動に関心を持っているときが一番賢く，退屈が続くと頭が悪くなるのでⒷ我々は学校をできる限り興味深くわくわくするものにすべきである。

**9** / 10点

（A）３．「頭が悪くなる」は「愚かな行動に出る」の間違い。 **− 1**


2 ▶Ⓐ子供は自分がしていることに関心を持っているとき，最も賢い。Ⓑだから我々は教室や学校の勉強をできるだけ面白く刺激的なものにしなくてはならない。

**8** / 10点

（B）２．「面白い」では不十分。この答案に限らず「面白い」としているものが多かったが，日本語の「面白い」の意味の範囲は広いので，これでは不十分な答えとなる。「子どもの知性を刺激する面白さ」であることを明記する必要がある。 **− 2**


3 ▶Ⓐ子供達は，目の前の事に集中している時が最も知能的であり，Ⓑ学校はそれを助長する場であるべきだ。さもないと子供は積極的に物事を処理できなくなる。

**8** / 10点

（A）「知能的」は不自然だが減点しない。
（B）２．不十分。「それを助長する」が曖昧。 **− 2**


4 ▶Ⓐ子供は自分のしていることに関心をもっているとき最も賢くなる。Ⓑそのため子供の勉強を私たちは刺激的で面白いものにしていかなければならない。

**6** / 10点

（B）１．不十分。「学校」が必要。 **− 2**
　　２．「面白い」では不十分。 **− 2**


5 ▶Ⓐ子どもは恐怖が近づくと馬鹿になるので，Ⓑ知的な振る舞いを習得し進んで事に当たるようにするため学校は面白い場所にすべきだ。

**3** / 10点

（A）１・２．抜けている。 **− 5**
（B）２．「面白い」が不十分。 **− 2**

1

「人間の精神構造」を味わう

全訳

子どもが最も知性を発揮するのは，目の前の現実が，子どもから高度な注意力，興味，集中力，没頭状態を引き出す時，つまりその子が自分のしていることに最大の関心を抱く時だ。だからこそ，私たちは教室や学校での勉強をできるだけ興味深く，刺激的なものにしなければならない。それは学校を快適な場所にするためだけではなく，学校にいる生徒に知的な行動をとらせ，知的に行動する習慣を身につけさせるためなのである。学校が退屈であってはならないのは，恐怖があってはならないのと同じである。退屈だと子どもたちは愚かな振る舞いをするようになる。意図的にそういう振る舞いをする子どももいるが，大半の子どもは，我慢できずにそうしてしまうのである。もし，そのような状態が長い期間に渡って続くと（現在の学校の実情であるが），子どもたちは何かを理解しようとするとはどういうことなのか忘れてしまう。かつては頭脳と感覚をすべて傾けてあらゆるものを理解しようとしていたのに，である。つまり子どもたちは人生や経験に積極的，意欲的に対処する方法を忘れ，「そうなんだ！ わかった！ できる！」と思ったり，口に出したりしなくなるのである。

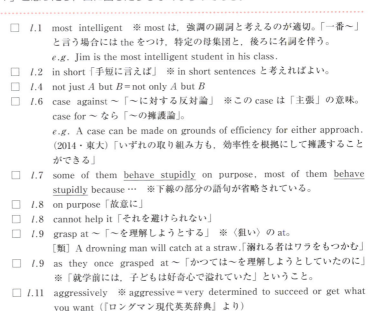

- □ *l.*1 most intelligent ※ most は，強調の副詞と考えるのが適切。「一番～」と言う場合には the をつけ，特定の母集団と，後ろに名詞を伴う。
  *e.g.* Jim is the most intelligent student in his class.
- □ *l.*2 in short「手短に言えば」 ※ in short sentences と考えればよい。
- □ *l.*4 not just *A* but *B* = not only *A* but *B*
- □ *l.*6 case against ～「～に対する反対論」 ※この case は「主張」の意味。case for ～ なら「～の擁護論」。
  *e.g.* A case can be made on grounds of efficiency for either approach. (2014・東大)「いずれの取り組み方も，効率性を根拠にして擁護することができる」
- □ *l.*7 some of them <u>behave stupidly</u> on purpose, most of them <u>behave stupidly</u> because … ※下線の部分の語句が省略されている。
- □ *l.*8 on purpose「故意に」
- □ *l.*8 cannot help it「それを避けられない」
- □ *l.*9 grasp at ～「～を理解しようとする」 ※〈狙い〉の at。
  ［類］A drowning man will catch at a straw.「溺れる者はワラをもつかむ」
- □ *l.*9 as they once grasped at ～「かつては～を理解しようとしていたのに」 ※「就学前には，子どもは好奇心で溢れていた」ということ。
- □ *l.*11 aggressively ※ aggressive = very determined to succeed or get what you want（『ロングマン現代英英辞典』より）

1963年度

**標準**

# 6 社会人としての立派な行動

## 文章の流れを確認する

| | |
|---|---|
| 第1文 | 何か行動することを求められた場合は，同種の行動を前もって考えておけばうまくいく可能性が高まる。 |
| 第2〜5文 | 立派な社会人になるには，他人と同じようにすることが当然正しいものと考え，向こう見ずに行動したり，また非現実な思索にふけって議論のための議論を楽しむ愚は避けねばならない。 |
| 第6〜8文 | 人はその思索に一致した行動をとる責任があり，また方法と目的を考えずには賢明な行動は望めない。 |

## 答案を作成する

▶英文の趣旨は「立派な社会人になるにはどうすればよいのか」ということ。
▶これを考慮して上記の〔文章の流れ〕をざっくりまとめると次のようになる。

| 行 | 動 | を | 起 | こ | す | 場 | 合 | は, | 同 | 種 | の | 行 | 動 | を | 前 | も | っ | て | 考 |
|---|---|---|---|---|---|---|---|---|---|---|---|---|---|---|---|---|---|---|---|
| え | て | お | け | ば | う | ま | く | い | く | 可 | 能 | 性 | が | 高 | ま | る。 | 立 | 派 | な |
| 社 | 会 | 人 | に | な | る | に | は, | 他 | 人 | と | 同 | じ | よ | う | に | す | る | こ | と |
| が | 当 | 然 | 正 | し | い | も | の | と | 考 | え, | 向 | こ | う | 見 | ず | な | 行 | 動 | に |
| 出 | た | り, | ま | た | 非 | 現 | 実 | 的 | な | 思 | 索 | に | ふ | け | っ | て | 議 | 論 | の |
| た | め | の | 議 | 論 | を | 楽 | し | ん | だ | り | す | る | 愚 | は | 避 | け | ね | ば | な |
| ら | な | い。 | 人 | は | そ | の | 思 | 索 | に | 一 | 致 | し | た | 行 | 動 | を | と | る | 責 |
| 任 | が | あ | り, | ま | た | 方 | 法 | と | 目 | 的 | を | 考 | え | て | 初 | め | て | 賢 | 明 |
| に | 行 | 動 | で | き | る。 | | | | | | | | | | | | | | |

▶これを指定字数（100〜150字）に収める。

**解答例**

立派な社会人になるには，事前に同種の行動を熟慮してから行動するとうまくいく。他人と同じようにすることが当然正しいものと考え，向こう見ずに行動したり，また非現実的な思索にふけって議論のための議論を楽しむ愚は避けねばならない。人はその思索に一致した行動をとる責任があり，方法と目的を考えて初めて賢明に行動できる。

140

150

**Column**　He who hesitates is lost.

　2015年の東大の英作文で「"Look before you leap"と"He who hesitates is lost"という，内容の相反する諺がある。どのように相反するかを説明した上で，あなたにとってどちらがよい助言と思われるか，理由とともに答えよ」という問題が出題されました。ひょっとしたら，作題者は，この1963年の要約問題を知っていたのかもしれません。この答えとして僕なら迷わず He who hesitates is lost. を選びます。長く生きているとわかってくるのは，「いつかやろう」と思ったことは，それを思ってから何もせずにすぐに10年ぐらい時間が経つということです。だから，遊びであれ仕事であれ，何かをやろうと思った場合，それはきっと「すぐに着手するか」「一生やらないか」の二択なのです。机の引き出しの整頓や，おびただしい数の名刺の整理は，「暇になったらやるつもり」と思っていますが，きっとその「暇になったら」は幻なのでしょう。60歳を超えたある友人が「歳をとったら英語をやりたいと思うんだ」と言うのを聞くと，「『歳をとったら』っていつのことなのかな？」と思わず尋ねたくなります。軽率な行動は慎むべきでしょうが，「人生は時間との闘い」であることを覚えておかねばなりません。

## 自分の答案を採点する

**採点基準**

✔各区分の抜けは **2点減**。

✔不十分なら **1点減**。

✔（A），（B）それぞれの満点を超えては減点しないものとする。

例：（A）の区分で1～4すべての抜けがあった場合は，8点減ではなく，6点減とする。

**（A） 6点満点**

1．立派な社会人になるには　※「共同体の一員として」なども可。

2．事前に同種の行動を熟慮してから行動するとうまくいく

※「事前にどうすればよいか考える」ぐらいでも可。

3．他人と同じようにすることが当然正しいものと考え，向こう見ずに行動したり

※「何も考えないで行動する」の類いは **1点減**。

4．また非現実的な思索にふけって議論のための議論を楽しむ愚は避けねばならない

※「実生活から離れて学問の生活に没頭する」などでも可。

※「人生から離れる」などの不十分な記述は **1点減**。

**（B） 4点満点**

1．人はその思索に一致した行動をとる責任があり

2．方法と目的を考えて初めて賢明に行動できる

※「目的」は「理由」でも可。

「人はその思索に一致した行動をとる責任がある」の箇所が抜けた答案が多かった。筆者が言いたいことは，「行動するなら，しっかり考えて行動すること」「多面的に思慮していても，それだけに終わって行動しないのは逃避にすぎないので，しっかり行動すること」ということである。要するに「社会人たるものよく考えた上で行動せよ」ということ。

生徒答案例

1 ▶Ⓐ共同体において効果的な役割を果たすには，自分が何をしているか考えずに行動せず，生活から離れた学問に執着してはいけない。思考は行動のためには最も重要である。Ⓑ自らの思考の調子と一致した行動の責任からは逃れられず，自らがどのようにまたどうして行動するのか一度考えなければ賢い行動を取ることはできない。　　　　　　　　　　　　　　　　　　　　　　　**7** / 10点

（A）2．抜けている。− **2**

　　　3．「自分が何をしているか考えずに行動せず」は不十分。− **1**

2 ▶Ⓐ共同体の成員の1人として効果的な役割を果たしたいならば，自分が何をしているのか考えることなく行動することや，他人の行動を理解せずそれを真似ること，実生活を離れて学問の生活に没頭することがあってはならない。Ⓑ自分のとる行動とその理由を熟考した上で行動に移さなくてはならないのだ。　　**6** / 10点

（A）2．抜けている。− **2**

　　　3．「自分が何をしているのか考えることなく行動すること」だけなら不十分だが，「他人の行動を理解せずそれを真似ること」まで書かれているので OK。

（B）2．抜けている。− **2**

3 ▶Ⓐ我々が共同体で効果的に寄与するためには2つの危険を避ける必要がある。1つは何をしているか考えず，もしくは他人の行動に疑いを持たないことで起こる危険，もう1つは人生と学問とを切り離すことで起こる危険である。Ⓑ賢く動くために我々は，自分の動作やその理由について考え，それにより行動の責任を負う必要がある。　　　　　　　　　　　　　　　　　　　　　　　　**5** / 10点

（A）2．抜けている。− **2**

　　　3．「何をしているか考えず，もしくは他人の行動に疑いを持たないことで起こる危険」は「自分が何をしているか考えず行動する，もしくは他人の行動の理由を理解しないで他人の真似をするという危険」の間違い。− **1**

　　　4．不十分。「切り離す」では曖昧。「…ことで起こる危険」は「…という危険」とする。− **1**

（B）2．「方法」が抜けている。− **1**

4 ▶(A)共同体の一員として効果的に働くためには，自分がしていることに対する理由を考えずに行動に移してしまう危険性とそれに相反する実生活から離れた学問に溺れる危険性を避ける必要がある。(B)賢く行動するためには，自分の行動とそれに対する理由を一度立ち止まって考えることが不可欠なのだ。 **4** / 10点

（A） ２．抜けている。－ **2**

　　　３．「自分がしていることに対する理由を考えずに行動に移してしまう」は「他人の行動の理由を理解せずに，他人の真似をして行動する」の間違い。－ **1**

（B） １．抜けている。－ **2**

　　　２．「方法」が抜けている。－ **1**

5 ▶(A)社会の一員として効果的な役割を果たすためには二つの危険を避けなければならない。一つ目は他人の行動の理由を知りもしないのに何も考えず同じ行動に走るという危険性で，二つ目は質問の両方の面を見ようとしたり，自分のためだけに議論を楽しんだりして思考を行動につなげようとしない危険性だ。 **3** / 10点

（A） ２．抜けている。－ **2**

　　　４．不十分。「質問の両方の面を見ようとしたり，自分のためだけに議論を楽しんだりして」は「問題の両方の面を見て議論のための議論を楽しむばかりで」の間違い。－ **1**

（B） 抜けている。－ **4**

**全訳**

　　何か行動することを求められている人は，同種の行動を前もって考えておけばうまくいく可能性が高まる。社会の一員として効果的な役割を果たしたいと思うならば，２つの相反する危険を避けねばならない。一方では，自分が何をしているのかを考えもせずに，また実際には同じことだが，なぜ他人がそうするかをまったく知らないくせに，その人と同じようにして「問題はない」ものと思い込んで，向こう見ずに行動に走る危険があり，他方では非現実的な人生逃避にふける危険がある。これは問題の両面を見るきらいにあり，議論のための議論を楽しんで満足する人が特にやりがちなことである。しかし，思索は主に行為のためである。誰もその思索のやり方に従って行動する責任を避けることはできない。どのように行動するのか，またなぜ自分がそうしようと決めたのかをじっくり考えたことがない者は，賢明な行動をすることはできない。

□ *l*.1 call upon *A* to *do*「*A* に～するように頼む」
□ *l*.2 previously「以前に」
□ *l*.2 meditate upon ～「～について考える」
□ *l*.3 two opposed dangers「２つの相反する危険」
□ *l*.4 on the one hand「一方では」 ※ on the other hand とセットで使われる。

☐ *l.*4　rush into action「向こう見ずに行動に走る」
☐ *l.*5　in practice「実際には」
☐ *l.*6　take it for granted that SV「SV を当然のことと思う，と思い込む」
☐ *l.*6　not in the least「まったく〜ない」
☐ *l.*7　act thus「そのように行動する」
☐ *l.*8　indulge in 〜「〜にふける」
☐ *l.*8　an academic detachment「非現実な逃避」
☐ *l.*9　be inclined to *do*「〜しがちである」
☐ *l.*9　be content to *do*「〜して満足する」
☐ *l.*10　an argument for its own sake「議論のための議論」
☐ *l.*11　in accordance with 〜「〜に応じて」
☐ *l.*12　pause to *do*「〜するために立ち止まる，改めて〜する」

## Column　名詞 + for *one's* own sake

　　study geography for its own sake とはどういう意味でしょう。まずは own の意味を確認しておかねばなりません。own というのは「他者を意識する場合」に使われます。たとえば，This is my car. なら「これは私の車だ」という意味ですが，This is my own car. では「この車は君のではないから，触るなよ」と言っている感じになります。同様に，your own bag と発言する人は a plastic bag「ビニール袋」を意識して発言している可能性があります。つまり「対比」を意識した言い方なのです。

　　study geography だけなら「試験に受かるために地理を勉強する」といった意味にもなりますが，study geography for its own sake というのは，「地理自身を目的として勉強する」の意味なので，「純粋に地理が勉強したいから地理を勉強する」という意味になります。「地理という科目が好きで好きで，受験にも何も関係がないのだけれど勉強しています」という感じになります。本文 10 行目の an argument for its own sake は，結論なんてどうでもよくてただ「議論が好きで好きで仕方ない」という意味合いです。

**標準**

# 7 日常的な物の価値の見極め

## 文章の流れを確認する

**前半** 日常品をよく見れば芸術性が見える。

**後半** 正しく見ればどんなものでも深い意味を見いだせる。

## 答案を作成する

▶結局はカーライルの引用（13・14 行目）をまとめれば答えになる。

▶最初の電動歯ブラシと剃刀の例は，筆者の主張をよりわかりやすくするためのもの。

▶抽象的な Rightly viewed「正しく見れば」を具体化すると，「（日常品だから芸術性などないだろうといった先入観を捨て）意識的に客観視すれば」となる。philosophic eye「哲学する目」，つまり「哲学的な目で見る」では意味がはっきりしないので，そのまま書いてしまうのは避けること。

|  | 芸術品 | 日常品 |
|---|---|---|
| 芸術的価値 | ある | ある |
| 芸術的価値の発見 | 見たらわかる | 正しく見ないとわからない |

▶以上を考慮してまとめれば，次のようになる。

電動歯ブラシのようなどんな平凡な日常品でも，それを意識的に客観視すれば，そこには永続的な芸術的価値を見出すことができるものだ。

▶これを指定字数（30〜40 字）にまとめる。

解答例

| ど | ん | な | 平 | 凡 | な | 物 | で | も | ， | | 意 | 識 | 的 | に | 客 | 観 | 視 | す | れ | ば |
|---|---|---|---|---|---|---|---|---|---|---|---|---|---|---|---|---|---|---|---|---|
| ， | | 不 | 朽 | の | 価 | 値 | を | 見 | 出 | す | こ | と | が | で | き | る | 。 | | | |

## 自分の答案を採点する

採点基準

✔各区分の抜けは **4 点減**。

✔不十分なら **1 ～ 3 点減**。

✔満点を超えては減点しないものとする。

**10 点満点**

1．どんな平凡な物でも

2．意識的に客観視すれば

3．不朽の価値を見出すことができる

間違いのほとんどは，「哲学的な目で見る」という部分を具体的に説明せずに，そのまま書いてしまったものであった。要旨・要約は，「素材となる英文を読んでいない人が，要旨・要約を読んだだけで英文の内容を把握できること」が大切な要素である。「誰かに説明するのだ」という気持ちをもって臨んでいただきたい。

生徒答案例

▎1 ▶ どんな些細な物も大切であり，正しい目を持って見ると，隠れた芸術性が見える。
7 / 10点

1．「大切だ」が余分。— 1

2．不十分。「正しい目」では曖昧。— 2

▎2 ▶ どんな物でも見方によっては，その物の形に深い何かや，不朽の価値を見いだせる。
6 / 10点

1．「平凡」が抜けている。— 1

2．不十分。「どのような見方か」も書くこと。— 3

▎3 ▶ 普段目にする物はそれ自身の用途を越えて，時に芸術作品などのあらゆる側面を持つ。
2 / 10点

1．「普段目にする」だけでは不十分。— 1

2．抜けている。— 4

3．不十分。「芸術的価値を見出す」とすべき。— 3

▎4 ▶ 哲学的な視点に立ってものを見ると，それには無限の見方が存在していることに気付く。
0 / 10点

1．抜けている。— 4

2．不十分。「哲学的な視点」ではなく「意識的に客観的な視点」。— 3

3．不可。— 3

▎5 ▶ 歯ブラシや剃刀は考え抜かれ整った設計になっていて，無限を感じる芸術作品のようだ。
0 / 10点

「歯ブラシと剃刀」は，筆者の主張をよりわかりやすくするための例。主張ではない。

**全訳**　　先日私は，自分の電動歯ブラシが白色で，手に持つ部分には２本の青いゴムの縦縞が入っていることに，偶然にも初めて気がついた。歯ブラシの電源を入れたり切ったりするボタンも，同じ青色のゴムでできていた。ブラシ自体にも，本体とよく調和した青い部分があって，ブラシの持ち手の底部には色付きの輪状のゴムが取り付けてあった。これは私が今まで想像したことがないほど周到に考え抜かれたデザインであった。これと同じことは，私のプラスチック製の使い捨て剃刀についても言えた。それは優雅な曲線を描いて，まるで先端部分が早く自分の仕事がしたくて身を乗り出さんばかりにしているように思えるものだった。こうした歯ブラシも剃刀も，台座の上に載せれば，おそらく造形芸術として十分に通用したかもしれないほどのものである。もしそれらが芸術作品として提示されていたら，私は何か，物というだけではないもの，形が独自の生命を帯びて，永続的な価値を創り出している点に，何かもっと深いものを見出したことであろう。トーマス＝カーライルは，その著書『衣裳哲学』の中で次のように書いている。「正しい見方をすれば，どんなみすぼらしい物でも，無意味なものはない。すべての物は窓のようなもので，その窓を通じて，哲学する目からは，無限そのものがのぞけるのである」と。

- □　*l*.1　become aware for the first time that SV「（生まれて）初めて SV に気がついた」
- □　*l*.2　upright「直立した」
- □　*l*.3　be made of ～「～でできている」
- □　*l*.4　a matching blue section「（本体の青色と）似合う青い部分」
- □　*l*.5　比較級＋than S had ever imagined は，「想像していた以上に～」が直訳だが，〔全訳〕のように否定語を用いて訳すこともできる。
- □　*l*.6　be true of ～「～にも当てはまる」　※「～についても正しい」が直訳。
- □　*l*.7　bend「曲がったもの，湾曲部」
- □　*l*.8　reach out to *do*「～しようと手を伸ばす」→「必死に～しようとする」
- □　*l*.9　be mounted on ～「～の上に載せられる」
- □　*l*.9　might well have *done*「おそらく～したかもしれない」
- □　*l*.9　qualify as ～「～としての資格を得る」
- □　*l*.9　Had they been presented は，仮定法の if の省略による倒置。
- □　*l*.10　something more than an object と something deeper … が同格の関係。
- □　*l*.11　in the way の後に関係副詞 that が省略されている。
- □　*l*.11　take on ～「～を帯びる」
- □　*l*.12　rightly viewed「正しく見れば」　※受動態の分詞構文。
- □　*l*.12　Thomas Carlyle（1795～1881）：イギリスの著述家，歴史家。ドイツ哲学の影響により，超越論的観念論の立場をとった。
- □　*l*.13　*Sartor Resartus*（ラテン語）「（＝the tailor patched）衣裳哲学」
- □　*l*.13　mean は形容詞で looking poor「みすぼらしく見える」の意味。
- □　*l*.14　philosophic「哲学（者）の，哲学に通じた」

1987 年度

**標準**

# 8　小さな町の良いところ

## 文章の流れを確認する

| 第1文 | 小さな町の最も良い点はその住民である。 |
|---|---|
| 第2～5文前半 | 田舎の人は都会の人に比べて退屈で，生活や興味の幅が狭いと揶揄されることが多いが，それは間違いである。 |
| 第5文後半～6文 | 田舎では付き合いが長くなり，お互いをよく知り，自分を繕うことなく付き合っていける。 |
| 第7文 | 社会の不可欠な一員となれることで元気がもらえる。 |
| 第8・9文 | もしこうしたことが退屈だと感じるなら，それはそのように感じる人間に問題がある。 |

## 答案を作成する

▶主張は第1文の「小さな町の最も良い点はその住民である」ということ。

▶第2文（I say this …）から第5文の前半（The inhabitants … everywhere）までは，「小さな町の住民＝田舎の人」への一般認識がいかに間違っているのかということが述べられている。

▶第5文後半（but in the small town …）から第6文までは，第1文の主張の具体化，つまり田舎の人がどういう点で良いのかが述べられている。

▶第7文（This may annoy …）は，その利点をさらに補強している。

▶第8・9文は，「田舎が退屈と思う場合は，そう思う人自身が退屈な人間である」，つまり「田舎を退屈と感じる人の方に問題・責任がある」という内容。

▶以上をまとめると次のようになる。

| 小 | さ | な | 町 | の | 最 | も | 良 | い | 点 | は | そ | の | 住 | 民 | で | あ | る | 。 | 田 |
|---|---|---|---|---|---|---|---|---|---|---|---|---|---|---|---|---|---|---|---|
| 舎 | の | 人 | は | 都 | 会 | の | 人 | に | 比 | べ | て | 退 | 屈 | で | , | 生 | 活 | や | 興 |
| 味 | の | 幅 | が | 狭 | い | と | 揶 | 揄 | さ | れ | る | こ | と | が | 多 | い | が | そ | れ |
| は | 間 | 違 | い | で | あ | る | 。 | 田 | 舎 | で | は | 付 | き | 合 | い | が | 長 | く | な |
| り | お | 互 | い | を | よ | く | 知 | り | , | 自 | 分 | を | 繕 | う | こ | と | な | く | 付 |
| き | 合 | っ | て | い | け | る | 。 | さ | ら | に | 社 | 会 | の | 不 | 可 | 欠 | な | 一 | 員 |
| と | な | れ | る | こ | と | で | 元 | 気 | が | も | ら | え | る | 。 | 田 | 舎 | を | 退 | 屈 |
| だ | と | 思 | う | の | は | 間 | 違 | い | で | あ | る | 。 | も | し | そ | う | 思 | う | な |
| ら | , | そ | の | 人 | 間 | に | 責 | 任 | が | あ | る | 。 | | | | | | | |

170    180

▶ここから指定字数（80〜100 字）まで削る。

▶最後の「田舎を退屈だと思うのは間違いである。もしそう思うなら，その人間に責任がある」は，第2文とほぼ同じ内容なので省けばよい。

---

**解答例**

| 小 | さ | な | 町 | の | 最 | も | 良 | い | 点 | は | 住 | 民 | で | , | 田 | 舎 | の | 住 | 民 |
|---|---|---|---|---|---|---|---|---|---|---|---|---|---|---|---|---|---|---|---|
| は | 退 | 屈 | だ | と | い | う | の | は | 間 | 違 | い | だ | 。 | 田 | 舎 | の | 住 | 民 | は |
| 付 | き | 合 | い | が | 長 | く | 互 | い | を | よ | く | 知 | っ | て | い | る | た | め | , |
| 自 | 分 | を | 取 | り | 繕 | う | 必 | 要 | が | な | い | 。 | さ | ら | に | 自 | 分 | が | 社 |
| 会 | に | 不 | 可 | 欠 | な | 存 | 在 | で | あ | る | と | 感 | じ | ら | れ | る | 。 | | |

90    100

## 自分の答案を採点する

### 採点基準

✔各区分の抜けは **2点減**。

✔不十分なら **1点減**。

✔（A），（B）それぞれの満点を超えては減点しないものとする。

　例：（A）の区分で1・2両方の抜けがあり，さらに誤訳と思われる箇所があった場合でも，最大4点減とする。

**（A）4点満点**

1．小さな町の最も良い点は住民で

　※直接的な言及はなくても，住民をプラスに評価していることが読み取れれば可とする。

2．田舎の住民は退屈だというのは間違いだ

　※「小都市で退屈するのは自分が退屈な人間だからだ」でも可。

**（B）6点満点**

1．田舎の住民は付き合いが長く互いをよく知っているため

2．自分を取り繕う必要がない

　※「素でいられる」「自分らしくいられる」などでも可。

3．さらに自分が社会に不可欠な存在であると感じられる

### 生徒答案例

1 ▶⒝小さな町では住民が互いをよく知っていて皆が自分らしくいられる上に，自分が共同体にとって不可欠であると感じることができる。⒜そこでの暮らしが退屈と思うならば，非は自分自身にある。

**9** /10点

（B）1.「付き合いが長い」がない。**－1**

**2** ▶(A)小さな町に関し，最も良い所は(B)その住民たちとしばしば生涯に及ぶ長いスパンで友達，隣人，知り合いとしてお互いにお互いのことを知り，ありのままでいられ，自分が共同体の必要不可欠な部分だと感じられるところだ。　**8** /10点
（A） 2．抜けている。−**2**

**3** ▶(A)小さな町の一番良い点は退屈だと考えられがちなそこの住民である。(B)町が小さいとどんな関係であれ長い付き合いとなるので自分らしく振る舞えるのだ。大きな都市に埋没するのでなく小さな町の重要な人になるのがよい。　**7** /10点
（A） 2．「退屈だという考えは間違いである」と否定する要素が足りない。−**1**
（B） 1．不十分。「互いをよく知っている」が抜けている。−**1**
　　　　また，末尾の「…になるのがよい」という価値判断は本文にはない。−**1**

**4** ▶(A)小さな町は退屈で見識が狭いという不満は見当違いであり，人々や状況は大都市とさほど変わらない。(B)しかし，小さい町では，住人全員がお互いのことを知っているため，ありのままの姿でいることができる。　**6** /10点
（A） 1．不十分。「小さな町の住人」とする。−**1**
（B） 1．「付き合いが長い」がない。−**1**
　　　3．抜けている。−**2**

**5** ▶(B)小都市も大都市も住んでいる人間に差はないが，小都市の世界には周囲の人間と個人的な関係をもち，社会の不可欠な一員になれるという長所がある。(A)小都市で退屈するのはその人自身が退屈な人間だからである。　**5** /10点
（A） 1．抜けている。−**2**
（B） 1．「付き合いが長い」がない。−**1**
　　　2．抜けている。−**2**

**全訳**　　小さな町の最も良いところは，そこの住人だ。世間では，田舎の人は退屈で生活や興味の幅が狭いということで，その要素が嘲笑のネタにされることがいかに多いかということを知っているが，私は敢えてこう言い切る。肝心なことは，そのような非難がまったくもって正しくないということなのだ。そうした人や状況は小さな町にも存在するけれど，それはもっと規模の大きな町でも同じことである。というのも，人類にはあらゆる種類の人が数多くいて，そうした人の割合は平均すればどこの場所でも大差ないのである。小さな町の住人を他の場所の住民と比べた場合，小さな町の住人の方が良いとか悪いとかということはまったくない。しかし小さな町では，そこに住む者は長年にわたり，多くの場合一生涯，友人として，隣人として，また知人として，町の人々と付き合っていく。そして相

手も自分のありのままの姿を知っている。こういうことを考えると, 緊張するが勇気もわいてくる。小さな町では自分を繕わなくてよく, 素でいられる。これに苛立つ人もいるかもしれない。そういう人は大都会の没個性の方を好むだろう。しかし普通の人は, 地域社会の不可欠な一員となることで元気をもらえる。忘れてはならないのは, もしも小さな町を退屈だと思うなら, 面白みに欠けているのは自分の方だということだ。そういう人は間違いなく他人を退屈させているはずだ。

- ☐ *l*.1　the best thing about ～「～の一番良いことは」
- ☐ *l*.2　boldly「大胆に, 思い切って」
- ☐ *l*.2　seize upon *A* as *B*「*A* を *B* だととらえる」　※他動詞 seize ～より seize on〔upon〕～の方が強調的な響きがある。
- ☐ *l*.2　a subject for ridicule「嘲笑の対象」
- ☐ *l*.3　The point is that SV「肝心なことは SV だ」
- ☐ *l*.4　simply not ～「まったく～ない」
- ☐ *l*.4　just as there are＝just as there are such people and such conditions
- ☐ *l*.5　be plentifully supplied with ～「～が数多く供給されている」
- ☐ *l*.6　average ～「平均すると～になる」
- ☐ *l*.7　no worse and no better than ～「～より良くも悪くもない」
- ☐ *l*.8　over a long span of years「長期にわたり」
- ☐ *l*.9　sobering「しらふにさせる, 真剣に考えさせる」　※「田舎で自分のことをすべて知られてしまうと, 嫌われてしまう可能性などがあり, それはそれで大変だなどと考えさせられる」というような意味。
- ☐ *l*.10　you can be yourself「ありのままでいられる」
- ☐ *l*.11　annoy ～「～を苛立たせる」
- ☐ *l*.11　impersonality「没個性, 非人間性」
- ☐ *l*.12　heartening「元気にする」
- ☐ *l*.12　an integral part of a community「地域社会の不可欠な一員」
- ☐ *l*.14　bore ～「～を退屈させる」

**標準**

## 9 人間の独自性

## 文章の流れを確認する

| 第 1 ～ 5 文 | 人間を人間たらしめているのは言語の複雑さや問題解決の戦略ではない。 |
| 第 6・7 文 | 他の動物の情報伝達手段や問題解決能力が優れている例。 |
| 第 8・9 文 | 人間と他の動物を区別しているのは，自分が表現したものを認知の対象とすることである。 |
| 第 10・11 文 | 人間は自分自身の知識を分析する能力をもつ。 |

## 答案を作成する

▶ 11 行目の however 以降が主張。主張は「人間だけが，自分の表現したものを分析する潜在能力をもっている」ということ。クモは stops at web weaving「巣を織りなす段階で止まってしまう」のに対し，人間は「作った後に，その作品を分析できる」ということがポイントだとわかればよい。第 10・11 文（Normally，… knowledge.）の言語に関する記述は 1 つの具体例にすぎないので，解答に含めてはいけない。

▶ なお，「自分の作ったもの」は「自分の知識に基づくもの」であるから「作ったものを分析する」＝「知識の分析」と考えてもよい。また，15 行目にある「認知し関心を向ける」とは「分析する」の言い換えなので解答に含める必要はない。

| | 人間 | 他の生き物 |
| --- | --- | --- |
| 何か作った後の反応 | 分析する | 作りっぱなし |

▶また，この問題では，「要旨をまとめよ」ではなく「要約せよ」と指示されており，「人間と他の生き物を区別するものは言語の複雑さや問題解決能力ではない」が文章全体の 50％以上を占めていることを考慮すれば，この部分も解答に入れる方がよいだろう。

▶以上を考慮してまとめれば，次のようになる。

| 人 | 間 | を | 人 | 間 | た | ら | し | め | て | い | る | の | は | 言 | 語 | の | 複 | 雑 | さ |
|---|---|---|---|---|---|---|---|---|---|---|---|---|---|---|---|---|---|---|---|
| や | 問 | 題 | 解 | 決 | の | 戦 | 略 | で | は | な | い | 。 | 人 | 間 | と | 他 | の | 動 | 物 |
| を | 区 | 別 | し | て | い | る | の | は | ， | 自 | 分 | が | 表 | 現 | し | た | も | の | を |
| 認 | 知 | の | 対 | 象 | と | し | ， | 自 | 分 | 自 | 身 | の | 知 | 識 | を | 分 | 析 | す | る |
| 能 | 力 | を | も | つ | こ | と | で | あ | る | 。 |  |  |  |  |  |  |  |  |  |

<sub>90</sub>　　　　　　　　　　　　　　　　　　　　　　　　　<sub>100</sub>

▶これを指定字数（40〜50 字）にまとめる。

---

**解答例**

| 人 | 間 | 固 | 有 | の | 特 | 徴 | は | ， | 言 | 語 | の | 複 | 雑 | さ | や | 問 | 題 | 解 | 決 |
|---|---|---|---|---|---|---|---|---|---|---|---|---|---|---|---|---|---|---|---|
| 能 | 力 | で | は | な | く | ， | 自 | 分 | の | 作 | っ | た | も | の | を | 分 | 析 | す | る |
| 能 | 力 | で | あ | る | 。 |  |  |  |  |  |  |  |  |  |  |  |  |  | <sub>40</sub> |

<sub>50</sub>

---

## Column　ツバメの失敗

　　私が幼い頃，うちの家の軒下にツバメが巣を作り出しました。まともな巣なら洒落た丼のようで格好がいいのですが，うちのツバメたちの巣は途中から歪んだ形になっていきました。上の方が中心から随分と逸れた形になっており，いかにもバランスが悪い形になっていましたが，ツバメたちはそんなことにはお構いなく，どんどん巣を作っていきました。そしてある日，とうとう崩壊しました。「どうして修正しなかったんだろう」と僕は不思議に思っていましたが，この英文を読んで納得しました。「自分の作ったものを分析する力があるのは人間だけ」なのです。人間と人間以外の動物を隔てるのは，言語の能力でも問題解決能力でもなく，分析する力なんですね！　ということは，自らが犯した英作文のミスを放置したまま「添削してくださいよ」とくる学生は，「人間ではない」ということでしょうか……？

## 自分の答案を採点する

### 採点基準

✔（A）：抜けは **2 点減**。不十分なら **1 点減**。
✔（B）：抜けは **5 点減**。不十分なら **2 ～ 3 点減**。
✔（A），（B）それぞれの満点を超えては減点しないものとする。
　例：（A）の区分で 1 ～ 3 すべての抜けがあった場合は，6 点減ではなく，5 点減とする。

**（A） 5 点満点**

1．人間固有の特徴は　　　※「人間と他の動物の違いは」でも可。
2．言語の複雑さや　　　　※「複雑さ」はなくても可とする。
3．問題解決能力ではなく

**（B） 5 点満点**

自分の作ったものを分析する能力である

representations を誤読したため，間違えた答案が多かった。represent は「～を代表する」「（記号などが）～を表す」以外に「～を表現する」という意味があり，その名詞形は「表現すること」あるいは「表現したもの」となる。本文では後者の意味で使われている。こういう頻度の高い単語は，普段からその多義性をしっかりとらえておきたい。

**生徒答案例**

**1** ▶(A)人間と他の生物の重要な違いは，言語や問題解決能力ではなく，(B)自分の知識を分析することである。　　　　　　　　　　　　　　　　**10** / 10点

（A）（B）とも OK！

**2** ▶(A)人間の子供の特異性は，言語の複雑性でも，問題解決の戦略でもなく，(B)自分の知識を分析する潜在能力である。　　　　　　　　　　　　　**9** / 10点

（A）本文には確かに「人間の子どもだけが」という箇所がある。これは，この文を含むエッセー全体が「様々な生き物の子どもの能力の比較」について述べた文の可能性を示唆している。ただし，この問題文の範囲だけでそのことを断定することはできないので，「子ども」と特定しない方がよいだろう。**−1**

**3** ▶(A)人間と動物の重要な違いは，扱う言語や問題解決方法の複雑さよりも(B)自己分析を行う等の知性の有無である。　　　　　　　　　　　　　　**7** / 10点

（B）「自己分析」が不十分である。「自分の作ったものを分析する」「自分の知識を分析する」とする。「知性の有無」については本文に言及がない。**−3**

**4** ▶(A)人間たらしめるのは言語でも問題解決能力でもなく，(B)自己の相対化により認知し，対象化して分析する点だ。　　　　　　　　　　　　　**6** / 10点

（A）「人間を（人間たらしめるのは）」が必要。字数は他の部分を削って調整すること。**−1**

（B）「自己の相対化により認知し，対象化して分析する」は意味がよくわからない。「自分の作ったものを認知の対象として分析する」とすべき。**−3**

**5** ▶(A)人と他の生物の違いは複雑さや自己解決能力ではなく(B)各々の能力や知識を分析し応用することだ。　　　　　　　　　　　　　　　　　**5** / 10点

（A）2．不十分。「言語の」がない。**−1**

　　　3．「自己解決能力」は「問題解決能力」とする。**−1**

（B）「能力や」「し応用」が不要。**−3**

**全訳**

　人間をとりわけ人間たらしめているものは何であろうか。私たちのもつ言語の複雑性だろうか。私たちが行使する問題解決の戦略だろうか。ある非常に深い意味において，言語も，人間の問題解決能力の一部の側面も，その複雑さの度合いは他の種の行動と何ら変わるところはない，という私の提言を聞けば読者の皆さんは驚くかもしれない。複雑さそれ自体は問題ではないのである。人間が複雑な言語を操れるのと同様に，クモは複雑なクモの巣を編み上げるし，ミツバチは蜜のありかとその質に関する複雑な情報を伝達するし，アリは複雑な巣の中で相互に交流し，ビーバーは複雑なダムを作り，チンパンジーは複雑な問題解決手段を用いる。また，私たちのもつ問題解決技術もそれほど注目に値するものではない。まったく正常な人間としての知的能力をもっていながら，チンパンジーでも解決できるようなある種の問題を解決することができない人間もいるのである。しかしながら，人間の知能と人間以外の知能との間には１つの極めて重大な違い，すなわち私たちを他のすべての種と区別する違いがある。クモは，巣を張ってしまえば，それ以上何もしないが，そうしたクモと違って，人間の子どもは —— 人間の子どもだけだと言うことができるが —— 自分が表現したものを認知し関心の対象とする潜在能力を有しているのである。通常，人間の子どもは言語を能率的に使用するだけにとどまらない。幼い文法学者になる能力ももっているのだ。これとは対照的に，クモやアリやビーバーは，そしておそらくチンパンジーでさえも，自分自身の知識を分析する潜在能力をもち合わせてはいない。

- ☐ *l*.2　problem-solving「問題解決」　※ bird watching と同様に O + *doing* の構造。*l*.14 の web weaving も同じ。
- ☐ *l*.2　my suggestion that SV は，I suggest that SV の名詞構文。
- ☐ *l*.4　no more or less complex「複雑さの点で上でも下でもない」　※ no + 比較級では，no が「両者の差がゼロ」であることを示す。no more が「プラスアルファーがゼロ」，no less が「マイナスアルファーがゼロ」であることを示している。
- ☐ *l*.4　～ as such「～そのもの」
- ☐ *l*.8　nor are S ～「また S も～ではない」
- ☐ *l*.10　certain ～「ある～」
- ☐ *l*.11　one … intelligence と a difference which … が同格の関係となっている。
- ☐ *l*.13　stop at ～「～の段階でやめてしまう」
- ☐ *l*.14　maintain（that）SV「SV だと主張する」
- ☐ *l*.15　representation「①表現すること，②表現したもの」　※ここでは②の意味。
- ☐ *l*.15　objects of cognitive attention「認知の注意を向ける対象」

## 標準 10 「下等動物」という概念の誕生

### 文章の流れを確認する

| | |
|---|---|
| 第1・2文 | 大昔の人間は自分たちと動物を明確に区別しなかった。生き物はすべて霊魂のおかげで生きていると考え，その器である身体の違いを重視しなかったからである。 |
| 第3・4文 | 彼らにとっては，先祖や配偶者が動物であるというのは信じがたい話ではなかった。だがこうした話は後世の考えに合わせて，その動物は本物ではなく一時的に変身していた人間なのだ，といったふうに変えられていった。 |
| 第5・6文 | 「下等動物」という現代の概念は，人間とそれ以外の生き物は本質的に異なるという認識に基づいている。一方で初期の人類は他の生き物を自分たちより賢いと思うことが多かった。 |
| 第7・8文 | 現代のお伽話には，動物が人間と同等であり時に神聖視されていた頃の名残りが見られる。今日の動物にまつわる迷信は，動物が劣っているというより，特別な能力をもっているという考えに基づいていると言えるかもしれない。 |

### 答案を作成する

▶ 第1・2文（Our early … difference.）が，この文の主張で「我々の祖先は人間と動物を，霊魂を宿しているという点で対等な存在だと考えた」ということ。

▶ 第3・4文（Primitive … ideas.）は，その主張を具体化した部分。問題文は「要旨を書け」ということなので，この部分は省いてよいだろう。

▶ 第5文（The conception …）の「人間と動物には本質的差異があり区別されるものだというのは現代的な考え方である」は主張の裏返しである。こちらを主張と考えることもできる。

▶第 6 文（Early man …）の「我々の祖先は，動物は人間に劣らず，むしろ知力の点では人間より優れているとみていた」は主張の具体化。主張の肉付けにすればよい。

▶第 7・8 文（Our fairy-tales … things.）の「現代まで語り継がれたお伽話や迷信は動物が人間と同等であった頃の名残りである」は主張の裏付け。

▶以上から次のようにまとめることができる。

我々の祖先は人間と動物を霊魂を宿しているという点で対等な存在だと考えた。人間と動物には本質的差異があり区別されるものだというのは現代的な考え方である。我々の祖先は，動物は人間に劣らず，むしろ知力の点では人間より優れているとみていた。お伽話や迷信は人間と動物が同等であった頃の名残りである。

▶これを指定字数（80〜100 字）に収める。

▶「人間と動物には本質的差異があり区別されるもの」という部分は，字数を考えると「『下等動物』という考え」でよいだろう。

**解答例**

「下等動物」という考えの誕生は近年のことであり，昔，動物は人間と同様に霊魂を宿し，対等かそれ以上に知恵をもった存在と見なされていた。この名残りは，現代に語り継がれたお伽話や動物に関わる迷信に見られる。

## 自分の答案を採点する

**採点基準**

✓各区分の抜けは **2 点減**。

✓不十分なら **1 点減**。

✓（A），（B）それぞれの満点を超えては減点しないものとする。

例：（B）の区分で 1・2 両方の抜けがあり，さらに誤訳と思われる箇所があった場合でも，最大 4 点減とする。

---

**（A）6 点満点**

1．「下等動物」という考えの誕生は近年のことであり

2．昔，動物は人間と同様に霊魂を宿し

3．対等かそれ以上に知恵をもった存在と見なされていた

※「知恵」の部分はなくても点を与える。

---

**（B）4 点満点**

1．この名残りは，～に見られる

2．現代に語り継がれたお伽話や動物に関わる迷信

前半では「人間と同様に霊魂を宿し」の部分を抜かして，単に「人間と同等の存在である」としたものが多かった。それでは「どういう点で同等なのか？」という疑問が生じるはずだ。また，第 7・8 文の「現代のお伽話や動物に関する迷信が，『動物は昔，人間と同等かそれ以上の知性を有していた』証である」という部分が理解できていないと思われる答案が大半であった。

生徒答案例

1 ▶Ⓐ「下等動物」という概念は近年のことであり，古代人は動物は人間と同様に精霊を持ち，人間と対等かそれ以上の存在とみなした。Ⓑその考えは，現代にも伝わるお伽話や動物を主題とした迷信の中にその名残りに見られる。 **9** / 10点

（B）日本語が不自然。「その考えの名残りが…の中に見られる」とすべき。**－1**

2 ▶Ⓐ古代人は人間と動物に差はない，さらには動物の方が頭がいいとさえ思っていた。下等動物という概念は近代のものであり，Ⓑ動物にまつわる迷信は動物たちが持っていると信じられていた賢さに基づいていたのである。 **8** / 10点

（A）2．不十分。「霊魂」が抜けている。**－1**

（B）2．「お伽話」が抜けている。**－1**

3 ▶Ⓐ我々の祖先は，動物を自分達と同じか，それ以上に知的な存在だと考えた。そのため，Ⓑ今日動物の迷信の多くは，迷信の主題に劣っているものではなく，賢明で悪賢く不思議な力をもつものとして考え，扱っているのだ。 **4** / 10点

（A）1．抜けている。**－2**
　　　2．不十分。「霊魂」が抜けている。**－1**

（B）1．抜けている。「迷信の主題に劣っているものではなく」の部分は意味不明。**－2**
　　　2．「お伽話」が抜けている。**－1**

4 ▶Ⓐ古代人は，動物達は特別な能力を授けられた知的な存在だとみなしていた。一方現代人は，動物達は人間より劣っていると考えている。Ⓑこの事実は，お伽話が後の考えに合わせて修正されたことに表れている。 **3** / 10点

（A）2．抜けている。**－2**
　　　3．不十分。人間との比較が抜けている。**－1**

（B）1．抜けている。**－2**
　　　2．「迷信」が抜けている。**－1**
　　　　「お伽話が後の考えに合わせて修正された」は誤読。**－1**

5 ▶Ⓐ私たち人間の祖先は人間と動物を同じものとみなしていて動物の方が彼らより賢いとまで思っていた。Ⓑなので今日の動物に関する迷信は人間より劣っていることではなく動物が優れていることに基づいたものである。 **2** / 10点

（A）1・2．抜けている。**－4**

（B）以下の通り，まず日本語を修正する必要がある。これでは，この区分の点数は残らない。**－4**

「×なので［→トル］今日の動物に関する×迷信は［→迷信を見れば］×人間より劣っていることではなく［→トル］動物が優れている×こと［→という考え］に基づいた×ものである［→ことがわかる］」

**全訳**

　我々の遠い先祖は人間と動物という創造物の間に違いがあるという概念はほとんどもっていなかった。彼らは，命をもっているものはすべて霊魂によって生かされていると考えていたのであり，霊魂を包んでいる体の形はほとんど重要ではなかったのである。自分たちの部族は獣や鳥の子孫だという話も，そうした祖先にとってはあり得ないことではなかった。お伽話に出てくる女性が，熊や蛇と結婚したとしても，特にあり得ないことをしていることにはならなかった。知識の進歩に相まって，そうした動物の姿をした夫は，魔法にかけられていただけで，ついには本当の姿を取り戻すということになった。しかし，これは後になって後世の考え方に合うように加えられた修正なのである。「下等動物」という概念は，人間とこの世界に住む他の生き物との間の本質的な違いが少しずつ認識されるようになっていった結果に基づく現代的な考え方である。初期の人類はそうした生き物を特別な才能を授けられて，それ独自の法則に従うものであるととらえていた。多くの場合，彼らにとって，そうした生き物は，知性で自分たちに劣らないどころか勝っているように思えたのである。現代のお伽話には，人助けをする動物や，人間の言葉を話す鳥や，賢い爬虫類が出てくるが，これは動物たちが人間と同等で，時には人の目には見えない神々の使いや僕であった時代の，化石となって残ったものなのである。だから今日，鳥や動物たちに関する非常に多くの迷信は，それらが一般的に言って劣っているのではなく，知恵，狡猾さまたは神秘的な力をもっているという想定に基づいているものだと考えてよいのかもしれない。

- □ *l*.1　have little conception of ～「～をほとんど考えていない」
- □ *l*.2　animate ～「～に命を与える」
- □ *l*.3　the enclosing body「まとっている身体」
- □ *l*.3　primitive man「原始人」　※本文では our early ancestors の言い換え。
- □ *l*.5　fairy-tale「お伽話」
- □ *l*.7　enchant「～を魔法にかける」
- □ *l*.8　modification「修正」
- □ *l*.10　inhabitant of ～「～に住むもの」
- □ *l*.11　be endowed with ～「～が備わっている」
- □ *l*.13　reptile「爬虫類」
- □ *l*.13　fossilized「化石化した」
- □ *l*.13　remains「遺跡，遺物」
- □ *l*.15　a great many ～「かなり多くの～」
- □ *l*.17　in the scheme of things「物事の枠組みにおいて」→「世間一般では」

# 11 時間に支配される現代人

## 文章の流れを確認する

| 第1文 | 現代人の中には休暇に多忙な生活から逃れ，（多額の費用をかけてわざわざ）荒野に行き，狩りや釣りなどの原始的な生活を真似る者がいる。 |
| 第2・3文 | 原始的な生活を真似ているはずなのに時計に依存している。 |
| 第4・5文 | 原始人は日の出などの自然現象から時間を判断していた。 |
| 第6文 | だから原始人の生活を真似るなら，時間の概念も真似ればよいようなものだが，そのような企画をする旅行代理店はない。 |
| 第7・8文 | 現代人は洞窟で暮らしてもなお，時計に依存するだろう。 |
| 第9・10文 | 人類が時間を征服したのではなく，人類が時間に征服されたと言えるかもしれない。 |

## 答案を作成する

▶筆者の主張は第9・10文。それを念頭において上記をまとめると次のようになる。

現代人の富裕層の中には休暇に多忙な生活から逃れ，荒野に行き狩りや釣りなどの原始的な生活を真似る者がいる。そんな時でも時計に依存している。原始人は日の出などの自然現象から時間を判断していたのだから，時間

の概念も真似ればよいようなものだが，その
ような企画をする旅行代理店はない。現代人
は洞窟で暮らしてもなお，時計に依存するだ
ろう。つまり人類が時間を征服したのではな
く，人類が時間に征服されたと言えるかもし
れない。

210　　　　　　　　　　　　　　　　220

▶これを指定字数（100〜120字）内に収める。

**解答例**

現代人の富裕層の一部は，大金を費やして多
忙な生活から逃れて原始人の真似事をするく
せに，太陽の位置で時間を判断する原始的な
時の概念は取り入れずに時計に依存している
。人類が時間を征服したのではなく，人類の
方が時間に征服されたのかもしれない。

110　　　　　　　　　　　　　　　　120

## 自分の答案を採点する

**採点基準**

✔各区分の抜けは **2 点減**。

✔不十分なら **1 点減**。

✔（A），（B）それぞれの満点を超えては減点しないものとする。

例：（B）の区分で 1 ～ 3 すべての抜けがあった場合は，6 点減ではなく，4 点減とする。

**（A） 6 点満点**

**1．現代人の富裕層の一部は，大金を費やして多忙な生活から逃れて原始人の真似事をするくせに**

※「富裕層」「大金を費やして」はなくても可。

※「原始人の真似事をする」は「原始的な生活を送る」などでも可。

**2．太陽の位置で時間を判断する原始的な時の概念は取り入れずに**

※「太陽の位置で時間を判断する」は「自然現象から時間を知る」などでも可。

※「原始的な時の概念を取り入れる」はなくても可。

**3．時計（人為的に作られた精密な時間概念）に依存している**

※「自然現象とは直接の関係がない精密な時間概念」などでも可。

**（B） 4 点満点**

**1．人類が時間を征服したのではなく**

**2．人類の方が時間に征服された**

**3．のかもしれない** ※これのみ「抜け」の場合は **1 点減**とする。

わざわざ大金を投じて海釣りやキャンプなどの原始的な生活に戻ろうとするのに，そういう人たちは時計を手放さないという滑稽さを述べた文である。余談だが，ある英文で「環境に優しいホテル」と謳うなら，ホテルを取り壊して更地にするべきだと書いてあった。どちらもウィットが効いている。

**生徒答案例**

1 ▶ (A)富裕層の人の中には，古代人の生活様式を真似する人がいる。だが，彼らは時計を置くことはしない。古代人は日の出や日没で時間を感じられれば十分だったにも関わらずだ。(B)時間を知れる便利な工夫が行われているが，私達は時間に支配されているのかもしれない。　　　　　　　　　　　　　　　　　8 / 10点

（A）1．「多忙な生活から逃れ」がない。また，「置く」は曖昧なので「家に置いてくる」としたい。これは減点なし。−1

（B）1．「時間を知れる便利な工夫が行われている」では不十分。「人類が時間を征服したのではなく（征服された）」としたい。−1

2 ▶ (A)裕福な人々が多額のお金を払って我々の先祖の行った狩猟生活を体験しようとするが，彼らは時間，分，秒という細かい時間を忘れて，洞穴にこもり大きな時間の区切りに従う生活はしない。(B)私達は時間を飼い慣らしているのではなく，時間に飼い慣らされている。　　　　　　　　　　　　　　　　　　7 / 10点

（A）1．「多忙な生活から逃れ」が抜けている。−1

　　　2．「大きな時間の区切りに従う」では曖昧。−1

（B）3．抜けている。−1

3 ▶ (A)この時代に大金を払い，狩りや釣りに，焚き火での調理を行い，祖先の人々の真似を試みても祖先の人々がそうしたように太陽の動きからではなく，現在の人々は必ず時計を用いる。(B)私たちは時間を支配しているのではなく，時間に支配されているのかもしれない。　　　　　　　　　　　　　　　　　7 / 10点

（A）1．「多忙な生活から逃れ」がない。「試みても」は「試みている時でも」とする。−2

　　　2．「祖先の人々がそうしたように太陽の動きからではなく」→「祖先の人々がそうしたように太陽の動きから時間を知るのではなく」とする。−1

4 ▶ (A)現代，富裕層は時間に追われ健康を害しており，数年に一度それから逃れようと大金を払って遠い先祖と似た暮らしを体験する。しかし先祖達は細かい時間の概念がなかった。そのような体験の中でも時刻を知ろうとする(B)私達は時間に飼い慣らされているのだろう。　　　　　　　　　　　　　　　　　5 / 10点

（A）2．抜けている。−2

　　　3．「時刻を知ろうとする」だけでは「時計を見て」なのか「自然現象から判断して」なのかが曖昧。−1

（B）1．抜けている。−2

5 ▶㈠裕福な人は時々，野生に身を任せて狩りを楽しみたがるが，その時でさえ時計を離さずにいる。㈡我々は，時間を知るためのとても便利な手段を手にいれたが，もし我々が時間を支配しようとすれば，これは自身を束縛することになり，良くない事態を招くだろう。

**3** /10点

（A） 1．「多忙な生活から逃れ」が抜けている。 — **1**

2．抜けている。 — **2**

（B）「…すれば…することになり，良くない事態を招くだろう」は本文にはない。

— **4**

**全 訳**

　　我々の奇妙な時代においては，富裕層なのに，おそらく肉体的にも精神的にも自分の健康を損ねてまで，何かを企画し計画しあくせく働く人がいる。その結果，そうした人たちは，年に一度か二度は，彼らの言葉を借りれば，「すべてから逃げ出す」ことがある。まだ原野が残っているところに，多くの場合途方もない費用をかけて，出かけていって，獲物を追い，釣りをして，キャンプファイアーで料理をして，つまり，遠い祖先が昔，年がら年中暮らしていたようにしばらくの間暮らしてみるのだ。しかし，彼らは自分の時計を家に置いてくるということはないようである。自分の手首をちらっと見るだけで，時，分，秒を知ることができる。こうした者たちは，それほどの苦労とお金を費やし原始人の真似事をしているが，その当の原始人は時，分，秒については何も知らなかった。彼らにとっては，日の出と真昼と日没だけで十分であったのであろう。というのも，狩猟を営んでいた我々のこうした祖先は，家族単位ないしは小さな部族単位で暮らしていたのであり，大部分は洞窟で暮らしていたものと思われるからである。これまでのところ，どんな一流の旅行代理店，高額な狩猟旅行を企画するような業者でも，有史以前の本物の洞窟住居を富裕層の狩猟家たちに貸し出すといった企画をした業者はいないが，これは驚くべきことである。しかし，たとえ洞窟は貸し出せたとしても，それと一緒に貸し出すことができないのが，その洞窟の最初の所有者の時間に対する観念である。新たに洞窟を借りることになった人は，依然として，しばしば心配そうに，自分の時計を見つめていることだろう。何世紀も経て，我々は時，日，年についてあるかなり便利な取り決めを考案したが，我々が「時間それ自体」を今では手なずけ飼い慣らしていると思うとすれば，大きな間違いを犯すことになるだろう。飼い慣らされているのかもしれないのは我々の方なのだ。

- □ *l*.1　our wealthiest men「我々の時代の最も富裕な人々」　※古い英文なので men が「人々」の意味で用いられている。
- □ *l*.1　toil「あくせく働く」
- □ *l*.2　ruin *one's* health「健康を害する」
- □ *l*.3　what is left of the wilderness「原野の中の残されているもの」が直訳。

□ *l*.4　hunt game「獲物を追う」　※この意味の game は不可算。

□ *l*.6　have only to *do* to ～「…するだけで～できる」

□ *l*.7　The men whose lives they are imitating「彼ら（現代人）に生活を真似
　　　　されている人々（原始人）」　※ The men は5行目の their remote
　　　　ancestors の言い換えで，their は1行目の some of our wealthiest men
　　　　を指す。

□ *l*.10　these hunting ancestors …は主語のついた分詞構文（独立分詞構文）。

□ *l*.11　as yet「まだ」　※ yet と違い，否定語の前に置くことができる。

□ *l*.12　no top travel agency, the … safaris は2つの名詞が同格の関係になって
　　　　いる。

□ *l*.13　arrange to *do*「～するように手配する」

□ *l*.13　let A to B「（住居など）A を B に貸す」

□ *l*.13　sportsman「狩猟家」

□ *l*.14　rent ～ out「（お金を取って）～を貸す」　※ rent だけなら「～を借りる」
　　　　の意味になるのが普通だが，rent out は「～を貸す」の意味。

□ *l*.14　notion of time「時間の観念」

□ *l*.15　tenant「間借り人」

□ *l*.16　down the centuries「何世紀も時を経て」

□ *l*.16　some fairly convenient arrangement「あるかなり便利な取り決め」とは
　　　　「暦」のこと。　※ fairly は「かなり」の意味であることに注意。

□ *l*.19　tame ～「～を飼い慣らす」

標準

# 12 専門家の記憶の仕組み

## 文章の流れを確認する

第1段落 チェスの名人は，無意識のうちにチェス盤上の駒の位置を覚えている。ただし，意味のない駒の位置は暗記できない。

第2段落 ベテランの役者も長い台詞を無意識に暗記してしまう。それは台本全体の中の台詞の意味を分析しているからだ。またその際，長年の経験を無意識に結びつけている。

## 答案を作成する

▶設問文に「一般的にどのようなことが言えるか」とあるから，本文を抽象化する必要がある。書くべきことは「自分の専門分野に限り無意識のうちに非凡な記憶力を発揮する」「それが可能になるのは記憶の対象を過去の豊富な経験と結びつけ全体像を考え，そこに意味を見出すから」だ。

▶さらに第2段落第2文末尾（memorization is …）にある「暗記とは，意味を探し求めるというこの過程から自然に生まれた副産物なのである」にも触れておきたい。

| | ベテランの専門家 | 素人 |
|---|---|---|
| 記憶力 | 専門分野の有意味なことに対しては非凡 | 普通 |
| 記憶する意図 | なし | あり |
| 過去の経験 | 専門分野に限り豊富 | ― |
| 見方 | 全体 | 部分 |

▶以上を考慮してまとめれば，次のようになる。

| 専 | 門 | 家 | は | 自 | 分 | の | 専 | 門 | 分 | 野 | に | 限 | り | 無 | 意 | 識 | の | う | ち |
| に | 非 | 凡 | な | 記 | 憶 | 力 | を | 発 | 揮 | す | る | 。 | そ | れ | が | 可 | 能 | に | な |
| る | の | は | 記 | 憶 | の | 対 | 象 | を | 過 | 去 | の | 豊 | 富 | な | 経 | 験 | と | 結 | び |
| つ | け | 全 | 体 | 像 | を | 考 | え | ， | そ | こ | に | 意 | 味 | を | 見 | 出 | す | か | ら |
| で | あ | る | 。 | 彼 | ら | に | と | っ | て | の | 暗 | 記 | と | は | ， | 意 | 味 | を | 探 |
| し | 求 | め | る | と | い | う | こ | の | 過 | 程 | か | ら | 自 | 然 | に | 生 | ま | れ | た |
| 副 | 産 | 物 | な | の | で | あ | る | 。 | | | | | | | | | | | |

130　　　　　　　　　　　　　　　　　　　　　　　　　　140

▶これを指定字数（60〜70字）にまとめる。

▶なお，本文の「チェスの名人」と「ベテランの役者」を一般化して「専門家」としたが，さらに一般化し「記憶力の優れた人」とすると，やや一般化が過ぎるようにも思える。いずれにしても「記憶は対象を過去の豊富な経験と結びつけて意味を探す過程で生じる副産物だ」という部分は必要である。

**解答例**

| 専 | 門 | 家 | が | そ | の | 専 | 門 | 分 | 野 | に | 限 | り | 無 | 意 | 識 | に | 発 | 揮 | す |
| る | 非 | 凡 | な | 記 | 憶 | 力 | は | ， | 対 | 象 | を | 過 | 去 | の | 豊 | 富 | な | 経 | 験 |
| と | 結 | び | つ | け | ， | 全 | 体 | 的 | な | 意 | 味 | を | 見 | 出 | す | 過 | 程 | で | 生 |
| じ | る | 副 | 産 | 物 | で | あ | る | 。 | | | | | | | | | | | |

60

70

## 自分の答案を採点する

### 採点基準

✓ 各区分の抜けは **2 点減**。

✓ 不十分なら **1 点減**。

✓（A），（B）それぞれの満点を超えては減点しないものとする。

　例：（A）の区分で 1 〜 3 すべての抜けがあった場合は，6 点減ではなく，5 点減とする。

**（A）5 点満点**

1．専門家がその専門分野に限り

2．無意識に発揮する

3．非凡な記憶力は

**（B）5 点満点**

1．対象を過去の豊富な経験と結びつけ

2．（全体的な）意味を見出す過程で生じる

3．副産物である　※「自然と（生じる）」でも可。

本文の 2 つの例は専門家の話であり，この文の主題は「専門家の自らの分野における記憶力の素晴らしさ」であるが，「専門家」という部分が抜けている答案が非常に多かった。それと「対象を過去の豊富な経験と結びつけ（→ 専門家は過去の経験が豊富だからこそ，対象を知らず知らずのうちに覚えてしまうということであろう）」の部分が抜けている答案も多かった。

生徒答案例

1 ▶Ⓐ記憶力が非常に優れている人に記憶しようとする意思はない。Ⓑ彼らはある
ものごとを自ら培ってきた経験をもとに分析することで自然と記憶できるのだ。

**7** / 10点

（A）１．抜けている。－**2**
（B）２．「分析する」では不十分。－**1**


2 ▶Ⓐ記憶するという行為は，Ⓑ興味深い事柄に関して，自分の今までの知識と関
連付けながらⒶ無意識になされるもので，Ⓑ意味を見出す過程で自然にできるもの
だ。

**6** / 10点

（A）１・３．抜けている。－**4**


3 ▶Ⓐ記憶力に長けている人はその物事を暗記しようと努めるのではなく，Ⓑ意味
を汲み取ろうと物事を分析しているうちに自然と暗記してしまっているのである。

**4** / 10点

（A）１．抜けている。－**2**
（B）１・２．抜けている。－**4**


4 ▶Ⓐ何かを覚えるとき，Ⓑただそれを覚えようとするのではなく，そのものの意
味を理解したり互いに関連付けてみることで，自然と覚えることができる。

**2** / 10点

（A）３点とも抜けている。－**5**
（B）１．抜けている。－**2**
　　２．「互いに関連付けてみる」は不適切。－**1**


5 ▶チェスの達人は盤面に意味があれば無意識にそれを覚えてしまい同様に役者も
役の性格を知るために原稿の意味を探している間に原稿を覚えてしまう。

**0** / 10点

すべてが抜けている！

**全 訳**

**第1段落**

　チェスの名人はチェスの駒が盤上のどこにあるかを驚くほどよく覚えている。ある調査では，世界的な名人たちは，実際に行われている試合のチェス盤をほんの1回5秒見るだけで25個の駒のほぼすべてがどこにあったか思い出すことができた。一方初心者はだいたい4つほどしか思い出せなかった。しかも，チェス盤の駒を覚えているかどうかが後で試されることを，名人にあらかじめ知らされているかどうかなど無関係であった。つまり，名人は記憶しようという意図がなくても，チェス盤を一瞥しただけでまったく同じ結果を得たのである。しかし，対局場面としての意味をなさない，駒がでたらめに置かれた盤を見せられると，名人でも初心者と同じ程度しか思い出せなかった。

- ☐ *l.*1　exhibit ～「～を（感情・行動などに）表す」
- ☐ *l.*1　memory for ～「～に対する記憶力」
- ☐ *l.*1　the location of ～「～の位置」
- ☐ *l.*1　chess pieces「チェスの駒」
- ☐ *l.*2　a single five-second exposure to ～「1回たった5秒間～にさらされること」
- ☐ *l.*4　nearly all twenty-five pieces「25個の駒ほとんどすべて」 ※チェスの駒は全部で32個だが，自分が取るか，相手に取られると盤上から消えるので，この場面では7個の駒が消えていたということ。
- ☐ *l.*4　…, whereas ～「…。一方で～」
- ☐ *l.*7　just as well ～「（覚えようとする意図がある場合と）まったく同じぐらい（覚えていた）」
- ☐ *l.*7　glance at ～「～をちらっと見る」
- ☐ *l.*8　randomly arranged「無作為に配列された」
- ☐ *l.*9　could remember no more than the beginners「初心者と同じ程度しか思い出せなかった」

**第2段落**

　ベテランの役者も，自分の専門知識の分野においては並外れた記憶力を発揮する。長い台本でも比較的容易に覚えることができるが，それはチェスの名人の場合とだいたい同じような理屈によるものだ。最近の研究が示したことによると，役者は，台詞を一語一語覚えようとしているのではなくて，自分が役を演じる人物の動機や目的を見つけるための手がかりを求めて，その台本の中の台詞を分析し，台詞の中のそれぞれの言葉を，長年かけて蓄えてきた自分の知識全体と無意識に結びつけている。つまり，暗記とは，意味を探し求めるというこの過程から自然に生まれた副産物だということなのだ。ある役者の言葉を借りれば，「実際には暗記しているわけではありません。何の努力も要りませんよ…ただ，そうな

ってしまうのです。ある日，はじめて間もないうちに台詞が頭に入っているのです」。役者がある台本の意味をとろうとする場合，登場人物が使う正確な言葉を幅広く専門的に分析することがしばしば必要となる。そして，そのことが今度は，単にその大まかな意味だけではなく，何が述べられていたかを正確に思い出すことの手助けになるのである。

- □ *l*.11　extraordinary memory「並外れた記憶力」
- □ *l*.12　lengthy script「(細々したことを含む) 長い台本」
- □ *l*.12　with relative ease「比較的簡単に」
- □ *l*.13　much the same「だいたい同じ」(＝almost the same)
- □ *l*.14　word-by-word「一語一語の，逐語的な」
- □ *l*.15　clue to ～「～への手がかり，(発見の) 糸口」
- □ *l*.16　relate *A* to *B*「*A* を *B* に関連づける」
- □ *l*.18　by-product「副産物」
- □ *l*.18　as S put it「S が言うように」
- □ *l*.19　early on「早い段階に，(進行・計画・試合などの) 初期に」
- □ *l*.20　make sense of ～「～の意味を理解する」
- □ *l*.21　extended technical analyses「幅広い専門的な分析」
- □ *l*.21　in turn「その結果，次に」
- □ *l*.22　general sense「大まかな意味，漠然とした意味」

標準

1982 年度

# 13 将来への希望と恐怖の持ち方

## 文章の流れを確認する

**第 1 段落**　ほとんどの場合，恐怖も希望も幻想であり，深刻に考えすぎてはならない。恐れていたことが起こったとしても，最初に恐れていたほど悪い状況にはならないし，私たちはそれに耐える力を持っている。

**第 2 段落**　また，期待していたことが起こったとしても，私たちはずっと満足していられるわけではなく，それまでと同じ不満を抱えることになる。

**第 3 段落**　希望の多くは，私たちに豊かさや美しさをもたらすと言われているものを中心としている。一方で，恐怖ゆえに危険をまったく冒さなくなるということも，あってはならない。

**第 4 段落**　将来に十分な関心を持って備えつつ，幸福な生活を送れるように希望を抱いている，という中道が最良の道である。

## 答案を作成する

▶第 1 段落では，「希望も恐怖も結局は幻想にすぎない」が主張。そして「恐怖が幻想である」ことの具体化として「恐怖が実現してもそれは杞憂だったとわかる」と述べられている。

▶第 2 段落では，「希望が幻想にすぎない」ことの具体化として「希望が実現しても満足感は一瞬で消える」と述べられている。

▶第 3 段落では，主張が繰り返されているだけである。

▶第 4 段落では，「最も優れた道は中道を歩むことである」（第 1 文）ことを述べている。the middle course「中道」を具体化したのが第 2 文以降で「十分な不安をもって最善を尽くし将来に備え，希望を忘れないこと」だとしている。

▶以上をまとめると次のようになる。

| | | | | | | | | | | | | | | | | | | | |
|---|---|---|---|---|---|---|---|---|---|---|---|---|---|---|---|---|---|---|---|
| 希 | 望 | も | 恐 | 怖 | も | 結 | 局 | は | 幻 | 想 | に | す | ぎ | な | い | 。 | 恐 | 怖 | が |
| 実 | 現 | し | て | も | そ | れ | は | 杞 | 憂 | だ | っ | た | と | わ | か | る | 。 | 希 | 望 |
| が | 実 | 現 | し | て | も | 満 | 足 | 感 | は | 一 | 瞬 | で | 消 | え | る | 。 | 最 | も | 優 |
| れ | た | 道 | は | 中 | 道 | を | 歩 | む | こ | と | で | あ | る | 。 | つ | ま | り | , | 十 |
| 分 | な | 不 | 安 | を | も | っ | て | 最 | 善 | を | 尽 | く | し | 将 | 来 | に | 備 | え | , |
| 希 | 望 | を | 忘 | れ | な | い | こ | と | で | あ | る | 。 | | | | | | | |

110　　　　　　　　　　　　　　　　　　　　120

▶これを指定字数（60〜80字）内に収める。

**解答例**

| | | | | | | | | | | | | | | | | | | | |
|---|---|---|---|---|---|---|---|---|---|---|---|---|---|---|---|---|---|---|---|
| 恐 | 怖 | は | 杞 | 憂 | で | あ | り | , | 希 | 望 | は | 長 | 期 | 的 | な | 満 | 足 | 感 | を |
| も | た | ら | さ | な | い | 。 | 両 | 者 | は | 幻 | 想 | に | す | ぎ | な | い | こ | と | を |
| 念 | 頭 | に | 置 | き | , | 十 | 分 | な | 不 | 安 | を | も | っ | て | 可 | 能 | な | 限 | り |
| 将 | 来 | に | 備 | え | , | 希 | 望 | を | 忘 | れ | な | い | こ | と | が | 大 | 切 | だ | 。 |

70　　　　　　　　　　　　　　　　　　　　80

## 自分の答案を採点する

**採点基準**

✓各区分の抜けは **2点減**。

✓不十分なら **1点減**。

✓（A），（B）それぞれの満点を超えては減点しないものとする。

  例：（B）の区分で1・2両方の抜けがあり，さらに誤訳と思われる箇所があった場合でも，最大4点減とする。

**（A）6点満点**

1. 恐怖は杞憂であり

2. 希望は長期的な満足感をもたらさない

3. 両者は幻想にすぎないことを念頭に置き

**（B）4点満点**

1. 十分な不安をもって可能な限り将来に備え

2. 希望を忘れない（中道の道を歩む）ことが大切だ

筆者が言いたいことは，「恐怖というものは杞憂にすぎないことが多い。かといってまったく恐怖を持たないのはダメで，十分な不安をもって将来に備えなさい」と「希望は一時的な夢であり，満足感は一瞬で消える。かといってまったく希望を持たないのはダメで，『希望は儚い』ということを念頭に置いた上で，希望をもって生きなさい」ということ。この論理を理解できていない答案がほとんどであった。

**生徒答案例**

1 ▶ ⒜恐怖は幻想であり，深刻に捉える必要はない。⒝最良なのは，希望を持ち，楽観的に生きることだ。⒜しかし，希望も幻想であるため，心に本当の幸せをもたらしてはくれない。 　　　7 / 10点

（A）3.「念頭に置く」が抜けている。— 1

（B）1.抜けている。— 2


2 ▶ ⒜恐怖や希望のほとんどが幻想である。⒝その中道を行くのが最善の策であり，良く生きるためには恐れすぎず，準備をして，希望をもち楽観的であるべきだ。 　　　5 / 10点

（A）1・2.抜けている。— 4

　　　3.不十分。「(幻想である) ことを念頭に置く」が抜けている。— 1


3 ▶ ⒜生きていると恐れは杞憂に，希望は一過性で安全策を取り続けるより考え抜いたリスクを選ぶ方が良いなど学ぶ事は多いが⒝幸せな生活には全てを配慮して中庸でいるのが一番だ。 　　　5 / 10点

（A）2.具体性に欠け不十分。— 1

　　　3.抜けている。— 2

　　　また，「安全策を取り続けるより考え抜いたリスクを選ぶ方が良いなど学ぶ事は多いが」は不要。減点なし。

（B）1・2.「全てを配慮して」「中庸でいる」が曖昧である。— 2


4 ▶ ⒜未来への希望や恐怖は幻想に過ぎず，⒝必ず将来を変えるものだが我々を変えることはない。十分な準備をした上で最低限の心配だけしておけばあとは楽観的に構えておけばよい。 　　　4 / 10点

（A）1・2.抜けている。— 4

　　　3.「…を念頭に置く」が抜けている。— 1

（B）1・2は OK だが，「必ず将来を変えるものだが」は誤読。— 1


5 ▶ ⒝未来のことに期待を抱き過ぎても真の幸福に近づけないし，逆に恐怖を抱き過ぎても過度に慎重になるのもかえって危険だ。ほどよく楽観的でかつ慎重であるのが最善である。 　　　3 / 10点

（A）すべて抜けている。— 6

（B）1.不十分。「可能な限り将来に備え」が抜けている— 1

**全訳**

**第1段落**

　私たちが歳をとるにつれて人生から学ぶ教訓の1つは，恐怖も希望もたいていは幻想であり，過度に深刻にとらえる必要はない，ということだ。人生で私たちが最も恐れていることは決して起こらない，いや，恐れていたのとまったく同じようには起こらない，ということを私たちは度々経験する。また，もし恐れていたことが現実になったとしても，その現実が当初の恐怖ほどひどいことは決してないということも知る。また，私たちはそうした困難に耐える力を想像以上に持ち合わせているのである。

- □　*l.*2　illusion「幻想」
- □　*l.*2　take 〜 seriously「〜を深刻にとらえる」
- □　*l.*4　dread 〜 ＝to feel anxious or worried about something that is going to happen or may happen（『ロングマン現代英英辞典』より）
- □　*l.*4　come to pass「現実になる」
- □　*l.*5　in the first place「最初に」
- □　*l.*6　undreamed-of 〜「思いもよらない〜」

**第2段落**

　一方，私たちのある特定の希望は普通，旅の伴侶としては物足りないものだ，ということが判明する。私たちは人生と，将来起こることについて，楽観的でなければならないが，特定の夢が実現した時でさえも，幸せな気持ちでいられるのはほんの短期間でしかないと気づくことが非常に多い。相変わらず，それ以前と同じ不満と欲求不満を抱えて生きていかなければならないのである。

- □　*l.*7　prove to be 〜「〜だと判明する」
- □　*l.*7　traveling companion「旅の伴侶」
- □　*l.*10　discontent「不満」

**第3段落**

　私たちの希望の多くは，私たちに本当の心の平安をもたらすものではなく，私たちを豊かにするとか美しくするなどと他人が語るものに根差しているのである。逆に，抱えている恐怖を真剣に考えすぎ，そのため危険をまったく冒さないということもあってはならない。ただ生きるだけでも危険を伴うのだ。また，考え抜いた末に危険を冒すことで，常に安全にいこうとする場合よりも，危険を減らせることも多い。

□ *l*.12  not *A* but rather *B*「*A* でなくて *B*」
□ *l*.12  center on ～「～に焦点を当てる」
□ *l*.13  conversely「逆に」
□ *l*.15  well-thought-out「考え抜いた」
□ *l*.16  than if ～「～の場合よりも」

---

### 第 4 段落

　最良の道は中道である。私たちは未来に十分な注意を払い，可能な限りそれに備えていなければならない。私たちは希望を抱き，楽観的でなければならない。こうした要素が，心の平安を伴った，建設的で満ち足りた生活には不可欠だからである。しかし，希望と恐怖は，私たちの生き方を変えることを約束しながら，私たちを以前とまったく同じ状態にとどめる幻想である場合が多い，ということは忘れてはならない。

---

□ *l*.17  the middle course「中道」
□ *l*.18  as best S can「できる限り」
□ *l*.19  for SV「というのも SV」　※ for は等位接続詞。
□ *l*.19  attribute「（本来備えている）性質，属性」
□ *l*.19  constructive「建設的な」

---

## Column　文法的破格

　ある表現が，文法規則に従っていない場合，それを「文法的破格」と言います。本文 18 行目に登場した as best S can は「文法的破格」です。この表現は，おそらく as well as S can あるいは，as good as S can の意味をさらに強めようと気持ちが働き，as best S can になったと思われます。「as ～ as の～には，形容詞・副詞の原級を置く」というのが文法の決まりですから，この段階で決まりが破られてしまったわけです。さらにその後，2 番目の as が脱落することになりますが，その理由はおそらく「(1) as ＋最上級＋as というのに違和感を感じたので，as を 1 つ外した。あるいは(2)何となく言いにくいので，後ろの as を外した」ということでしょう。いずれにしても「文法的破格」です。日本語でも「一番ベストなのは」なんていう言葉を聞くことがありますね。「文法的破格」は言語につきものなのでしょう。

標準

## 14 日常に潜む感動の発見

## 文章の流れを確認する

| 第 1 段落 | 子ども時代の思い出。１ペニーを道端に隠して，発見の喜びを，それを見つけた人に与えた。 |
| 第 2 段落 | 世の中は無償の驚きで満ちている。それを見て感動できるだけの健全な貧しさと素朴さを心に育めば，生涯にわたり発見を続けることができる。 |

## 答案を作成する

▶書くべきことは次の２点。
　①世界にある些細だが驚くべきものに対して注目することができるだけの健全な貧しさと素朴さを心に育むことが大切。
　②そうすれば生涯にわたり発見を続けることができる。
▶英語の「二項対立」では，対立するものが具体的に書かれていない場合がある。そのような場合でも，対比関係を考えてみるとよい。ここでは次の表の「望ましくない姿」は本文には書かれていないが，筆者の頭の中にはあるはず。

| | 望ましい姿 | 望ましくない姿 |
| --- | --- | --- |
| どのような人 | 健全な貧しさと精神の素朴さを備えた人 | （豊かになりすぎ精神がすさんだ人） |
| 感動の対象 | 日常の中に遍在する些細だが驚くべきもの | （貴重品や高価な品） |
| 結果 | 一生発見ができる | （感動が失われていく） |

▶筆者は第２段落第１文後半（I've been thinking …）で「見るということについて考えている」と書いているので，解答には「見る」「発見する」などの文言を盛

り込んでおいた方がよいだろう。

▶「健全な貧しさ」は抽象的な表現なので，もう少し具体的に説明した方がよい。ここでは，ペニー硬貨を求める状態を貧困に喩えて，このような些細な物事にも感動する「素朴な心，好奇心」のことを，プラスの意味を込めて象徴的に表現したものである。また，これは「急いで通りすぎる（忙しい）大人」が失ってしまっているものだとあるので，たとえば「子どものような好奇心」「子どものようなあどけない心」などとすればよいだろう。

▶以上のことを考慮してまとめれば次のようになる。

| 子 | ど | も | の | 頃 | ， | 1 | ペ | ニ | ー | を | 道 | 端 | に | 隠 | し | て | ， | | 発 | 見 |
|---|---|---|---|---|---|---|---|---|---|---|---|---|---|---|---|---|---|---|---|---|
| の | 喜 | び | を | ， | | そ | れ | を | 見 | つ | け | た | 人 | に | 与 | え | た | 。 | 世 | の |
| 中 | は | こ | の | よ | う | に | 些 | 細 | だ | が | 驚 | く | べ | き | も | の | が | あ | ち | |
| こ | ち | に | 散 | り | ば | め | ら | れ | て | い | る | 。 | そ | れ | を | 見 | て | 感 | 動 | |
| で | き | る | だ | け | の | ， | | 子 | ど | も | の | よ | う | な | 好 | 奇 | 心 | を | 持 | つ |
| 素 | 朴 | な | 心 | を | 育 | め | ば | ， | | 生 | 涯 | に | わ | た | り | そ | う | し | た | 発 |
| 見 | を | 続 | け | る | こ | と | が | で | き | る | 。 | | | | | | | | | |

130　　　　　　　　　　140

▶これを指定字数（70〜80字）にまとめる。ペニー硬貨（1ペニーは日本円に換算して約1円の価値）の例を入れると，字数がオーバーする可能性がある。本問では「趣旨」をまとめればよいので，この例は省略しても問題ないと思われる。

**解答例**

| 日 | 常 | の | 中 | に | 遍 | 在 | す | る | 些 | 細 | な | も | の | が | ， | | 自 | 分 | に | と |
|---|---|---|---|---|---|---|---|---|---|---|---|---|---|---|---|---|---|---|---|---|
| っ | て | 驚 | く | べ | き | も | の | に | 見 | え | る | だ | け | の | 子 | ど | も | の | よ | |
| う | な | 好 | 奇 | 心 | と | 素 | 朴 | さ | を | 心 | に | 育 | ん | で | い | れ | ば | ， | | 生 |
| 涯 | に | わ | た | り | 発 | 見 | を | 続 | け | る | こ | と | に | な | る | 。 | | | | |

70　　　　　　　　　　80

## 自分の答案を採点する

採点基準

✓各区分の抜けは **2 点減**。

✓不十分なら **1 点減**。

✓（A），（B）それぞれの満点を超えては減点しないものとする。

例：（A）の区分で 1 ～ 3 すべての抜けがあった場合は，6 点減ではなく，5 点減とする。

**（A） 5 点満点**

1. 日常の中に遍在する
2. 些細なものが
3. 自分にとって驚くべきものに見えるだけの

---

**（B） 5 点満点**

1. 子どものような好奇心と素朴さを心に育んでいれば

   ※「子どものような心の持ちよう」に触れていれば可とする。

2. 生涯にわたり
3. 発見を続けることになる

「具体例」と「主張」とのつながりがよくわからないために，方向性がずれた答案が散見された。また，「健全な貧しさ」をうまく表現できていない答案が多かった。「本文中の抽象的で曖昧な表現は，それを具体化して書く」ということを忘れてはならない。

**生徒答案例**

**1 ▶** ⒝大人になっても子供のように，⒜1ペニーすら天からの贈り物と感じられる⒝良い心の貧しさや率直さがあれば，人生を通して，世界が発見に満ちあふれたものである，と思える。　　　**6** / 10点

（A）　1．抜けている。**－2**
　　　　2．「1ペニー」では不十分。**－1**
（B）　1．不十分。**－1**


**2 ▶** ⒜あちこちに小さな幸せは散らばっており，その幸せを感じることが出来るのは，⒝貧し過ぎず，また裕福過ぎることもなく，飾り気のない心を持っている人である。　　　**5** / 10点

（B）　1にあたる部分は誤読。2・3は抜けている。**－5**


**3 ▶** ⒜世界には見るべきものがたくさんあり驚き，発見も数多い。それらを本当に意味あるものとする為⒝健全な貧乏と飾り気のない精神をみがけば一生ものの発見が得られる。　　　**5** / 10点

（A）　2．抜けている。**－2**
　　　　3．「意味あるもの」が曖昧。**－1**
（B）　1．「健全な貧乏」「飾り気のない」が不適切。**－2**


**4 ▶** ⒝何事もつまらないものだと決めつけず見ることを意識すれば，⒜子供の頃に考えていた1ペニー硬貨を見つけた様なささいな驚くべき⒝発見が世界にはたくさんあることに気づく。　　　**4** / 10点

（A）　1．抜けている。**－2**
（B）　1・2．抜けている。**－4**


**5 ▶** ⒝筆者は大人になり，子供の頃を思い出して，大人になると小さなことは見落としがちで，驚くことが多くこれらの物事は子供のような探究心があれば発見できると気づいた。　　　**1** / 10点

（A）　抜けている。また，「小さなことは見落としがちで，驚くことが多く」は「小さな驚くべきことは多いが見落としがちで」の間違い。**－5**
（B）　2・3．抜けている。**－4**

**全訳**

**第1段落**

　6，7歳の頃，私はよく自分の小額硬貨1枚——たいてい1ペニー硬貨だったが——を持って出かけ，それを誰かが見つけるように隠した。どういうわけか，私は決まってそのペニー硬貨を同じ歩道の一区画に「隠した」。たとえば大きな木の根元とか，歩道に開いた穴に置いたものだった。それから私はチョークを取り出して，その区画のいずれかの端から描き始め，ペニー硬貨に向けて大きな矢印を両方向から描いた。文字を覚えてからは，その矢印に「この先にビックリするものあり」とか「この先にお金あり」などという説明書を添えた。そうやって矢印を描いている間ずっと，最初に通りかかった幸運な人が，その人が得をしたかどうかはともかくとして，天からの無償の贈り物をこのように受け取ることになる様子を思い浮かべ，とてもわくわくした。

- ☐ *l*.1　～ of *one's* own「自分自身の～」
- ☐ *l*.2　for some reason「何らかの理由で」→「どういうわけか」
- ☐ *l*.3　"hid"　これは，本当に隠す意図はなく，見つけてもらうことを意図していることを示唆するため "hid" となっている。
- ☐ *l*.3　the same stretch of sidewalk「歩道の同じ範囲」
- ☐ *l*.3　would place「置いたものであった」　※過去の習慣的行為を示す would。
- ☐ *l*.4　say「たとえば」　※前後にコンマを打ち，挿入して用いる。
- ☐ *l*.5　either end「両側」　※ either side / end の場合の either の特殊用法。本文では，いずれか一方の端から描き，次にもう一方の端から描いたために，最終的には両方向から2本の矢印を描いたことになる，ということ。
- ☐ *l*.5　arrow leading up to ～「～に向けた矢印」
- ☐ *l*.8　at the thought of ～「～を考えて」
- ☐ *l*.8　the first lucky passer-by who would ～「～することになる最初の幸運な通行人」が直訳。
- ☐ *l*.9　regardless of merit「その人にとっての利点となるかどうかは別にして」
- ☐ *l*.9　a free gift from the universe「宇宙からの無償の贈り物」が直訳。

**第2段落**

　さて，大人になってこんな思い出を語るのは，私がここのところずっと，見るということについて考えているからだ。見るべきもの，無償の驚きがたくさんある。世界は気前のよい人の手によってあちらこちらにばら撒かれたペニー硬貨で満ちているのだから。しかし，ここが大事なところだが，ただのペニー硬貨1枚にどんな大人が興奮するというのだろうか。もし1本の矢印に従って進み，道端にじっとしゃがんで揺れる枝を見ようとすると，そこにはおずおずと顔を覗かせているシカがいて，その姿を幸運にも見ることができたとしたら，その光景をなんだか安っぽいものとみなして，先を急ぐだろうか。疲労や多忙のあまり立ち止

まってペニー硬貨を拾うことができないのであれば，それは本当にひどく貧しいことだ。しかし，もし心の健全な貧しさと素朴さを育み，1ペニー硬貨の発見が自分にとって本当に意味のあることとなるなら，この世界には実際いくつものペニー硬貨が忍ばせてあるのだから，自らの清貧によって生涯にわたる発見を得たことになるのだ。

- □ *l*.10　as an adult「大人の時に，大人になって」
- □ *l*.12　generous「気前のよい，物惜しみしない」　※多くの場合「寛容な」よりこの意味で使われる。
- □ *l*.13　what grown-up … mere penny? の直訳は「どのような大人がただのペニー硬貨1枚で興奮するのか」となる。
- □ *l*.14　crouch「しゃがむ」
- □ *l*.15　be rewarded by 〜「〜によって報われる」
- □ *l*.15　a deer「シカ」　※複数形は獲物の対象としては deer が普通だが，それ以外では deers も使われる。
- □ *l*.15　count O C「O を C とみなす」
- □ *l*.16　dreadful「恐ろしい」
- □ *l*.17　cultivate 〜「〜を育む」
- □ *l*.18　healthy「健全な，（精神的に）有益な」

## Column　some の意味

　some の基本的なイメージは「何かが存在するかはっきりしない」です。several times は「（はっきりしている）何回か」の意味ですが，sometimes は「（はっきりしない）回数で」→「時々」の訳語になります。Some foreigners do not like eating eels.「ウナギを食べるのを好まない外国人もいる」では，ウナギを食べるのを好まない外国人の数ははっきりしないものの，そのような外国人が一定数いるという意味です。

　in some way のように some の後ろに単数形の可算名詞が置かれる場合には，「何らかの方法で，何らかの点で」という訳をします。よって本文2行目の for some reason は「何らかの理由で」と訳すわけです。また have some understanding of 〜のように動詞の名詞形の前に置かれた場合には「〜をある程度理解している」という訳語をあてることも重要です。さらに，some＋数字の場合には，「はっきりしないおよそ〜」という意味ですが，「意外と多いのだけど」ということを示唆します。

標準

# 15 煉瓦職人の仕事への姿勢の変化

1976年度

## 文章の流れを確認する

| 第1段落 | 煉瓦職人であることを若い頃は幸運だと考えていた。仕事からは芸術的な喜びと，社会奉仕をしているという感覚を得られた。 |
|---|---|
| 第2段落 | 年をとるにつれて，新しい建築技術の登場，長年にわたる作業の繰り返し，身体的負担，雇用主や社会からの不当な扱いといった理由で，仕事に幻滅していった。 |
| 第3段落 | 腕前は若い頃より上がっているが，仕事はもう芸術的な喜びも社会に貢献しているという実感ももたらさず，金を稼ぐ手段でしかない。煉瓦は機械でも積めるし，コンクリートが代わりに使われることも多い。 |

## 答案を作成する

▶第1段落では，「芸術的喜びや社会貢献の感覚が得られる煉瓦職人になれて幸運だと思った」ということ。

▶第2段落では，「年をとるにつれて，身体がきつくなり，新たな建築技術が登場し，長年にわたる作業の反復がこたえ，雇用主に人としての扱いを受けなくなり，単調さを感じていった」とある。

▶第3段落では，「腕前は上がっているが，今では芸術的な喜びや社会奉仕の感覚を感じず，金を稼ぐ手段としか言えない」ということ。

▶以上の情報をすべて詰め込まないといけない。ただし，「芸術的喜び」「社会貢献」は，第1段落で言及してあれば，第3段落では「金儲けの手段として<u>だけ</u>仕事をしている」で十分である。

▶以上のことを考慮してまとめると次のようになる。

若い頃は，芸術的な喜びと，社会奉仕の感覚が得られる煉瓦職人になれて幸運だと考えていた。加齢とともに，新しい建築技術の登場，長年にわたる作業の反復，身体的負担，雇用主や社会からの不当な扱いといった理由で，仕事に幻滅していった。腕前は上がっているが，今では金を稼ぐ手段でしかない。

▶これを指定字数（100〜120字）内に収める。

**解答例**

若い頃は，芸術的喜びをもたらし社会貢献できる煉瓦職人という仕事が楽しかった。年をとると，身体的負担の増加や新たな建築技術の登場，長年にわたる反復作業，雇用主や社会からの待遇の悪化のため退屈を感じるようになった。今では金を稼ぐ手段でしかない。

## Column　ガンジーの言葉

　ガンジーの言葉に「明日死ぬかのように生きよ。永遠に生きるかのように学べ」というものがあります。20代や30代の頃，最初の言葉は胸に響いたのですが，2つ目の言葉は理解できませんでした。ところが，還暦を迎えるような歳になると2つ目の言葉が胸に響きます。10代の若者なら，「今からフランス語に挑戦してやろう」とか「スキューバダイビングに挑戦してやろう」とか思うかもしれません。しかし，老人に近づくと，「どうせやっても」とか「今さらやっても」とか思ってしまいがちなのです。だからこそ，年老いたとしても「永遠に生きると思って新しいことに挑戦せよ」ということなのです。この煉瓦職人に教えてあげたい気持ちです。

## 自分の答案を採点する

### 採点基準

✓（A）・（B）：各区分の抜け・不十分ともに **1 点減**。

✓（C）：抜けは **2 点減**。不十分なら **1 点減**。

✓（A），（B）それぞれの満点を超えては減点しないものとする。

　例：（A）の区分で 1 ～ 4 すべての抜けがあった場合は，4 点減ではなく，3 点減とする。

---

**（A）3 点満点**

　1．若い頃は

　2．芸術的喜びをもたらし

　3．社会貢献できる

　4．煉瓦職人という仕事が楽しかった
　　※この内容を示唆する部分があればよい。

---

**（B）5 点満点**

　1．年をとると，身体的負担の増加や　※「年をとると」は「今では」などでも可。

　2．新たな建築技術の登場

　3．長年にわたる反復作業

　4．雇用主や社会からの待遇の悪化のため

　5．退屈を感じるようになった

---

**（C）2 点満点**

　今では（芸術や社会奉仕の喜びを感じず，）金を稼ぐ手段でしかない

---

「年をとると身体的負担が増加すること」「新たな建築技術が登場したこと」「長年にわたる反復作業」「雇用主や社会からの待遇が悪化したこと」の部分を，すべてきっちり書いた答案はほぼ皆無であった。筆者の「ぼやき」にしっかり耳を傾けよう。

## 生徒答案例

1 ▶Ⓐ若い頃，筆者は，煉瓦職人を芸術的喜びを得られ，社会貢献できる職業と思っていたが，Ⓑ歳をとって新技術や加齢，道具のような扱いで仕事に幻滅した。Ⓒ現在，腕は上がったが，以前の喜びや貢献の念はなく，金のための仕事として機械に立場を奪われつつ働く。

7 / 10点

（B）１．不十分。「身体的負担の増加」の抜け。また，「歳をとって」と「加齢」が重複している。－1

３．抜けている。－1

４．不十分。「雇用主や社会から」の抜け。－1

2 ▶Ⓐ若い時は煉瓦職人であることは幸運であり芸術的喜びを感じていてさらに楽しく社会奉仕をしていると思っていた。Ⓑ今では建築技術の発展や体に痛みが出て，必要とされていない現実がありⒸ芸術的喜びはなくお金のためにやっている。

7 / 10点

（B）３・５．抜けている。－2

４．不十分。「雇用主や社会から」が抜けている。－1

また，「体に痛みが出て」は「体の痛み」とし，「発展」や「現実」と表現を揃えること。

3 ▶Ⓐ若い頃は仕事自体を楽しみ，社会貢献ができると感じ，仕事に喜びをもっていた。Ⓑ段々身体は衰え技術は変化し，同じことの繰り返しで社会から必要とされていないように感じた。Ⓒそのため今は芸術的な喜びと社会貢献の意識はなく，ただお金の為に働いている。

7 / 10点

（A）「芸術的喜び」の抜け。－1

（B）４．「雇用主」が抜けている。　－1

５．抜けている。－1

4 ▶Ⓐ若い頃は，煉瓦職人として働き，社会に貢献できることに幸せを感じていた。Ⓑ歳を取るにつれ，新しい建築技術の影響もあり，仕事がつまらなくなっている。雇用主にも道具として扱われているように感じ，Ⓒ今はただ，お金を稼ぐために働いている。

6 / 10点

（A）２．抜けている。－1

（B）１．不十分。「身体的負担の増加」の抜け。－1

３．抜けている。－1

４．不十分。「社会」の抜け　－1

5 ▶(A)若い頃は煉瓦職人であることを幸福に感じ仕事に意義を見出し，社会貢献の意識さえ持っていたが，(B)年月が経つにつれ自身の老化や周囲からのぞんざいな扱いによって(C)今では誰からも称賛されない単純労働に収入以外の価値を見出さなくなってしまった。

**6** /10点

（A） 2．抜けている。— **1**

（B） 2・3・5．抜けている。— **3**

---

**全 訳**

**第1段落**

　もっと若い頃，私は煉瓦職人になってよかったと考えていた。それは技術を要する仕事で，私はその仕事から多くの芸術的な喜びを得ていた。これには理由が2つあった。仕事自体が楽しかったし，自分が社会奉仕をしているのだという気持ちをもつことができた。後の面が一層はっきりしていたのは，自分が住宅，殊に労働者住宅の建築に従事していた時であった。なによりも，貧民窟に住んでいる人たちの役に立たねばならないと思っていたし，また，その住人は大部分が労働者階級の人たちであった。私がこのように感じていた頃，政府が立てていた住宅計画は，最下層の人たちを最優先で救済することになっていた。

- ☐ *l*.1　a bricklayer「煉瓦職人」　※ lay ～「～を積む」
- ☐ *l*.2　a skilled occupation「技術を要する職業」
- ☐ *l*.2　derive pleasure from ～「～から喜びを引き出す」
- ☐ *l*.3　pleasurable「楽しい」
- ☐ *l*.4　perform a social service「社会奉仕をする」
- ☐ *l*.4　latter「後者の」
- ☐ *l*.4　evident「明らかな」
- ☐ *l*.4　be engaged on ～「～（ある特定分野）に従事する」
- ☐ *l*.5　slum dwellers「スラム街の住人」
- ☐ *l*.7　help ～ off「～がその状態から脱するのを手伝う」

**第2段落**

　年をとるにつれて仕事は次第に単調なものになってきている。1つには新たな建築技術が登場してきたことがあり，また，1つには同じことを長い間繰り返してきたせいもあろう。もしかしたら，年齢のせいかもしれない。若い時にはなかった痛みや苦しみを自覚することがますます多くなっている。もしかしたら，幻滅を感じるようになったのは，煉瓦職人としての私に対する雇用主や社会の取り扱いのせいかもしれない。雇用主からは目的に対する手段として扱われ，人間扱いはめったにされない。いらなくなったら投げ捨ててよい古い長靴のようなもの

である。

- □ *l.*9　monotonous「単調な」
- □ *l.*9　owing to ～「～のために」
- □ *l.*11　increasingly「ますます」
- □ *l.*12　be present「存在する」
- □ *l.*12　disillusionment「幻滅」
- □ *l.*14　a means to an end「目的に対する手段」
- □ *l.*14　something to be … = They treat me as something …

---

### 第3段落

　今では煉瓦職人としての腕前は昔より上がっているが，仕事に芸術的な喜びの意識をもつことはなくなっている。煉瓦を積む仕事を続けているのは，これが一番儲かる方法だからであって，自分が社会の役に立っているとはまったく感じられない。社会も私の努力を評価してはくれないようだし，私も会社の建物とか住宅とか言われているこれらの巨大建築の仕事をしていても何の喜びも得られない。私の仕事の代わりを機械にやらせることは簡単だし，またコンクリートによる技法を用いて行われることも多い。もう何年も前から私は，まだ技術と呼んでよいなら，自分の技術を一番多く金を払ってくれる人に売ってきたのである。

- □ *l.*17　lay bricks「煉瓦を積む」
- □ *l.*17　make the maximum of ～「～を最大にする」
- □ *l.*19　nor＋疑問文の形式「また～でもない」
- □ *l.*19　work on ～「～に取り組む」
- □ *l.*21　concreting techniques「コンクリートによる技法」
- □ *l.*21　a good many ～「かなり多くの～」

標準

# 16 危険認知における人間の反応

2015 年度

## 文章の流れを確認する

| 第 1 段落 | 危険認知においては，論理と本能が競合するため，人間は物事の危険性を正確に判断できない。 |
|---|---|
| 第 2 段落 | 進化の過程で重要な役割を果たしたのは，論理的判断ではなく，目に見えるものに対する直感的反応である。 |
| 第 3 段落 | 〈第 2 段落の具体例〉目に見える野生動物に対しては危険認知は働くが，食べ物の中にある目に見えない脂肪分に対しては危険認知が働かない。本能で危険を察知するように進化してきたことの裏付けとして，ガラガラヘビの例（本能が危険を察知すると，たとえ頭で安全とわかっていても動揺してしまう例）が挙げられている。 |
| 第 4 段落 | 〈第 2 段落の具体例〉飛行機は怖いと思うが，犠牲者がはるかに多い自動車は怖いと思わない。 |

## 答案を作成する

▶人間の危険の察知の方法は，「①論理的に認識する」「②本能で察知する」の２つがあること，進化の過程で人間は②を発達させてきたこと，そして②に該当しない危険の察知は困難であることを押さえる。

| 人 | 間 | は | 論 | 理 | 的 | な | 動 | 物 | と | 言 | わ | れ | て | い | る | が | ， | こ | と |
|---|---|---|---|---|---|---|---|---|---|---|---|---|---|---|---|---|---|---|---|
| 危 | 険 | 認 | 知 | に | お | い | て | は | そ | う | と | も | 言 | え | な | い | 。 | 人 | 間 |
| の | 危 | 険 | の | 察 | 知 | の | 方 | 法 | は | ， | 論 | 理 | 的 | に | 認 | 識 | す | る | ， |
| 本 | 能 | で | 察 | 知 | す | る | ， | の | ２ | つ | が | あ | り | ， | 人 | 間 | は | 進 | 化 |
| の | 過 | 程 | で | 後 | 者 | を | 発 | 達 | さ | せ | て | き | た | 。 | よ | っ | て | ， | 脂 |

> | 肪 | 分 | の | 多 | い | 食 | 品 | や | 自 | 動 | 車 | な | ど | , |  | た | と | え | 頭 | で | 危 |
> |---|---|---|---|---|---|---|---|---|---|---|---|---|---|---|---|---|---|---|---|---|
> | 険 | だ | と | わ | か | っ | て | い | て | も | 本 | 能 | 的 | に | 察 | 知 | で | き | な | い |  |
> | 危 | 険 | は | , |  | 危 | 険 | だ | と | 認 | 識 | す | る | こ | と | が | 難 | し | く | な | っ |
> | て | い | る | 。 |  |  |  |  |  |  |  |  |  |  |  |  |  |  |  |  |  |

170　　　　　　　　　　　　　　　　　　　　180

▶ この内容を指定字数（70〜80字）に収めればよい。まず，「脂肪分の多い食品や自動車など」といった具体例は省くことができる。

▶ 「人間は論理的とされるが」という内容は必要。

▶ 「こと危険認知においては…発達させてきた」は「危険認知では本能が優先される」などとまとめることができる。

### 解答例

| 人 | 間 | は | 論 | 理 | 的 | と | さ | れ | る | が | 危 | 険 | 認 | 知 | で | は | 原 | 始 | 的 |
|---|---|---|---|---|---|---|---|---|---|---|---|---|---|---|---|---|---|---|---|
| 本 | 能 | が | 優 | 先 | さ | れ | る | の | で | , |  | 現 | 在 | の | 生 | 活 | に | あ | る | よ |
| う | な | 論 | 理 | 的 | に | は | 認 | 識 | で | き | て | も | 本 | 能 | で | は | 感 | じ | 取 |
| れ | な | い | 危 | 険 | を | 正 | 確 | に | 判 | 断 | す | る | こ | と | は | 難 | し | い | 。 |

70　　　　　　　　　　　　　　　　　　　　80

### Column　アンケートは敵か

　　私の勤める予備校の恒例行事の1つに「授業に関するアンケート調査」というのがあります。予備校に在籍するすべての学生に対して，前期と後期に1回ずつ行われます。その調査内容は，「授業の満足度」「黒板の字の綺麗さ」「声が通るかどうか」「進度の適切さ」などであり，それぞれが「大変良い」から「大変不満」までの5段階で調査されます。講師には，それらが集計されたものが送付されてきますが，特に新人にとっては仕事が継続されるかどうかに関わる重要なデータとなります。季節毎の講習会の後に簡単なアンケートが行われることもあります。このアンケート調査には，個別の講師に対する生徒の感想を書く欄が設けられています。生徒も大人なので，概ね好意的なものが多いのですが，中には酷いことが書いてあるものが見受けられます。好意的なものが100枚あっても，酷いものが1枚あるだけで，講師は1日中嫌な気分になるものなのです。聞くところによると，これは，「悪意のあるもの」＝「潜在的な敵」と本能が認識し，警戒態勢をとるから，ということらしいですね。本能は，時に悩ましい。

## 自分の答案を採点する

### 採点基準

✔各区分の抜けは **2 点減**。

✔不十分なら **1 点減**。

✔（A），（B）それぞれの満点を超えては減点しないものとする。

例：（A）の区分で1〜3すべての抜けがあった場合は，6点減ではなく，5点減とする。

---

**（A）5 点満点**

1．人間は論理的とされるが

2．危険認知では

3．（原始的）本能が優先されるので

---

**（B）5 点満点**

1．現在の生活にあるような　※「進化の中で体験したことのない」でも可。

2．論理的には認識できても本能では感じ取れない危険

3．（危険を）正確に判断することは難しい

---

### 生徒答案例

1 ▶ (A)人間は論理的であると考えられがちだが，危険を認識するときは本能的である。(B)なぜなら人間は進化の中で体験したことのない危険には対応しにくいからである。　　　　　　　**7** /10点

（B）2．不十分。「論理的には認識できても」が抜けている。ー**1**

　　　 3．「対応しにくい」は不十分である。「本能ではその危険を感じ取れない」という内容を補うべき。さらに，「なぜなら」という接続も論理的におかしい。「だから…なのである」とする。ー**2**

2 ▶ (A)人間は危険性を認識するとき，理性というより本能に基づいて行動する。本能は野生動物を避けるために進化してきたが，(B)進化に関係ない特定の危険に対する反応は鈍い。　　　　　　　**7** /10点

（A）1．抜けている。**― 2**
（B）2．不十分。「論理的に認識できても」が抜けている。**― 1**

**3 ▶**⒜人間は自分の利益のために行動すると考えがちだが実際危機を⒝的確に推測できない。進化が対応できない客観的に危険な危機に対して頭で理解していてもあまり恐れを抱かない。 **4** /10点
（A）1．「自分の利益のために行動する」は「論理的に行動する」の間違い。**― 2**
　　3．抜けている。**― 2**
（B）2．「客観的に危険な危機」が意味不明。**― 2**
　　3．「あまり恐れを抱かない」は不十分だが，すでに「的確に推測できない」とあるので可とする。

**4 ▶**⒝人間がリスクを正確に把握するのはとても難しい。⒜進化の中で人間が恐怖を感じるものは決められており，全ての産業は恐怖を支配することで発展してきた。 **2** /10点
（A）1．抜けている。**― 2**
　　3．不十分。「本能で感じる」とすべき。**― 1**
（B）1・2．抜けている。**― 4**
末尾の「全ての…きた」は不要な記述。**― 1**

**5 ▶**⒜人間は背反する直感と論理の二つの情報源から相補的に危機察知を行うが，進化過程とは反して知覚済みの危機を冒したり杞憂に陥ったりと論理的決断を常に行うとはいえない。 **1** /10点
（A）1．抜けている。**― 2**
　　3．「人間は背反する直感と論理の二つの情報源から相補的に危機察知を行うが」は「危険察知は原始的本能が優先され」とすべき。**― 2**
（B）3点とも抜けている。**― 5**

**全訳**　　**│ 第 1 段落 │**

　私たちは，人間がこの上なく論理的であり，衝動ではなく確固たるデータを基に判断を下すものだと考えることを好む。しかし，このような「ホモ・エコノミクス（正確な情報を与えられると，何よりもまず自己の利得のために行動する人）」という人間観は，とりわけ危険認知という新興の分野での発見によって，揺らいできている。人間は危険度を正確に測ることが非常に苦手であるというこ

とがわかってきたのである。人間には，論理と本能（つまり，理性と直感）という２つの強力な発信源から，相反する助言を出す仕組みが備わっているのである。

- ☐ *l.*1　supremely logical「この上なく論理的な」
- ☐ *l.*1　on the basis of 〜「〜に基づいて」
- ☐ *l.*2　hard「（事実，証拠などが）否定できない」
- ☐ *l.*3　act in *one's* best interest(s)「〜の利益のために行動する」　※ interest は「利益，利得」の意味では通例複数形で用いるが，この熟語では単数形でも用いられる。
- ☐ *l.*4　shake 〜「〜を揺さぶる，〜をぐらつかせる」　※本文は「（ホモ・エコノミクスという人間観）の是非が問われるようになった」の意味。
- ☐ *l.*4　emerging「台頭してきている」　*e.g.* an emerging nation「新興国」
- ☐ *l.*5　perception「認識」
- ☐ *l.*5　accurately gauge 〜「正確に〜を測る」
- ☐ *l.*6　conflicting「相反する」
- ☐ *l.*7　the head and the gut「理性と直感」

### 第２段落

　人間の本能的な直感的反応は，腹を空かせた野生動物や敵対する部族に満ちあふれた世界の中で発達したものであり，そこではこのような反応が重要な役割を果たしていた。最初に何かの危険な兆候が顕れたとき，（脳の感情を支配する部分にある）扁桃体に主導権を握らせたことは，おそらく非常に有効な適応であった。なぜなら，（脳の思考する部分である）新皮質が，槍が胸めがけて飛んできていることに気づくのは，扁桃体の反応よりほんの一瞬だけ遅れるからである。今日でも，このような直感的反応があるから，バスに轢かれたり，つま先に煉瓦を落としたりしなくて済むのだ。しかし，人間の扁桃体は，放射線検知器の警告音で危険が測定されるような世界には不向きなのである。

- ☐ *l.*8　instinctive「本能的な」
- ☐ *l.*9　warring tribe「対立状態にある部族」
- ☐ *l.*10　amygdala「扁桃体」　※その形から almond「アーモンド」が原義の語。
- ☐ *l.*10　take over「（前のものにかわって）優勢になる」
- ☐ *l.*11　milliseconds before 〜「〜のほんのわずか前に」
- ☐ *l.*11　neo-cortex「新皮質」
- ☐ *l.*12　spear「槍」
- ☐ *l.*13　save *A* from *doing*「*A* が〜しないで済む」
- ☐ *l.*14　brick「煉瓦」　※ brick-layer「煉瓦職人」
- ☐ *l.*15　click「カチッという音」
- ☐ *l.*15　radiation detector「放射線検知器」　※「放射能」は，日常では「放射線」と同じ意味で使われる場合があるが，「放射能」は厳密には「放射線を出す能力」の意味。

第 3 段落

　野生動物を避けるように設計された危険認知器官のために，私たち現代人は脂肪分がたっぷり入った食品から悲鳴をあげながら逃げることなどできそうにない。ある研究者は「たとえばハンバーガーとか自動車，そして喫煙など，人間が進化によって備えができていないような，ある種の客観的に見れば危険な要因に対して，人間は，たとえ意識レベルでそうした脅威を認識しているときでさえ，ほとんど恐怖心をもたずに反応する可能性が高い」と述べている。チャールズ=ダーウィンですら，危険認知に対する扁桃体の強い支配力を打ち破ることができなかった。試しに，彼はロンドン動物園でガラガラヘビの檻に顔をつけて，ヘビが板ガラスに飛びかかってきたときに冷静さを保ちその場から動かないようにしようとした。それは失敗に終わった。

- □ *l*.16　apparatus「器官，器具」　*e.g.* a health apparatus「健康器具」
- □ *l*.16　be designed for ～「～のために設計されている」
- □ *l*.17　run screaming from ～「悲鳴をあげて～から走り去る」
- □ *l*.17　fatty food「脂っこい食品」
- □ *l*.18　react to ～「～に反応する」
- □ *l*.19　prepare *A* for *B*「*A* に *B* のための準備をさせる」
- □ *l*.20　threat「脅威」
- □ *l*.20　conscious「意識のある」
- □ *l*.21　iron grip on ～「～に対する強い支配力」
- □ *l*.22　rattlesnake「ガラガラヘビ」
- □ *l*.23　unmoved「（位置が）変わっていない」

第 4 段落

　空を飛ぶ恐怖の克服を基盤として 1 つの業界全体が発達してきた。しかし私たちは世界で毎年約 500 人いる航空事故の犠牲者の 1 人に自分がならないようにと祈るものだが，その一方で，毎年自動車事故で亡くなる人が 100 万人を超えているというのに，食料品店に車で行くことに関しては，ほとんど何も考えないのである。

- □ *l*.25　develop around ～「～を中心として発達する」
- □ *l*.26　pray not to *do*「～しないようにと祈る」
- □ *l*.27　casualty「犠牲者」
- □ *l*.27　give little thought to ～「～に関してほとんど考えない」

やや難

# 17 自伝の粉飾

## 文章の流れを確認する

| 第1・2文 | ある人の自伝はその内面を知る本人にしか書けないが，書く時には粉飾が行われる。 |

| 第3～6文 | 人は弁明をし，見せたい自分だけを示し，不都合なことへの言及を避ける。言及していない事柄によって「告白」の内容は一変してしまう。真実の一部しか語らないのは，何も語らないのと同じである。 |

| 第7～9文 | 自分の欠点を示す場合でも，それはかわいらしいものに限られ，必ずあるはずの醜い欠点は隠される。醜い欠点が全体の見え方を完全に変えはしなかったかどうかは，誰にもわからない。 |

## 答案を作成する

▶第1・2文の「ある人の自伝を書けるのは，その内面を知る本人だけだが，書く時にはそれを粉飾してしまう」が主張となっている。あとは「どのような粉飾が行われるのか」を具体化すればよい。

▶第3・4文では「自分を理想的な姿に仕立てる」，第5・6文は「重大なことは意識的に省略する」，第7～9文では「自分の欠点は意識的に隠蔽する」とある。

▶以上をすべて盛り込めば次のようになる。

| あ | る | 人 | の | 自 | 伝 | を | 書 | け | る | の | は | ， | そ | の | 内 | 面 | を | 知 | る |
|---|---|---|---|---|---|---|---|---|---|---|---|---|---|---|---|---|---|---|---|
| 本 | 人 | だ | け | だ | が | ， | 書 | く | 時 | に | は | そ | れ | を | 粉 | 飾 | し | て | し |
| ま | う | 。 | そ | れ | は | 自 | 分 | を | 理 | 想 | 的 | な | 姿 | に | 仕 | 立 | て | ， | 重 |
| 大 | な | こ | と | は | 意 | 識 | 的 | に | 省 | 略 | し | ， | 自 | 分 | の | 欠 | 点 | は | 意 |
| 識 | 的 | に | 隠 | 蔽 | す | る | た | め | で | あ | る | 。 | | | | | | | |

▶ここから情報は削らずに指定字数（50〜70 字）に収める。

**解答例**

| 自 | 伝 | を | 書 | け | る | の | は | 自 | ら | の | 内 | 面 | を | 知 | る | 本 | 人 | だ | け |
|---|---|---|---|---|---|---|---|---|---|---|---|---|---|---|---|---|---|---|---|
| だ | が | ， | | 理 | 想 | 像 | を | 優 | 先 | し | ， | | 重 | 大 | な | こ | と | や | 欠 | 点 | を |
| 意 | 識 | 的 | に | 隠 | す | た | め | ， | | 書 | く | 時 | に | は | そ | れ | ら | を | 粉 | 飾 |
| し | て | し | ま | う | 。 | | | | | | | | | | | | | | |

60

70

## 自分の答案を採点する

**採点基準**

✔各区分の抜けは **2 点減**。

✔不十分なら **1 点減**。

✔（Ａ），（Ｂ）それぞれの満点を超えては減点しないものとする。

例：（Ａ）の区分で１・２両方の抜けがあり，さらに誤訳と思われる箇所があった場合でも，最大４点減とする。

**（Ａ）４点満点**

1. 自伝を書けるのは
2. 自らの内面を知る本人だけだが

**（Ｂ）６点満点**

1. 理想像を優先し
2. 重大なことや欠点を（意識的に）隠すため
    ※「意識的に」はなくても可。
3. 書く時にはそれら（＝自伝の内容）を粉飾してしまう

全体の枠組みである「自伝を書けるのは内面を知る本人だけだが，…なので書く時はそれを粉飾してしまう」ができていない答案が多かった。また「…」の部分は，「大事なことを言わない」や「嘘をつく」などだけの記述に留めた答えが多数あった。

## 生徒答案例

1 ▶(A)人の本当の中身は自分しか知らないが(B)人は自分の望む自分を見せる。嘘を言わない人も欠点を見せる人も実際本当の自分を隠しているが他人は気付かない。

**5** / 10点

（A）1．「自伝を書く」が抜けている。−2
（B）2．不十分。「本当の自分」では曖昧。−1
　　　3．抜けている。−2

2 ▶(A)本当の自分は自分だけが知っていて，(B)他人に明かすときある部分を隠すことによって他人にはそれが違ったように見え，他者が思う自分が決まっていく。

**5** / 10点

（A）1．「自伝を書く」が抜けている。−2
（B）1．抜けている。−2
　　　2．不十分。「ある部分」では曖昧。−1
　　　3．「他人には…決まっていく」部分でOK。

3 ▶(A)自分自身について書けるのは自分だけだが，(B)書く際に本当の自分ではなく，嘘や隠蔽により自分の理想像を書いてしまうのだ。

**5** / 10点

（A）2．「自分の内面を知るのは自分だけだ」が抜けている。−2
（B）2．不十分。「何を」隠蔽するのかが抜けている。−1
　　　3．抜けている。−2

4 ▶(A)人の本当の性格はその人自身にしか表せないのに(B)人は自分を取り繕い卑下しようとする。人は人のことを気にしていないので本当の自分を出すべきだ。

**4** / 10点

（A）2．「自分の内面を知るのは自分だけだ」が抜けている。−2

（B）２．「卑下しようとする。人は…出すべきだ」は誤読。− **2**

　　　３．抜けている。− **2**

**5** ▶(A)人の人生は誰にも書けない。(B)他人はその人の内面や事実を知らないし，本人でさえ自身の理想や好きな側面しか書かないので客観性に欠けるからである。

　　　　　　　　　　　　　　　　　　　　　　　　　　　**0** / 10点

（A）１・２．抜けている。− **4**

（B）まったくのデタラメ。− **6**

**全訳**　　　自伝を書けるのは本人以外にはない。自分の内なる存在，つまり本当の人生がどのようなものであるかを知っているのは本人だけである。しかし，人はそうした自らの人生の有様を書く時には，それを違うものに作り変えてしまうのだ。人は「自分の人生」という名のもとに弁明をする。人に見てほしい自分を示すが，ありのままの自分をさらけ出すことはまったくない。最も誠実な人でさえも，せいぜい発言に偽りがないというだけで，黙ることによって嘘をつくことになる。そうした人は，話の中に一切触れないことがあるため，たとえ自分の人生を赤裸々に語っているように見えても，それの内容が変わってしまうため，真実を一部しか語らない場合には，何も語っていないことになってしまうのだ。人は欠点のある自分を示すかもしれないが，かわいらしい欠点以外は間違いなく伝えない。そして醜い欠点をもたない人などいない。自画像は描くかもしれないが，それは横顔にすぎない。その人が私たちに隠している側の頬の醜い傷や潰れた片目が，彼の顔の外見を完全に変えることはなかったかどうか誰が知ろうか。

- [ ] *l.*1　but ～「～以外の」　※前置詞。
- [ ] *l.*1　his inner being と his real life が同格の関係にある。
- [ ] *l.*2　disguise ～「（違うものに見せかけ）～を隠す」
- [ ] *l.*2　under the name of ～「～の名のもとに」
- [ ] *l.*3　himself as he wishes to be seen「見てほしい自分」　※〈名詞限定〉の as。
- [ ] *l.*4　the sincerest persons「最も誠実な人でさえ」　※最上級は直訳しておかしければ even を補う。
- [ ] *l.*5　Things of which they say nothing … they say nothing.「彼らが何も言わない事柄が，彼らが告白するふりをしている事柄をあまりに変えてしまうので，真理の一部しか発しない時には何も言わないということになる」が直訳。なお，in *doing* ～は「～の場合には，～の時には」の意味。
- [ ] *l.*8　amiable「愛らしい」
- [ ] *l.*8　odious「憎むべき，不快な」
- [ ] *l.*9　profile「横顔」
- [ ] *l.*9　ugly「醜い」
- [ ] *l.*9　scar「傷」

やや難

1966 年度

# 18 生後数年の経験と将来の人間関係

## 文章の流れを確認する

| | |
|---|---|
| 第1文 | 赤ん坊は生来無力な存在なので，健康や安全の面で世話をしてもらう必要がある。 |
| 第2文 | 単に身体的な世話だけでは不十分であることを示す証拠が増えている。 |
| 第3文 | 赤ん坊が十分に成長するためには，母親が愛情をもって接する必要もある。 |
| 第4文 | 生後数年の他者からの扱われ方によって，将来人間に対してどのようなイメージを抱くか，またどのような人間関係を築くかが決まる。 |
| 第5・6文 | 〈第4文の具体化〉良い経験をすれば他者と密接な関係を築くことができ，そうでなければうまく築くことができない。 |

## 答案を作成する

▶ 英文は全体で 200 語しかないので，できるだけ情報を詰めて要約したい。上記をすべて盛り込めば次のようになる。

> 赤ん坊は生来無力な存在なので，心身ともに母親が十分な世話をする必要がある。生後数年の他者からの扱われ方によって，将来その子が人間に対してどのようなイメージを抱くか，またどのような人間関係を築くかが決まる。その期間に良い経験をすれば他者と密接な関係を築くことができ，そうでなければうまく築くことが困難になる。

▶ ここから情報を削らず，指定字数（80〜100 字）内に収める。

解答例

| 赤 | ん | 坊 | は | 生 | 来 | 無 | 力 | な | 存 | 在 | な | の | で | , | 心 | 身 | と | も | に | 他 |
|---|---|---|---|---|---|---|---|---|---|---|---|---|---|---|---|---|---|---|---|---|
| 者 | か | ら | の | 十 | 分 | な | 世 | 話 | を | 必 | 要 | と | す | る | 。 | 生 | 後 | 数 | 年 | の |
| 他 | 者 | か | ら | の | 扱 | い | で | , | 将 | 来 | の | 人 | 間 | 関 | 係 | が | 決 | ま | る | 。良 |
| い | 扱 | い | を | 受 | け | れ | ば | 密 | 接 | な | 人 | 間 | 関 | 係 | を | 築 | く | こ | と |   |
| が | で | き | , | そ | う | で | な | け | れ | ば | 困 | 難 | に | な | る | 。 |   |   |   |   |

90　　　　　　　　　　　　100

## 自分の答案を採点する

採点基準

✔ 各区分の抜けは **2点減**。

✔ 不十分なら **1点減**。

✔（A），（B）それぞれの満点を超えては減点しないものとする。

　例：（A）の区分で1〜3すべての抜けがあった場合は，6点減ではなく，5点減とする。

### （A）5点満点

1．**赤ん坊は生来無力な存在なので**　※「物理的に無力だ」でも可。

2．**心身ともに**

　※単に「身体的な世話だけでなく」では不十分。

　※「心身ともに」という文言がなくても（A）3で「母親が単に身体的な世話だけでなく愛情を注ぐ」としているならばこの区分は減点しない。

3．**他者からの十分な世話を必要とする**

　※単に「他者（母親）との十分な関係が必要だ」「他者（母親）の存在は必要だ」の類いは **2点減**。「十分な（温もりある）関係」「存在」では不十分。

### （B）5点満点

1．**生後数年の**　　　※「幼少時に」，「赤ん坊の時に」でも可とする。

2．**他者からの扱いで**　※「扱い」を「関わり合い」「関係性」とするのは **1点減**。

3．**将来の人間関係が決まる。良い扱いを受ければ密接な人間関係を築くことができ，そうでなければ困難になる**

　※この区分は「人間関係を決定する」の意味が出ていれば点を与える。単に「人生に影響を与える」では不十分で **2点減**。

日常「赤ん坊は無力だ」と言えば，物理的な無力さを指す場合が多いと思われるが，筆者は精神的な無力さに焦点を当てている。よって，その部分を明確に書かねばならないが，その部分を怠った答案が多かった。日常よく使う言葉にはことさらの注意が必要である。

## 生徒答案例

1 ▶Ⓐ人間は弱く生まれてくる為物理的保護も必要だが，健康には誕生直後の母の愛情も必要である。Ⓑ幼少期の他人との関係も成長後の人間関係に大切である。人の本質的な良さを子が知れば周りに優しくなるし逆も同様である。　　　**9** / 10点

（B）1．「生後数年の」は「幼少期の」で可とする。

　　　2．「他人との関係」では曖昧。「どう扱われるか」とすべき。－1

2 ▶Ⓐ人間は身体的に一人で生きられない形で生まれ，保護され衣食住を与えられることを絶対的に要する。Ⓑ生まれて数年の保育で人間の優しさを感じたか否かで人生で親密な人間関係を築けるか否かが大きく左右される。　　　**7** / 10点

（A）2．不十分。精神面への言及がない。－1

　　　3．抜けている。－2

3 ▶Ⓐ人間は身体的に無力な生物として生まれてくるが乳児には単なる身体的なお世話では不十分であり，Ⓑ大人になった時に他人とどのような関係を築くかを決めるのに生後数年間の他人との交流が極めて重要だろう。　　　**6** / 10点

（A）2．不十分。精神面への言及がない。－1

　　　3．抜けている。－2

（B）2．「他人との交流」が不十分。－1

4 ▶Ⓐ生まれたての赤ん坊は肉体的保護が必要だが，温もりのある母親との関係も必要だ。Ⓑ生後数年での他者との経験が良ければ他者を好意的に捉え，悪ければ敵意を抱くように，将来の他者との関係の決定に重要かもしれない。　　　**5** / 10点

（A）1．抜けている。－2

　　　2・3．「温もりのある母親との関係」→「母親が温かく愛情を注ぐこと」。－2

（B）2．「経験」は「扱われ方」とする。－1

5 ▶(A)人間の赤ちゃんは身体的な保護だけでは不充分で，他者との温かい関わりが必要不可欠だ。(B)幼少期の他者との経験が良ければ大人になったとき他者と親しい関係を築けるが，悪ければ他者に恐怖心を抱くようになるだろう。　**4** / 10点

（A）　1．抜けている。— **2**

　　　2・3．「他者との温かい関わり」→「他者が温かく愛情を注ぐこと」。— **3**

（B）　2．「経験」では不十分。— **1**

**全 訳**

　人間は身体的に無力な生き物としてこの世に生まれ，言うまでもなく，食べ物をもらい，暖を保ってもらい，危険から守ってもらう必要がある。幼児は単に身体的な世話だけでは不十分であることを示す証拠が増えている。生まれてからずっと，赤ん坊は，十分に成長するためには，ぴったり寄り添って寝たり，遊んだり，話しかけたりする母親との関係が必要なのだ。母からの十分な世話がなければ悲惨な結果になるかもしれない。赤ん坊が他の人間を必要とすることは絶対的なことである。そして赤ん坊の最初の数年間の自分以外の人間との経験は，赤ん坊がいずれ大人になった時他者とどのような関係を育めるかを決定する際には極めて重要となる。もし幼い頃の経験が概ね良好なものならば，潜在的に人間のイメージは愛すべきもの，親しいものとして蓄積されるだろう。そしてこのイメージがその子のその後訪れてくる他者との密接な出会いの1つ1つに色を添えることになるだろう。もし幼い頃の経験がほとんど酷いものなら，形成されるイメージは人間というものは潜在的に敵対的で破壊的であるというものになる。そして傷ついたり拒まれたりすることを恐れ，どんな関係であれ親密な関係を作ることが困難になるだろう。

□　*l*.1　be born into ～「～に生まれてくる」
□　*l*.1　physically helpless「身体的に無力な」
□　*l*.3　a body of evidence「(あるまとまった)証拠」
□　*l*.4　from ～ onwards「～ずっと」
□　*l*.5　cuddle ～「～にぴったり寄り添って寝る」＝to hold someone or something very close to you with your arms around them, especially to show that you love them（『ロングマン現代英英辞典』より）
□　*l*.5　if S is to *do*「S が～することになるなら，～するためには」
□　*l*.6　disastrous「悲惨な」
□　*l*.8　crucial「非常に重要な」　※ cross「十字架」と同系。
□　*l*.9　make a relationship with ～「～と関係を築く」
□　*l*.10　adult status「大人の身分」
□　*l*.10　predominantly「概ね」
□　*l*.11　store within *oneself* ～「自分の内部に～を蓄積する」
□　*l*.11　an image of ～ as …「～が…であるというイメージ」
□　*l*.12　colour ～「～を色づけする，～に影響する」
□　*l*.15　for fear of ～「～を恐れて」

1

やや難

## 19 英国人にとってのユーモア

1961 年度

## 文章の流れを確認する

| 第 1 文 | 我が国（＝英国）の資産の中で最も重要なのは昔も今もユーモアのセンスである。 |

| 第 2 文 | 二度の大戦や，戦後の帝国の衰退の時に精神的支えとなったのはユーモアである。 |

| 第 3・4 文 | イギリス人が共産主義者だとか反動主義者だとか，イギリスが二等国だとか言われても許せるが，ユーモアのセンスがないと言われるのには耐えられない。 |

| 第 5・6 文 | ユーモアはアメリカ文学にはないがイギリス文学には欠かせないものであり，現代小説の中で英国の小説が異彩を放つ要因なのだ。 |

## 答案を作成する

▶ 第 1 〜 4 文は「英国人がどれほどユーモアのセンスを重んじ，誇りに思っているか」を述べている。

▶ 第 5・6 文は「文学」に焦点を絞り，米国を引き合いに出しつつ「ユーモアが英国の現代小説の特徴である」と述べている。

▶ 上記で書いたものをすべてまとめれば次のようになる。

英国の資産の中で最も重要なのは昔も今もユーモアのセンスである。二度の大戦や，戦後の帝国の衰退の時に精神的支えとなったのはユーモアである。イギリス人が共産主義者だとか反動主義者だとか，イギリスが二等国だとか言われても許せるが，ユーモアのセンスがないと言われるのには耐えられない。ユーモアはアメリカ文学にはないがイギリス文学には欠かせないものであり，現代小説の中で英国の小説が異彩を放つ要因なのだ。

190　200

▶ここから情報を削らず指定字数（100～150 字）内に収めるように切り詰める。
▶「イギリス人が共産主義者だとか反動主義者だとか，イギリスが二等国だとか言われても許せるが」は「英国人が受け流せる侮辱」の例なので，要旨に含める必要はない。

**解答例**

英国人は昔から，ユーモアを解する心を，最も重要な国民的資産としてきた。二度の大戦や帝国の衰退などに耐え抜いたのもユーモアのお陰である。故に，ユーモアがないと評されるのは英国人には最大の侮辱である。英国の小説には，米国の小説と違いユーモアがあり，これが現代小説の中で英国の小説が異彩を放つ要因なのだ。

140
150

## 自分の答案を採点する

### 採点基準

✓ 各区分の抜けは **2点減**。

✓ 不十分なら **1点減**。

✓ （A），（B）それぞれの満点を超えては減点しないものとする。

例：（A）の区分で1～3すべての抜けがあり，さらに誤訳と思われる箇所があった場合でも，最大6点減とする。

---

**（A） 6点満点**

1．英国人は昔から，ユーモアを解する心を，最も重要な国民的資産としてきた

※「国民的資産」はなくても可とした。

※「ユーモアを解する心」は，単に「ユーモア（のセンス）」でも可だが，「冗談がわかる力」などは **3点減**。

2．二度の大戦や帝国の衰退などに耐え抜いたのもユーモアのお陰である

※「二度の大戦」あるいは「帝国の衰退」のみの場合は **1点減**。

3．故に，ユーモアがないと評されるのは英国人には最大の侮辱である

※「最大の」は「他の何よりも」などでも構わない。

---

**（B） 4点満点**

英国の小説には，米国の小説と違いユーモアがあり，これが現代小説の中で英国の小説が異彩を放つ要因なのだ

※最終文を誤訳したものは **1～3点減**。

大雑把な答案が多かった。中でも「二度の大戦や英国の衰退などに耐え抜いたのもユーモアのお陰である」という箇所が抜けているものが大半であった。「印象を答えとして書く」のではなく「しっかり読んで情報を漏らさず書く」という姿勢を身につけてもらいたい。ちなみに，この年に竹岡は生まれた。

**生徒答案例**

1 ▶Ⓐ英国人が昔から最重要視してきたものはユーモアのセンスである。それは彼らが戦争を乗り越えるのに大いに役立ったため，彼らは大変にしばしばそれを称賛する。彼らにとってユーモアのセンスに欠けていると言われるのはけんかの売り言葉同様である。Ⓑそして，英国人はまさにユーモアを通じて小説で彼らの特徴を見出している。　8 / 10点

（A）2．「帝国の衰退」が抜けている。− 1
（B）「米国の小説と違い」の部分が抜けている。− 1

2 ▶Ⓐユーモアが二度の世界大戦中に配給制や空襲への不安を和らげ戦後の大英帝国の縮小への許容を可能にしたように英国では長年ユーモアのセンスが大切にされてきた。Ⓑこれは過去半世紀の英国の小説が米国の小説に比べて滑稽な要素を含むことにも表れており英国の現代小説の特徴はユーモアを通して見出されたと言える。　7 / 10点

（A）1．「最も（重要な）」の抜け。− 1
　　　3．抜けている。− 2

3 ▶Ⓐユーモアのセンスはイギリス人が自分たちの国民性として最も大切にしているものであり，歴史上様々な場面で彼らを精神的に助けてきた。ユーモアとは，現在では言葉の戦いであると考えられている。Ⓑイギリスの現代小説において彼らの想像力はユーモアという特徴的な形で見られ，ユーモアこそがアメリカの小説との違いである。　5 / 10点

（A）2．「二度の大戦や帝国の衰退」が抜けている。− 2
　　　3．抜けている。− 2
　　　「ユーモアとは…考えられている」は本文を誤読している。− 1

4 ▶Ⓐイギリス人にとって現在，また長い間ユーモアの感覚は，最も価値のある国民性として考えられ，自分達がユーモアの感性に恵まれていることを自負し，戦争時の辛い境遇においても英国人の心の支えとなった。Ⓑまたその国民性は文学でも顕著で，英国の現代小説にもユーモアを通して言葉の深さや多様性が見受けられる。　4 / 10点

（A）2．「帝国の衰退」が抜けている。− 1
　　　3．抜けている。− 2
（B）「米国の小説と違い」の部分が抜けている。− 1
　　　「言葉の深さや多様性」は「英国特有のユーモアのセンスの深さと多様性」の誤り。− 2

5 ▶ (A)ユーモアの感覚は英国人がもつ最も重要なものであり続けてきた。(B)ユーモアは文学に反映され，米国の小説とは過去半世紀にわたり滑稽さで異なっている。英国的想像がその特徴的な形態を現代小説に見出したのは，ユーモアを通してその感覚の深さと多様性について自分を祝福して得られる幅広い感覚で言葉を扱ったからだ。

**4** /10点

（A）２・３．抜けている。− **4**

（B）「その感覚の深さと多様性について自分を祝福して得られる」は本文の誤訳。− **2**

**全訳**
　我が国の資産の中で，現在もまた古くからずっと，最も重要だとされてきたのはユーモアのセンスである。ユーモアのセンスがあることを我々はどれほど，また何度誇りに思い称えているか。ユーモアのセンスは，二度の戦争の間も，何と精神的な支えになってきたことか。ユーモアのセンスは，食料が配給制になったことや爆撃に対する我々の不安を和らげてくれた。また戦後，ユーモアのセンスのおかげで，大英帝国の衰退を寛容の気持ちで眺めることができた。現代の教養あるイギリス人なら自分のことを共産主義者とか反動主義者と評されても笑って済ませるだろう。また，自分の属する国が二等国だと言われても，変わらず自己に満足できるだろう。しかしイギリス人にユーモアのセンスがないのではと言うのは賢明ではない。そんなことを言うのは喧嘩の原因だ。そのような国民性は間違いなく文学にも現れていて，過去半世紀にわたるイギリス人の小説とアメリカ人の小説の最も顕著な違いは，アメリカ人の小説家と比較した場合，イギリス人の小説家が用いる滑稽みのあるやり方である。イギリス人の想像力が現代の小説においてその特徴的な形態を見つけたのは，ユーモアを通してである。つまり，我々が自身のユーモアのセンスの深さと多様性を誇りに感じて称える時，我々が用いる広い意味でその単語を使うことによってである。

- □ *l*.1　It is, and has been for a long time, the most … ※ and がつなぐのは is と has been for a long time。
- □ *l*.1　prized「とても重要な」
- □ *l*.2　a sense of humour「ユーモアのセンス，ユーモアを解する心」
- □ *l*.2　congratulate *oneself* on〔upon〕～「～を誇りに思い喜ぶ」
- □ *l*.3　what a moral support it has …「それはどれほど精神的な支えになってきたか」　※感嘆文になっている。
- □ *l*.4　the coming of rationing「配給制になること」
- □ *l*.5　look on ～「（比喩的に）～を眺める」
- □ *l*.6　the diminishing of the Empire「大英帝国の衰退」
- □ *l*.7　the description of ～ as …「～を…であると述べること」
- □ *l*.7　communist「共産主義者」
- □ *l*.7　reactionary「反動主義者」
- □ *l*.8　under the suggestion that SV「SV だと示唆されて」

- [ ] *l.*9　a second-class power「二等国，二流の国」
- [ ] *l.*10　fighting words「喧嘩を誘発する言葉」
- [ ] *l.*10　be bound to *do*「必ず〜する」
- [ ] *l.*11　spill over into 〜「〜にまで及ぶ」
- [ ] *l.*12　comic approach「滑稽みのある手法」
- [ ] *l.*13　It is through humour，using the word … that the British …　※強調構文。through humour を言い換えて using the word … となっている。
- [ ] *l.*14　in the broad sense that we employ「我々が用いる広い意味で」　※ employ は日本語の「〜を用いる」に近い。
- [ ] *l.*16　in modern novel　※ novel には不可算名詞の用法がないので，正しくは in modern novels / in the modern novel とすべき。

---

## Column　*A*, and *B*, *C* について

　*A*, and *B*, *C* がつなぐものが *A* と *B* であり，*C* が *A* とも *B* とも関連する共通要素の場合には，*A* と *B* それぞれの後にコンマが打たれることがあります。これによって修飾関係を明確にすることができます。
次のようなイメージです。

```
A,
and     C
B,
```

[ 例 ] These two great conceptions of the world have long ruled, and still rule, the minds of Europe. 「これら 2 つの主流の世界観がヨーロッパの知識人たちを長く支配し，また今でも支配している」

　この例では，and がつないでいるのは，have long ruled と still rule で，the minds of Europe は共通要素ということになります（2021 年度京都大学の出題を一部改変）。もう少し複雑な例を出しましょう。

[ 例 ] The religious resurgence resulted in people returning to, and giving new meaning to, the traditional religions of their communities. 「そのような宗教の復興の結果，人々は共同体の中の伝統的な宗教に回帰し，そこに新たな意味を与えるようになった」

　and がつないでいるのは，returning to と giving new meaning to です。people は両者の意味上の主語であり，the traditional religions of their communities も両者の共通の目的語となっています（『文明の衝突』の一節を一部改変）。

やや難

1973 年度

## 20 聞き上手な，人の良いロバート

### 文章の流れを確認する

**（D）** 家賃を滞納していた私を隣人のロバートが自分の雇い主に推薦し，その仕立て屋で働けるようにしてくれた。

**（B）** 仕立て屋では男女が入り交じって働いており，私はその人間関係を楽しいと思っていた。仕事を円滑に進めるにはロバートの存在が不可欠だった。

**（A）** 職場では，従業員が誰かに悩みを相談したい時，いつもロバートが聞き手に選ばれた。ロバートは相手の悩みが自分自身の悩みであり，相手を助けることがこの世で最も大切なことであるかのように耳を傾けることができた。

**（C）** 不平を言う人がロバートの意見を待たずに帰ることも多かった。まるでロバートに話を聞いてもらえただけで満足し，問題に対する答えが自分の内側から生じたかのようだった。

a

### 答案を作成する

▶書くべきことは以下の 4 点。
① 職場で，従業員が誰かに悩みを相談したい時
② いつもロバートが聞き手に選ばれた
③ それは，ロバートはとても注意深く相手の悩みに耳を傾けたからかもしれない
④ まるで相手の悩みが自分自身の悩みで，相手を助けることがこの世で最も大切なことであるかのように

▶上記をまとめると以下のようになる。

| 職 | 場 | で | , | | 従 | 業 | 員 | が | 誰 | か | に | 悩 | み | を | 相 | 談 | し | た | い | | 時 |
|---|---|---|---|---|---|---|---|---|---|---|---|---|---|---|---|---|---|---|---|---|---|
| , | | い | つ | も | ロ | バ | ー | ト | が | 聞 | き | 手 | に | 選 | ば | れ | た | 。 | | そ | れ |
| は | , | | ロ | バ | ー | ト | が | , | | 相 | 手 | の | 悩 | み | が | 自 | 分 | 自 | 身 | の | 悩 |
| み | で | あ | り | , | | 相 | 手 | を | 助 | け | る | こ | と | が | こ | の | 世 | で | 最 | も |
| 大 | 切 | な | こ | と | で | あ | る | か | の | よ | う | に | , | | と | て | も | 注 | 意 | 深 |
| く | 相 | 手 | の | 悩 | み | に | 耳 | を | 傾 | け | た | か | ら | か | も | し | れ | な | い |
| 。 | | | | | | | | | | | | | | | | | | | | |

▶これを指定字数（60〜80 字）内にまとめればよい。

**解答例**

| 従 | 業 | 員 | 仲 | 間 | が | 悩 | み | 事 | を | も | つ | と | , | | 相 | 談 | 相 | 手 | に | き |
|---|---|---|---|---|---|---|---|---|---|---|---|---|---|---|---|---|---|---|---|---|
| ま | っ | て | ロ | バ | ー | ト | を | 選 | ん | だ | 。 | | そ | れ | は | 彼 | が | 相 | 手 | の |
| 悩 | み | を | 自 | 分 | の | 悩 | み | の | よ | う | に | 捉 | え | て | , | | 助 | け | た | い |
| と | い | う | 姿 | 勢 | で | 聴 | い | た | か | ら | か | も | し | れ | な | い | 。 | | | |

## 自分の答案を採点する

### 採点基準

✔各区分の抜けは **1点減**。

✔不十分な場合は **1点減**。

---

**5点満点**

1．従業員仲間が悩み事をもつと

2．相談相手にきまってロバートを選んだ

3．それは彼が相手の悩みを自分の悩みのように捉えて

4．助けたいという姿勢で

5．聴いたからかもしれない

※ as though の解釈が間違っているものは **2点減**。

---

4行目の his ability to listen …, as though 〜 の部分の解釈のミスが目立った。as though 以下は現実であるというより、ロバートの周囲の人間にはそのように感じられたということである。fact と opinion の区別が要求されている。

---

### 生徒答案例

**1** ▶ ロバートは他人の相談をまるで自分のことのように親身に聞く能力があったため，困ったことや助けを求める時，従業員は皆まっさきにロバートに助けを乞うた。

**3** / 5点

4．抜けている。**−1**

5．「親身に聞く能力があったためか」とする。**−1**

また，「困ったことや助けを求める時」は「困った時や助けを求める時」とする。

**2** ▶社員は困っているとき，いつもロバートへ助けを求めた。ロバートは他人の困り事を自分のもののように扱い，他人への手助けを最も大事なことだと思っていた。

**2** / 5点

5．抜けている。listen「耳を傾ける」はキーワード。最後の部分を「他人のために耳を傾けたからであろう」とする。**− 1**

「思っていた」という断定も不可。**− 2**

**3** ▶ロバートは他人の困ったことを自分のことのように熱心に聴くことができ，その問題に苦しむ人を救うことを第 1 に考えた。多分それ故に，店の従業員は皆彼を頼りにしていた。

**2** / 5点

1．抜けている。**− 1**

2．「頼りにしていた」は，「必ずロバートに相談する」とする。減点なし。

「考えた」は「考えているように思えた」とする。**− 2**

**4** ▶従業員が困ったり助言が必要なときにロバートに頼るのは，彼が他人の問題に親身になって耳を傾け，彼にとっては困っている人を助けるのが最も重要なことだからだ。

**2** / 5点

2．「きまって」の抜け。**− 1**

as though の影響範囲を取り間違えている。最後の部分を「…耳を傾け，助けたいという姿勢で話を聞いてくれるからだろう」とする。**− 2**

**5** ▶従業員が困ったり，助言を求めていたりすると，必ずロバートが助けにくる。彼の気配りには秘密があって，他人の困り事は自分の事であるかのように，助けてくれる。

**2** / 5点

2．不適。「ロバートが助けにくる」ではなく，「ロバートを頼る」。**− 1**

4．不十分。**− 1**

5．抜けている。最後は「助けようという姿勢で耳を傾けるからであろう」とする。

**− 1**

なお，「彼の気配りには秘密があって」は不要。

## b　解答 ホ

▶各段落の要旨は，以下の通りである。

(A) ロバートが，そこの従業員（the employees）から相談を受けることになってしまう理由

(B) その仕立て屋（The tailor）でのロバートの占める位置

(C) ロバートに相談に来た人たち（the complainer）の様子

(D) 筆者がロバートと知り合い，仕立て屋（a tailor）を紹介してもらった経緯

▶ (B)の冒頭 The tailor にある名詞の冠詞や，文内容を考えれば，**ホ.**
**(D)→(B)→(A)→(C)**の順が適切である。

## c (1)

▶ mixed は「入り交じった」，company は「誰かと一緒にいること」から，「男女の入り交じった職場の仲間とのつきあい」となる。

**解答例**

男女の入り交じった職場の仲間とのつきあい。

## 自分の答案を採点する

**採点基準**

✓各区分の抜けは **1 点減**。

**2 点満点**

1．男女の入り交じった
2．職場の仲間とのつきあい

**生徒答案例**

■ 1 ▶職場にいる男女様々な同僚。　　　　**1 / 2 点**

2．「つきあい」が抜けている。**− 1**

■ 2 ▶男も女も含む仲間                                   1 / 2点

　2．「職場のつきあい」が抜けている。−1

■ 3 ▶男女混合の仕事場                                   1 / 2点

　2．「つきあい」が抜けている。−1

■ 4 ▶あらゆる人種のいる会社                             0 / 2点

語の選択が大雑把すぎる。company も誤訳している。

■ 5 ▶男女が共に働く会社であるということ                 0 / 2点

company の誤訳。

## C (2)

▶ put in a good word to ～ 「～に褒めて推薦する」という熟語がわからなくても,
後続の文 who gave me a part-time and very welcome job からその意味を推
測することは可能だろう。

### 解答例

ロバートが彼の雇い主に私を雇ってくれるように褒めて推薦してくれたこと。

## 自分の答案を採点する

### 採点基準

✔各区分の抜けは 1 点減。

**2 点満点**
　　1．ロバートが彼の雇い主に私を雇ってくれるように
　　2．褒めて推薦してくれたこと

**生徒答案例**

■ 1 ▶ ロバートが雇用主に筆者のことを上手く紹介したということ　　**2 / 2点**
「上手く紹介した」でよしとする。

■ 2 ▶ 隣人のロバートさんが，家賃を滞納して困っている「私」のために，「私」を
雇うように自分の雇用主に働きかけてくれた。　　**1 / 2点**
　2．「働きかけてくれた」では不十分。具体的に「褒めて推薦してくれた」とする。−1

■ 3 ▶ 彼は彼の雇い主に話を通してくれた。　　**0 / 2点**
　1．不十分。「何の話を通してくれた」のかわからない。−1
　2．抜けている。−1

■ 4 ▶ ロバートは雇い主に良い助言をした。　　**0 / 2点**
言葉足らず。

■ 5 ▶ ロバートは自分の部下に対してやる気の出る一言を言った。　　**0 / 2点**
まったく内容が違う。

**全訳**　　(A)

　そしてその従業員たちの１人が問題を抱えているか，あるいはアドバイスを必
要としている時，その人が悩みを打ち明ける相手として，その場所で働いている
すべての人の中でいつも決まってロバートが選ばれるのは不思議なことだった。
ロバートには，とても集中して，問題が実際に自分のものであるかのように，そ
してその時世界中で一番大切なことは，自分がその問題で苦闘する相手を助ける
ことであるかのように，相手の話に耳を傾ける能力が備わっていたことにその秘
密があったのかもしれない。

- ☐　*l.*1　it was an odd thing that SV「SV は奇妙なことだった」　※ it は形式上の
　　主語。
- ☐　*l.*2　of all the people …「…なすべての人々の中で」
- ☐　*l.*3　unburden *oneself* on ~「~に打ち明ける」
- ☐　*l.*3　it was … Robert who ~「~なのはロバートだった」　※強調構文。
- ☐　*l.*3　invariably「いつも決まって」
- ☐　*l.*4　single ~ out / single out ~「~を選ぶ」
- ☐　*l.*4　the secret lay in …「その秘密は…にあった」

☐ *l*.5　as though ～「まるで～のように」　※ against it までを支配。
☐ *l*.5　his＝his trouble
☐ *l*.6　in your struggle against it「その問題で苦闘する時に」

---

### Ⓑ

その仕立て屋には男性従業員が2人と女性従業員が4人いた。そこでの仕事は難しいものではなく、私は(1)多彩な仲間と楽しくやっていた。仕事を滞りなく進めるにはロバートの存在が不可欠といってもよいことに私はすぐに気がついた。

---

☐ *l*.8　have ～ in *one's* pay「～を雇っている」
☐ *l*.9　mixed company「多様な仲間」　※ mixed は形容詞。
☐ *l*.10　the smooth running of ～「～のスムーズな運営」

---

### Ⓒ

不平を言う人がいても、多くの場合、ロバートが何か意見を述べるのを待たずに帰っていった。それはほとんど、ロバートに黙って話を聞いてもらえたことに満足したかのようであり、自分が抱えている問題の答えは、ロバートにそのことを話すという努力だけで、簡単に、ゆっくりと、自分の内部から湧き出したかのようだった。

---

☐ *l*.11　as often as not＝often
☐ *l*.11　the complainer「不平を言う人」　※「総称」の the。
☐ *l*.12　talk without interruption「遮られずに話をする」
☐ *l*.14　unhurriedly「慌てることなく、ゆっくりと」
☐ *l*.14　from within *oneself*「自分の内部から」

---

### Ⓓ

その時、私はロバート＝ファーバンクの隣に住んでいた。そして家賃を滞納していて困っている時に手を差し伸べてくれたのが彼だった。ロバートは仕立て屋で働いていて、(2)彼は自分の雇い主に私を推薦してくれ、私は非常に条件のいい、パートタイムの仕事を貰えたのである。

---

☐ *l*.16　it was he who …「…したのは彼だった」　※強調構文。
☐ *l*.17　overdue「支払い期限が過ぎて」
☐ *l*.18　put in a good word to ～「～に推薦する」

やや難

# 21 感情と結びつく記憶の再生

1974 年度

## 文章の流れを確認する

**第 1 ～ 4 文**
記憶はそのままの形で思い出されるのではなく，現在興味を惹かれるものが思い出される。それゆえ，記憶は知的で実際的というよりも情緒的であると言える。

**第 5 ～ 7 文**
未開人が動物との戦いを思い出すのは，緊張や心配をすることなくその興奮を再び経験するためであり，それによって現在に新たな意味が加わる。

**第 8 文**
記憶とは実際の体験の緊張や不安抜きで，情緒的価値すべてをもつものである。

**第 9 ～ 11 文**
実際の経験の時には目の前のやるべきことに必死なので，経験は回想の時の方が生き生きとした完全な一編のドラマになる。

## 答案を作成する

▶以上をまとめると次のようになる。なお，第 5 ～ 7 文は，第 1 ～ 4 文の具体例なので省いてもいいだろう。

| 記 | 憶 | は | そ | の | ま | ま | の | 形 | で | 思 | い | 出 | さ | れ | る | の | で | は | な |
|---|---|---|---|---|---|---|---|---|---|---|---|---|---|---|---|---|---|---|---|
| く | ， | 現 | 在 | 興 | 味 | を | 惹 | か | れ | る | も | の | が | 思 | い | 出 | さ | れ | る |
| 。 | そ | れ | ゆ | え | ， | 記 | 憶 | は | 知 | 的 | で | 実 | 際 | 的 | と | い | う | よ | り |
| も | 情 | 緒 | 的 | で | あ | る | と | 言 | え | る | 。 | 記 | 憶 | と | は | 実 | 際 | の | 体 |
| 験 | の | 緊 | 張 | や | 不 | 安 | 抜 | き | で | ， | 情 | 緒 | 的 | 価 | 値 | す | べ | て | を |
| も | つ | も | の | で | あ | る | 。 | 実 | 際 | の | 経 | 験 | の | 時 | に | は | 目 | の | 前 |

| の | や | る | べ | き | こ | と | に | 必 | 死 | な | の | で | ， | 経 | 験 | は | 回 | 想 | の |
| 時 | の | 方 | が | 生 | き | 生 | き | と | し | た | 完 | 全 | な | 一 | 編 | の | ド | ラ | マ |
| に | な | る | 。 | | | | | | | | | | | | | | | | |

170　　　　　　　　　　　　　　　　　　　　　180

▶これを指定字数（100〜120字）内に収める。

▶上記の第1文は，「記憶と現在との関連」に留意する。「現在興味を惹かれるものが
思い出される」は「記憶は現在の関心と関連している」と言い換えられる。

▶第2・3文は，実際の体験と記憶とのコントラストに注意する。第2文は第3文の
「情緒的価値すべてをもつものである」と重複するので，省略してよいだろう。

▶最終文は，「実際の経験の時には目の前のやるべきことに必死」が第3文の示唆す
る「実際の体験には緊張や不安が伴う」という内容と重複するので，単に「現実経
験より生き生きとした形で思い出され，言わば一編のドラマとなる」とする。

**解答例**

| 記 | 憶 | は | ， | 現 | 実 | を | そ | の | ま | ま | 映 | し | た | も | の | で | は | な | く |
| ， | 現 | 在 | の | 関 | 心 | と | 関 | 連 | し | ， | 実 | 際 | の | 体 | 験 | か | ら | 緊 | 張 |
| や | 不 | 安 | と | い | っ | た | 感 | 情 | を | 除 | い | た | す | べ | て | の | 情 | 緒 | 的 |
| な | 価 | 値 | を | 含 | ん | だ | も | の | で | あ | る | 。 | そ | れ | は | 現 | 実 | 経 | 験 |
| よ | り | 生 | き | 生 | き | と | し | た | 形 | で | 思 | い | 出 | さ | れ | ， | 言 | わ | ば |
| 一 | 編 | の | ド | ラ | マ | と | な | る | 。 | | | | | | | | | | |

110　　　　　　　　　　　　　　　　　　　　　120

## 自分の答案を採点する

採点基準

✓各区分の抜けは **2点減**。

✓不十分なら **1点減**。

✓（A），（B）それぞれの満点を超えては減点しないものとする。

　例：（A）の区分で1・2両方の抜けがあり，さらに誤訳と思われる箇所があった場合でも，最大4点減とする。

---

（A） **4点満点**

1．記憶は，現実をそのまま映したものではなく

　　※「過去の出来事そのものではなく」「過去の出来事と異なり」などでも可。

2．現在の関心と関連し

---

（B） **6点満点**

1．実際の体験から緊張や不安といった感情を除いた

2．すべての情緒的な価値を含んだものである

3．それは現実経験より生き生きとした形で思い出され，言わば一編のドラマとなる

---

世間でも「思い出はマイナス部分が消えてしまうことがあるので美しく感じる」と言われることがあるが，本文もそれを主張しようとしたものである。その大きなテーマがとらえられていないこともあってか，一文一文の意味の理解が不十分な答案が目立った。全体像の把握の前提は「精読」である。

**生徒答案例**

▌1 ▶Ⓐ過去は現在役立つものだけが思い出され，記憶は実際とは異なる新たな意味をもつようになる。Ⓑそれはストレスや問題のない，感情的価値だけが実際の経験から取り出されたもので，頭の中でまるでドラマのように感じられる。　**8** / 10点

（A） 2．「現在役立つもの」は「現在と関連のあるもの」とする。−**1**

（B） 3．不十分。「現実経験より生き生きとした形で思い出され」の抜け。−**1**

▌2 ▶Ⓐ記憶を辿る時，事実をそのまま思い返すことは稀だ。Ⓑ記憶は感情的なもので実際の経験の欠点や困難を考慮せずⒶ現在の心情に合わせて経験を作り替えてしまう。Ⓑこの性質は昔の人間が狩りで勇敢さを発揮するのに利用され実際の忙しさを無視した壮大な物語を生む。　**7** / 10点

（A） 2．「心情」ではなく「興味」。−**1**

（B） 2．不十分。「感情的なもの」は「すべての情緒的な価値を含んだもの」とする。−**1**

　　　 3．不十分。「現実経験より生き生きとした形で思い出され」の抜け。−**1**

▌3 ▶Ⓐ記憶の再生がありのままであることは滅多になく，我々は現在加えたものを過去として思い出し，Ⓑ記憶の再生によって過去とは異なる意味をもち，現在の瞬間を強化し，記憶は，自分の忘れたいものをすべて排除した実際の経験への感情的な価値観である。　**4** / 10点

（A） 2．「現在加えたものを過去として」は不十分。−**1**

（B） 1．不十分。「忘れたいもの」では具体性に欠ける。−**1**

　　　 2．「実際の経験への感情的な価値観である」は「実際の経験の情緒的な価値のすべてを含んでいる」とする。−**2**

　　　 3．不可。「現在の瞬間を強化し」では意味がわからない。−**2**

▌4 ▶Ⓐ私たちは過去とは違う意味を現在に付加し，現在の退屈さを過去の興奮で補うため記憶を自然と呼び起こし，Ⓑ記憶により，困難なく実体験の感覚を味わえる。そして，記憶が呼び起こされるとき，瞬間的な経験が一連のストーリーとして思い出されるのだ。　**4** / 10点

（A） 2．抜けている。−**2**

（B） 1．「困難なく」では不十分。−**1**

　　　 2．抜けている。−**2**

　　　 3．不十分。「現実経験より生き生きとした形で思い出され」の抜け。−**1**

5 ▶⒝人間は過去の出来事を思い出すとき，実際にあった苦しみや障害を再び味わうことなく感情や興奮だけを鮮明に感じ取る。そのため，記憶とは情報や行為としてではなく，感情的なものとして人間の中に残っていることが多いのだ。　**2** /10点

（A）　1・2とも抜けている。— 4

（B）　1．不十分。「苦しみや障害」は「緊張や不安」とする。— 1

　　　2．「感情や興奮だけ」は「すべての情緒的価値を含んだもの」とする。— 1

　　　3．抜けている。— 2

**全訳**

　　記憶が過去に対して忠実に再生されることはまれだ。私たちが普通思い出すのは興味を惹かれるものであり，興味を惹かれるからこそ思い出すのである。過去が思い出されるのは，過去自体に原因があるのではなくて，過去が現在に添えたものが原因となる。このように記憶の主な活動は情緒的なものであって，知的なものでも，実際的なものでもない。未開人が昨日の動物との格闘を思い出すのは，その動物の特性を科学的に研究するためでも，明日どうすればもっと上手に戦えるかを研究するためでもなく，昨日のスリルをもう一度体験することで，今日の退屈さを紛らわすためなのである。そこで思い出されるのは，戦いの一部始終で味わった興奮であり，そこには危険や不安はない。そうした記憶を呼び起こし，その中で楽しみを得ることは，現在に新たな意味 —— 現在や過去の中に実際存在するものとは異なる意味 —— を加え高めることとなる。記憶とは現実の経験の代わりになるものであり，そこには実際の経験の情緒的価値のすべてが含まれていて，おまけに緊張や不安は含まれない。戦いの勝利は，現実の勝利の瞬間よりも，勝利を記念して踊っている時の方が，さらに鮮烈に感じられる。狩猟という意識的で，実に人間的な経験は，かがり火の周りで語られ，再現される時に起こる。人が実際に何かを体験している時には，瞬間瞬間を生きていて，目の前のやるべきことに夢中なのだ。すべての瞬間を頭の中で，もう一度辿ってみた時に，発端があり，中盤があり，達成や敗北というヤマ場への展開があるドラマが生まれるのだ。

- □　*l*.1　revival「再生，蘇らせること」←〔動〕revive（*l*.9）
- □　*l*.1　literal「文字通りの，手を加えていない」
- □　*l*.3　add A to B「A を B に加える」
- □　*l*.3　primary life「主な活動」
- □　*l*.4　savage「野蛮な，未開の」
- □　*l*.5　study in a scientific way the qualities of ～「～の特性を科学的に研究する」　※ the qualities of ～が study の目的語。
- □　*l*.6　for the sake of ～「～のために」
- □　*l*.6　how better to *do*「どのようにしてよりよく～するのか」　※ better は *do* を修飾する副詞。
- □　*l*.7　dullness「気だるさ」

- [ ] *l*.7　regain ～「～を再び得る」
- [ ] *l*.9　revel in ～「～に夢中になる」
- [ ] *l*.9　enhance ～「～を高める」
- [ ] *l*.10　a new meaning, a meaning　※同格の関係。
- [ ] *l*.11　vicarious「（楽しみなどが）（想像上）他人の経験を通して自分のことのように感じられる」= experienced by watching or reading about someone else doing something, rather than by doing it yourself（『ロングマン現代英英辞典』より）
- [ ] *l*.12　the triumph of battle「戦いでの勝利」
- [ ] *l*.13　memorial war dance「勝利を祝う踊り」
- [ ] *l*.14　chase「狩猟」
- [ ] *l*.15　re-enact ～「（以前の出来事）を再現する」
- [ ] *l*.16　preoccupied with ～「～に夢中になって」

やや難

## 22 デマの拡散について

2018 年度

## 文章の流れを確認する

**第1段落**
噂が広がる過程には2つある。
①「同調」と呼ばれるもので，多数派の意見を鵜呑みにすること。

**第2段落**
②「激化」と呼ばれるもので，ある噂話について同じ考え方の人と話すと，それが裏付けられたと感じ，その噂にますます傾倒してしまうこと。

**第3段落**
デマ（＝虚偽の噂）の流布を阻止する方法：自由に表現できる体制を作り，公正な情報を取得し，真実を知る者に修正してもらうこと。
しかし，人々は，感情に影響されるため，その考えを変えるのは非常に困難であることもある。

## 答案を作成する

▶書くべきことは次の3点。
 （1）噂が広まる際の2つの過程は，①多勢への追従，②集団内の見解の激化，である。
 （2）デマ（＝虚偽の噂）を信じないためには，自由に表現できる体制内で，公正な情報と，真実を知る者の修正に触れることだ。
 （3）感情や情報摂取の偏りにより，信じたことを変えることは容易ではないことがある。
▶以上をまとめると次のようになる。

| 噂 | は | ， | | 虚 | 偽 | で | あ | っ | て | も | ， | | 多 | 勢 | へ | の | 追 | 従 | と | 集 | 団 |
| 内 | の | 見 | 解 | の | 激 | 化 | に | よ | り | 流 | 布 | す | る | 。 | こ | れ | を | 阻 | 止 |
| す | る | に | は | ， | | 自 | 由 | に | 表 | 現 | で | き | る | 体 | 制 | を | 整 | え | ， | | 公 |

正な情報と，真実を知る者の修正に触れるこ
とが必要だ。感情が影響することによる情報
摂取の偏りにより，人が信じたことを変える
ことは容易ではないことがある。

▶ここから70〜80字にする。まず，比較的重要度の低い「自由に表現できる体制を整え」「情報摂取の偏り」は消すことになる。

デマは，多勢への追従と集団内の見解の激化
により流布する。これを阻止するには，公正
な情報と，真実を知る者の修正に触れること
が必要だ。感情に影響され，人が信じたこと
を変えることは容易ではない。

▶あとは，それぞれの表現を圧縮することで答えを得る。なお，第1・2段落は「噂」について述べているが，第3段落では「デマ（＝虚偽の噂）」に話が絞られていることに注意。字数を考えれば，「デマ」に統一してもよいかもしれない。

**解答例**

多数派への同調や集団内での見解の激化で噂
は広まる。デマを阻止するには，公平で正し
い情報に触れる必要があるが，人は感情に影
響されるため，その誤信を正すのは難しい。

▶英文に書かれている情報の順序を無視して「原因 → 譲歩 → 主張」の順に書くと，以下のようになるが，このような答えでもOKだろう。

人は情報を中立に受信せず，感情的に捉える
ことがあるため，たとえ公正で正しい情報に
触れたとしても，多数派への同調や集団内で
の増幅を通して広まる噂の阻止は難しい。

# 自分の答案を採点する

**採点基準**

✓各区分の抜けは **2点減**。

✓不十分なら **1点減**。

✓（A），（B），（C）それぞれの満点を超えては減点しないものとする。

例：（A）の区分で1～3すべての抜けがあった場合は，6点減ではなく，4点減とする。

---

**（A）4点満点**

1．多数派への同調や　　※「多数派の意見を鵜呑みにすること」などでも可。

2．集団内での見解の激化で

3．噂は広まる

---

**（B）3点満点**

1．デマを阻止するには

2．公平で正しい情報に触れる必要があるが

---

**（C）3点満点**

1．人は感情に影響されるため

2．その誤信を正すのは難しい

---

第1段落と第2段落の記述で字数を使ってしまったせいか，第3段落の記述（特に採点基準で（B）の部分）が不十分な答案が目立った。思いついたままの順で答案を書くと，どうしても前半の内容で字数が埋まってしまう。そうしたことを防ぐには，やや多めに書き，それを削るという作業が不可欠であろう。

**1** ▶(A)多数派の意見を鵜呑みにし，親しい人との会話によってより信憑性が生まれることで噂は広がる。(B)以上の危険を減らすために人は中立的情報，真実を語る人に囲まれるべきだ。　　　　　　　　　　　　　　　　　　　　　　　**6** /10点

（A）２．不十分。「親しい人」や「信憑性が生まれる」では本文の趣旨と少し異なる。**－1**

（C）抜けている。（A）（B）で字数をもっと切り詰めるべき。**－3**

**2** ▶(A)噂は周囲への同調と，集団内での過激化によって広まる。(B)表現の自由は事実を拡げ，これを防ぐのに役立つが，(C)感情が事実認識の邪魔をしてしまうので完全ではない。　　　　　　　　　　　　　　　　　　　　　　　　　　**6** /10点

（B）本文の誤読。**－3**

（C）２．何が「完全ではない」のかが曖昧。**－1**

**3** ▶(A)大衆心理や考えの似た集団の力で誤った噂が広まる危険がある。(B)均衡で正確な情報を得るという策では中立に情報を取得せず(C)感情を介入させるので噂を是正するのは困難だ。　　　　　　　　　　　　　　　　　　　　　　**4** /10点

（A）１・２．「大衆心理」，「考えの似た集団の力」では不十分。**－2**

（B）意味がわからない。**－3**

（C）１．「感情を介入させる」の主体が不明。**－1**

**4** ▶(A)人はたとえ間違っていても大衆や同じ考えをもつ人の見解を受け入れがちでそれによりうわさは広まる。(C)そして誤ったうわさを信じた人はなかなか考えを変えようとしない。　　　　　　　　　　　　　　　　　　　　　　　　**3** /10点

（A）２．「集団内の激化」が抜けている。**－2**

（B）１・２とも抜けている。**－3**

（C）１．「人は感情に影響される」が抜けている。**－2**

**5** ▶(A)噂の広まり方は２通りあり，大衆がよく似た人達の集まりが信じているから広まっていく。(C)中には嘘も含まれ一度信じると正しい情報を提示しても考えを変えるのは難しい。　　　　　　　　　　　　　　　　　　　　　　　**2** /10点

（A）１．「よく似た人達の集まり」→「考えがよく似た人達の集まりへの同調」。**－1**
　　　２．抜けている。**－2**

（B）１・２とも抜けている。**－3**

（C）１．抜けている。**－2**

**全 訳**

### 第 1 段落

　噂は，2 つの異なっているが，互いに重なり合う過程を経て拡散していく。その過程とは，大衆の間での同調（ポピュラー・コンファメーション）と，集団内での激化（イングループ・モーメンタム）である。最初の過程が生じるのは，私たち一人一人が，他者が考えたり行ったりしていることに依存する傾向にあるためである。いったん一定数の集団が，ある噂を信じているようだということになると，それが虚偽であると思う十分な理由がない限り，他の人たちもその噂を信じるようになる。たいていの噂は，人々が直接的にあるいは個人的に知らない話題に関わるものである。だから私たちの大半は，多くの場合，ただ多数の人の言い分をあっさり信頼してしまうのである。そうした多数派の言い分を受け入れる人の数が多くなれば，その集団も大きくなり，たとえその噂が完全に虚偽であったとしても，大きな集団がそうした噂を信じてしまうという本当に危険な状態を引き起こすのである。

- □　*l*.1　by ～ process「～な過程で」
- □　*l*.1　popular「一般大衆の，世間一般の」
- □　*l*.2　confirmation「裏付け」　※ここでは「同調」と訳している。
- □　*l*.2　momentum「はずみ」　※ここでは「激化」と訳している。
- □　*l*.3　once SV「いったん SV すれば」
- □　*l*.4　believe a rumour「噂を信じる」　※「噂」といった「話」の場合には in は不要。
- □　*l*.4　unless SV「SV という場合を除いては」
- □　*l*.4　have good reason to *do*「～するだけの十分な理由がある」
- □　*l*.5　false「偽の」
- □　*l*.7　creating … は文末に置かれた分詞構文で，and the crowd creates a real risk … に書き換えられる。
- □　*l*.7　a real risk that SV「SV という本当の危険」

### 第 2 段落

　集団内での激化とは，似た考え方の人々が集まった時，彼らが以前に考えていたものを一層極端にしたものを信じるという結果になることが多いということである。ある特定の集団に属する人が，たとえば，ある国が試みようとしている悪事についての噂を受け入れる傾向にあるという場合を考えてみよう。十中八九，そうした人々はお互いに話し合った後，以前よりその噂に傾倒してしまうだろう。実際，彼らは最初，その噂をためらいがちに信じていたにすぎなかったのだが，それが絶対的な確信へと変わってしまうかもしれないのだ。たとえ，彼らの得た新たな証拠が，その集団の他の人たちが信じているということでしかないとしても，である。ここでインターネットの役割を考えてみよう。似た考えの人からの多くのツイートや投稿を見ると，人々は噂を本当であるとして受け入れる傾向が強まっていくのだ。

- ☐ *l.*10 refer to 〜「〜を指す」 ※「物」が主語。
- ☐ *l.*10 like-minded「似た考え方の」
- ☐ *l.*11 end up *doing*「結局〜に終わる」
- ☐ *l.*12 Suppose that SV.「SV と考えてみよう」
- ☐ *l.*12 be inclined to *do*「〜しがちである」
- ☐ *l.*13 say「たとえば」 ※前後にコンマを打ち，挿入して用いる。
- ☐ *l.*13 evil intention「悪意のある意図」
- ☐ *l.*13 in all likelihood「十中八九」 ※ all は強調の形容詞。
- ☐ *l.*14 become committed to 〜「〜に傾倒するようになる」
- ☐ *l.*15 move from *A* to *B*「*A* から *B* へと移行する」
- ☐ *l.*15 tentative「ためらいがちな」
- ☐ *l.*18 post「（インターネットサイトへの）投稿，書き込み」
- ☐ *l.*18 accept O as C「O を C として受け入れる」

### 第 3 段落

　こうした 2 つの過程によって間違った噂を正しいと思ってしまうという危険を減らすには，何ができるのであろうか。最も明白で標準的な答えは，自由に表現できるような体制を構築することだ。人々に必要なのは，常に公平な情報を手に入れ，真実を知る者による修正に触れることなのである。たいてい，自由であることで，ことはうまく運ぶが，状況によっては，それが十分な解決策ではないこともある。人が情報を処理する方法は中立ではなく，多くの場合，真実にたどり着くのを感情が邪魔する。人が新たな情報を取り入れるやり方は，とてもバランスが悪く，虚偽の噂を受け入れた人は，それに対する感情的な入れ込みが強い場合には特に，自分の考えを簡単には捨てない。たとえ事実を提示したとしても，人々が自分の考えを変えることが極めて困難なこともある。

- ☐ *l.*20 reduce the risk that SV「SV という危険を減らす」
- ☐ *l.*21 obvious「明らかな」 ※しばしば「譲歩」を表す。ここでも「危険を減らすために『明らか』なのは，様々な情報を吸収することだが，実際にはそれでも難しい場合がある」と書かれている。
- ☐ *l.*21 involve 〜「〜と関わっている」
- ☐ *l.*22 the system of free expression「自由に表現する体制」
- ☐ *l.*22 be exposed to balanced information and to corrections from 〜「公平な情報と〜からの修正に触れる」
- ☐ *l.*24 work「（物事，計画が）効果を発揮する，うまくいく」
- ☐ *l.*24 an incomplete remedy「不完全な治療法」
- ☐ *l.*25 get in the way of 〜「〜の邪魔をする」
- ☐ *l.*28 emotional commitments「感情的な入れ込み」
- ☐ *l.*29 present *A* with *B*「*A* に *B* を提示する」

やや難

## 23 自己不利益化の説明と問題点

1994 年度

## 文章の流れを確認する

**第 1 段落** 人は大事な出来事の前にへまをしてしまいがちだ。

**第 2 段落** self-handicapping（自己にハンディを課すこと）は，自己の失敗の可能性を自ら高めることで，失敗しても体面を守れるようにする作戦だ。

**第 3 段落** 具体例。

**第 4 段落** 自己にハンディを課すことは，成功欲の強い人に見られ，不安の対処には効果的かもしれないが，結局は潜在能力を発揮することなく失敗に終わる。しかもその全責任は自分にある。

## 答案を作成する

▶まず，self-handicapping の定義部分には，以下の 2 点が必要。
　① 「失敗した時の言い訳」
　② 「自分に不利になるような条件を作る」
▶後半は以下の特徴を述べる。
　① 「成功欲が強すぎる人に見られる」
　② 「結局は実力を発揮できずに失敗に終わる」
　③ 「その責任はすべて自分で背負うしかない」
▶字数の余裕があるなら，後半の①に「不安から起こる現象」や「不安の鎮静に有効」といった譲歩の部分，②に「地位を失う」という具体例の部分などを盛り込ん

でもよいだろう。

▶筆者が想定していると思われる対比を表にまとめてみる。

|  | 普通の人 | self-handicapper |
|---|---|---|
| 成功への意欲 | 普通 | 強すぎる |
| 失敗時の言い訳 | 実力不足 | ハンディのせい |
| 改善への意欲 | 不足分を補う | なにもしない |
| 潜在的実力の発揮 | 努力分だけ発揮する | 発揮しない |

▶まず必要なことを全部書くと以下のようになる。

Self-handicapping とは

自らに不利な条件を課し失敗の可能性を高め，失敗した時にはそれを口実に体面を守るという自滅行為を言う。これは成功欲が強すぎる人に見られ，不安から起こる現象だが，結局自分の実力を発揮せず失敗し，地位も失うことになるが，その全責任は自分で負うしかない。

▶これを 80〜100 字にまとめればよい。

**解答例**

Self-handicapping とは

失敗時に体面を守る口実となるよう，自らに不利な条件を課す自滅行為である。成功欲が強すぎる人に見られ，本人は結局実力を発揮できず失敗し，地位を失うことにもなる。しかも全責任は自分で負うしかない。

## 自分の答案を採点する

採点基準

✓各区分の抜けは **2点減**。

✓不十分なら **1点減**。

✓（A），（B）それぞれの満点を超えては減点しないものとする。

例：（A）の区分で1・2両方の抜けがあり，さらに誤訳と思われる箇所があった場合でも，最大4点減とする。

---

**（A）4点満点**

1. 失敗時に体面を守る口実となるよう　※「面目を保つ」でも可。

2. 自らに不利な条件を課す（自滅）行為である
※「自滅」の抜けは可とする。

---

**（B）6点満点**

1. 成功欲が強すぎる人に見られ

2. 本人は結局実力を発揮できず失敗し，地位を失うことにもなる
※「地位を失う」の部分はなくても可。

3. しかも全責任は自分で負うしかない

---

本文の最後の they have only themselves to blame の誤訳が目立った。blame は「（何かよくないことが起きた場合には，その責任が）〜にあると指摘する，思う」という意味であり，「（口汚く）〜を非難する」の意味ではない。大切な語は，できるだけ英英辞典を引いて語義の確認をすることが大切（日本人学習者には『ロングマン現代英英辞典』が使いやすいように思う）。

**生徒答案例**

1 ▶(A)失敗しても面目を保てるように無意識に困難な状況をつくることで，(B)成功に貪欲な人ほど陥りやすい。不安の対処には効果的だが，潜在能力を発揮できなくなり地位さえ失う。失敗も自己責任となるのでやめた方がよい。　　　**9** / 10点

（A）1．本文6行目の the subconscious mind は「無意識に」ではなく，「潜在意識」。−**1**

2 ▶(A)困難な状況下で自ら不利になることで失敗の言い訳を用意することであり，筆者はそれは失敗への対策として効果的だが(B)最終的に本来の願いに反して失敗し長期的には実力を発揮できず地位も失い自分の責任となると言う。　　　**6** / 10点

（A）1．「不利になる」は「不利な状況をつくる」の間違い。−**1**
　　　2．「失敗への対策」は「不安への対策」の間違い。−**1**
（B）1．抜けている。−**2**
句読点がほとんどなく，日本語としても不自然さがある。減点はしないが，読み手への配慮を欠いた答案は，本番では厳しい評価を下される可能性がある。

3 ▶(A)言い訳を作り，失敗したときに面目を保てる困難な状況を自らに課すことだ。(B)それは心配に対処する効果的な方法になりうるが，結局は本当の能力を発揮できず，気にしている地位を失ってしまう，と筆者は考える。　　　**6** / 10点

（B）1・3．抜けている。−**4**

4 ▶(A)自分で失敗する可能性を上げて失敗しても面目を保つ為に言い訳などをすることだ。(B)成功への不安を扱うのに効果的方法だが，実力の本当の限界を出せず，反対に抵抗しているのに自分を責めるだけで最終的には失敗する。　　　**5** / 10点

（B）1．抜けている。−**2**
　　　3．「自分を責めるだけで」は不可。−**2**
　　　「反対に抵抗しているのに」が意味不明。−**1**

5 ▶(A)重圧を背負った際，失敗をしても面目を保てるよう自ら不利な状況にし言い訳をつくる潜在意識であるが，(B)このような人は成功に飢えておりその切望を扱うのは効果的であるが，本来の可能性や地位を失う。　　　**4** / 10点

（A）2．不十分。「言い訳をつくる行為」とする。−**1**
（B）1．不要な記述がある。−**1**
　　　2．「可能性を失う」ではなく「実力を発揮できない」が適切。−**2**
　　　3．抜けている。−**2**

1

**全 訳**

**第 1 段落**

　不運はいつも最悪のタイミングで襲ってくるように思われる。夢だった仕事をもらうための面接に向かっている男性が渋滞に巻き込まれてしまう。最終試験を前にした法科の女子学生が，朝起きると激しい頭痛に見舞われる。大切なレースを控えたランナーが直前に足首を捻挫する。いずれも，運命の残酷さを如実に物語る例である。

- ☐ *l*.1 〈最上級＋possible〉は，最上級の強調表現。
- ☐ *l*.1 a man about to interview は，a man who is about to interview「まさに面接を受けようとしている人」と同意。この interview は「面接を受ける」の意味。※なお，この a man は「男」。この次の例は女性になっている。
- ☐ *l*.3 a blinding headache＝a very bad headache
- ☐ *l*.4 Perfect examples … は They are perfect examples … の省略形。このように，It is とか They are は省略される可能性があることを覚えておきたい。*e.g.* No wonder〔＝It is no wonder that〕young people are rebelling.「若者が反抗しているのも不思議ではない」
- ☐ *l*.4 cruel fate「残忍な運命」　※ fate は「神の声」が原義で，避けることができない不運を暗示する語。

**第 2 段落**

　いや，本当にそうなのであろうか。現在，このような不運な出来事を研究している心理学者たちの意見では，こうした出来事は，多くの場合，潜在意識によって周到に準備された巧妙な仕業であるかもしれないということだ。人はよく，セルフハンディキャップ（自己不利益化）として知られる自己を敗北に追い込むようなある種の行動 —— 簡単な言葉で言えば，言い訳作りという行動 —— をとることがある。やり方はいたって簡単である。重いハンディを背負うことによって，努力が実らない可能性を高めるのである。こういうことをするのは正気の沙汰ではないように思えるであろうが，実際には，これは精神によって巧妙に考え出された策，つまり，困難な状況を用意しておいて，実際失敗したときに面目を保てるようにする策なのである。

- ☐ *l*.6 believe that in many instances, SV は，接続詞 that の直後に副詞句が挿入された形。that SV in many instances とすると修飾関係が曖昧になるからである。
- ☐ *l*.6 scheme には，大きく分けて 2 つの用法がある。1 つは「（教育や鉄道などの公の）計画」。もう 1 つは「巧妙な仕業」。ここでは後者の意味で使われている。*e.g.* a pyramid scheme「ネズミ講」
- ☐ *l*.6 the subconscious mind「潜在意識」
- ☐ *l*.11 a clever trick of the mind と one that … が同格の関係。

☐ *l*.12　save face「面目を保つ」⇔lose face「面目を失う」

### 第 3 段落

　自己にハンディを課した典型的な人物は，ドシャペルという 18 世紀に生きた
フランス人のチェスの王者である。ドシャペルは，地元でたちまちチャンピオン
になるほどの傑出したチェスプレーヤーであった。しかし，対戦が厳しくなって
くると，彼はすべての試合に新たな条件をつけた。対戦相手が一定の有利な条件
を受け入れ，それによってドシャペルが負ける可能性が大きくなる場合に限って
勝負をするというのである。これだと，仮に敗れても相手側の有利な条件のせい
にすることができるし，誰も彼の能力の本当の限界を知ることがなかった。だが，
もしそのような不利な条件にもかかわらず彼が勝てば，驚異的な才能の持ち主と
してそれだけ一層敬意を払われることになる，というわけだ。

☐ *l*.14　distinguished「他と明確に区別される」→「傑出した」
☐ *l*.15　champion of his region に冠詞がついていないのは，官職・役職名が補語
　　　　に置かれた場合，一個人を表すのではなく抽象名詞の扱いになるからであ
　　　　る。
☐ *l*.16　he would … は「過去の習慣的行為」を表す。過去において繰り返された
　　　　動作を示唆。
☐ *l*.16　if his opponent would accept … は，「時・条件の副詞節の中には will を
　　　　入れてはいけない」というルールの例外。if 節内の will が「意志をもつ」
　　　　という意味の場合に限り起こり得る。
☐ *l*.17　increasing … は，his opponent … advantage を主語とする分詞構文。
☐ *l*.18　If he did lose の if は「たとえ～でも」と訳すのが適切。did は強調の助
　　　　動詞。
☐ *l*.18　blame *A* on *B*「*A* を *B* のせいにする」
☐ *l*.19　against such odds「そのように非常に不利な状況にもかかわらず」
☐ *l*.20　he would be の would は will の時制の一致によるもの。
☐ *l*.20　all the more ～ for …「…だからなお一層～」

### 第 4 段落

　驚くにあたらないことだが，言い訳作りの常習犯に一番なりそうな人というの
は，成功欲が強すぎる人である。そういう人は何事にせよ，敗者の烙印を押され
ることを恐れるがあまり，なんらかのハンディを絶えず考え出して，失敗を言い
逃れようとするのである。なるほど，自己にハンディを課すことは，成功への不
安にうまく対処する効果的な方法になり得ることも時にはある。しかし，研究者
が言うように，そんなことをしていると結局は自分を失敗へと追いやることにな
る。言い訳ばかりする人は，長い目で見れば，自分の本当の潜在能力を発揮する

ことができず，自分があれほどまでに執着していた地位を失うことになる。さらに，自分には非はないとどんなに言い張っても，責任を負うのは自分の他にはいないのである。

- □ *l.*21　the people most likely to … は the people who are most likely to … と同意。
- □ *l.*22　so afraid 〜 that … は，so 〜 that … の構文。
- □ *l.*24　explain 〜 away / explain away 〜「〜を説明してどこかへやってしまう」→「言い逃れする」
- □ *l.*25　now and then「時々」
- □ *l.*26　live up to *one's* 〜「自分の〜に沿って生きる」
- □ *l.*27　their protests to the contrary の直訳は「それとは逆の抗議」となる。「それ」とは後続の主節「責任を負うのは自分の他にはいない」を指す。以上から，「責任は自分以外にあると言い張ること」ということ。
- □ *l.*28　blame 〜「責任の所在を〜に置く」　※「〜を非難する（＝口汚く罵る）」という意味ではないことに注意。

## Column　blame の意味

　「blame の意味を言ってみてください」というと「〜を非難する」と答える人が非常に多いですね。昭和の単語集の影響なのでしょうか。『ロングマン Active Study 英英辞典』（竹岡が学習の手引きを書いている英英辞典です）での blame の定義は，to say or to think that someone or something is responsible for something bad「悪いことに対してある人あるいはモノに責任があると言うあるいは考える」とあります。日本語の「非難する」は口に出して口汚く罵るイメージがありますが，blame の正しい意味は to say or think とありますから，必ずしも「口に出して言う」のではないとわかります。つまり，blame は「責任の所在を明かにする」というのが中心的な意味であって，「非難する」ことが中心ではないとわかります。たとえば，Poor weather conditions were blamed for the accident. は「その事故の原因は悪天候だと思われていた」の意味です。この blame に「非難する」という訳語を当てることは不可能ですね。ちなみに，criticize は，to say what faults someone or something has「誰かがあるいは何かがどんな欠点を持っているかを言うこと」とあります。こちらの方は明確に say と書いてありますから，口に出して言うのだなとわかります。つまり，criticize こそ「非難する」という訳語が適切だとわかります。

## やや難

## 24 共通の規範に基づく口論

1975年度

## 文章の流れを確認する

**第1段落** 人々が口論しているのはよく聞く。

**第2段落**
第1・2文　：双方が合意している「何らかの基準」を基に口論している。
第3〜6文：言われた基準を基に相手も反論しようとする。
第7・8文：もしそうした基準がなければ人間としての口論ではない。
第9・10文：口論は相手が間違えていることを示す試みなので，「何らかの基準」がなければ無意味なものになってしまう。

## 答案を作成する

▶上記の「何らかの基準」は，12行目の some kind of standard of behaviour や最終文の some agreement のことだが，詳しくは20〜22行目で some kind of Law or Rule of fair play or decent behaviour or morality or whatever you like to call it, about which they really agreed と説明されている。つまり，「公平なやり方」や「モラル」を指すので，具体的に「善悪についての一致した考え」などとする。

▶第2段落の大意をまとめれば次のようになる。

| 人 | 々 | が | 口 | 論 | す | る | 場 | 合 | に | は | ， | | 双 | 方 | が | 合 | 意 | し | て | い |
|---|---|---|---|---|---|---|---|---|---|---|---|---|---|---|---|---|---|---|---|---|
| る | 何 | ら | か | の | 基 | 準 | を | 基 | に | し | て | い | る | こ | と | が | わ | か | る |
| 。 | あ | る | 人 | が | 何 | か | の | 基 | 準 | を | 基 | に | 主 | 張 | す | る | こ | と | に |
| 対 | し | て | ， | そ | の | 相 | 手 | も | そ | の | 基 | 準 | を | 基 | に | 反 | 論 | し | よ |
| う | と | す | る | 。 | そ | し | て | そ | う | し | た | 基 | 準 | が | な | け | れ | ば | 人 |
| 間 | と | し | て | の | 口 | 論 | で | は | な | く | な | る | 。 | | 口 | 論 | は | 相 | 手 | が |
| 間 | 違 | え | て | い | る | こ | と | を | 示 | す | 試 | み | な | の | で | ， | | 善 | 悪 | に |

ついての一致した考えがなければ無意味なものになってしまうのだ。

170 180

▶ここから重複箇所などを切り詰めて指定字数（100〜120字）内に収める。

解答例

口論で興味深いことは，双方が合意している何らかの基準といったものがあって，その基準に基づいて，相手が間違っていることを互いに立証しようとすることだ。もし善悪についての一致した考えがなければ口論など無意味なものになってしまう。

110 120

## 自分の答案を採点する

採点基準

✓各区分の抜けは **2点減**。
✓不十分なら **1点減**。
✓（A），（B）それぞれの満点を超えては減点しないものとする。
　例：（A）の区分で1〜3すべての抜けがあった場合は，6点減ではなく，5点減とする。

**（A）5点満点**
　1．**口論で興味深いことは**　※単に「口論では」だけでも可。
　2．**双方が合意している何らかの基準といったものがあって**
　　※「双方それぞれが独自の基準を持っている」「自分の基準を相手に押しつける」の類いはAの区分全体で **4点減**。
　3．**その基準に基づいて，相手が間違っていることを互いに立証しようとすることだ**

**（B）5点満点**
　1．**もし善悪についての一致した考えがなければ**
　2．**口論など無意味なものになってしまう**

「双方が合意している何らかの基準が存在する」という部分が不十分な答えが多かった。筆者が面白いと感じたのは，口論している双方であっても，そこには双方合意の基準が存在することである。その面白さに気づいてほしかった。

### 生徒答案例

1 ▶(A)口論の中で人は相手が知っていると予期するふるまいの基準を示し，両者が一致する点が存在する。口論は相手が間違っていることを示す場であるため(B)善悪の区別についての何らかの同意がない限り口論が成立することはなくて，人間の特徴の１つと言えるものだ。　　　　　　　　　　　　　　**9** / 10点

（B）「…なくて，人間の…」は日本語が拙い。「…なく，この点が人間の…」とする。**−1**

2 ▶(A)口論から重要なことを学べる。口論の際人は相手も知っていると思うある種の行動の基準について主張し，相手は基準に反していないと釈明する。口論とは相手が間違っていることをわからせる意味があるが，(B)善悪について共通の認識がなければ何の意味もなさない。　　　　　　　　　　　　　　**8** / 10点

（A）まず，「口論から重要なことを学べる」は，第１段落の内容なので不要。**−1**
　　３．「口論とは相手が間違っていることをわからせる意味がある」だと曖昧なので「口論とは相手が間違っていることを立証しようとする」とする。**−1**

3 ▶(A)口論する時，双方とも公平さや正しい行いに関する独自の信条や規則を有しており，それらに反した行動を取った相手を正しくないと責める。(B)しかし善悪について両者の考えが一致していなければ，口論で相手のことを間違っていると批判するのは意味がない。　　　　　　　　　　　　　　**6** / 10点

（A）２・３．「独自の信条や規則」は不可。**−4**

4 ▶(A)けんかで何か言う人は，相手の行動の不快さに加え相手に知って欲しい行動の基準を主張する。相手の返答を含め，両者とも合意の何らかの規則のようなものを持つ。けんかは相手が悪いと示すことで(B)善し悪しに関する何らかの合意がない限り，それに意味はない。　　　　　　　　　　　　　　**5** / 10点

（A）１．「けんか」ではなく「口論」。**−1**

2・3．記述が稚拙。「相手の行動の不快さに加え相手に知って欲しい行動の基準を主張する。相手の返答を含め，両者とも合意の何らかの規則のようなものを持つ。けんかは相手が悪いと示すことで」は「両者とも合意の何らかの行動の基準を持ち，相手の間違いを立証しようとする」とする。**－3**

（B）2．「それ」の指すものが曖昧。**－1**

5 ▶ (A)人が言い争うのは単に相手の行動が偶然不快だったからではなく，相手に期待するある種の行動の基準を主張するからだ。(B)しかし実際両方ともある種の決まりや法律を頭で知っており，仮に善悪についての共通認識が双方になければ口論は無意味である。　　　　　　　　　　　　　　　　　　　　　　　　**5** / 10点

（A）2．不十分。「相手に期待するある種の行動の基準を主張する」は「双方が合意するある種の行動の基準を元に相手を非難する」とする。

　　3．抜けている。

　　また，本文は人が言い争う理由を説明しているわけではないので，「…からだ」は不適切。**（A）全体で－5**

（B）OK だが，「しかし…おり」までは不要。減点はしない。

---

**全訳**　　**第1段落**

　　誰であれ，人々が口論しているのを耳にしたことがあるものだ。そうした口論は，時には滑稽に聞こえるし，また時にはただ不愉快に感じられるだけのものもある。しかし，それがどう聞こえるにせよ，人々がどのようなことを口にするかに耳を傾けることで，とても重要なことを学ぶことができると私は思う。人々が言うのは次のようなことだ。「誰かが同じことをあなたにしたら，あなたはどう思うんだ？」「そこは私の席です，先に取ったのは私です」「放っておいてあげればいいじゃない。あの人はあなたに何も悪いことしてないんでしょ」「何で最初に押したんだよ？」「あなたのオレンジを少しちょうだいよ。私のを少しあげたでしょ」「おい，約束しただろ」　人々は毎日こんなことを言っている。学のある人もない人も，子どもも大人も，である。

- □　*l.*1　hear＋O＋*doing*「Oが…するのを聞く」
- □　*l.*2　however it sounds「それがどのように聞こえても」
- □　*l.*5　leave ～ alone「～を放っておく」
- □　*l.*6　Why should SV?「なぜ SV なのか」　※感情の高まりを示す should。
- □　*l.*6　shove in「押す」
- □　*l.*7　come on「まさか，やめてよ，いいかげんにしろよ，あきれたね」などと，相手の発言に軽く抗議する場合に用いる表現。

第 2 段落

　さて，これらすべての発言において私が興味深いと思うのは，その発言をする人は，相手の振る舞いがたまたま気に食わない，とただ言っているわけではない，ということだ。その人は相手が知っているものと考えている何らかの行動規範に訴えているのである。その場合，相手が「お前の規範なんかどうでもいい」などと答えることはまずない。自分がやってきたことが実際には規範から外れているわけではないと，あるいは，もし規範から外れているとしても，何らかの特別な理由があってのことだと，必ずといっていいほど主張しようとする。最初に席を取ったからといって，その人がその席に居座るべきではない何らかの特別な理由が，今回だけ存在するとか，自分がオレンジを分けてもらった時は状況がかなり違っていたとか，約束を反故にせざるを得ないような状況になった，などと取り繕うのである。要するに，双方の念頭には，両者が合意している，公平なやり方とか，きちんとした行動とか，またはモラル，何と呼んでもよいが，そういったものに関する何らかの法とか規則があるように見える。そして実際，それはあるのだ。もしなかったら，人は当然，動物のように争うだろうが，人間に対して使われている意味での口論はできないのである。口論とは相手が間違っていることを証明しようとすることだ。フットボールのルールに関するある程度の合意がなければ，フットボールの選手がファールを犯したと言っても意味がないのと同じように，何が正しくて何が間違っているかについて，双方に何らかの合意がなければ，証明しようとしても意味がない。

- ☐ *l*.10　the man who ～「～な人」　※現在ではジェンダー平等に配慮して使われることが少ない man「人」の用法。
- ☐ *l*.12　some kind of ～「何らかの～」
- ☐ *l*.13　the other man「相手」
- ☐ *l*.14　To hell with ～.「～なんか知ったことではない」
- ☐ *l*.14　make out that SV「SV を主張する」
- ☐ *l*.15　go against the standard「その基準に合わない」
- ☐ *l*.16　pretend（that）SV「SV のふりをする，と取り繕う」
- ☐ *l*.19　let him off keeping his promise「彼が約束を守ることを彼から引き離す」が直訳。
- ☐ *l*.20　both parties「双方」
- ☐ *l*.20　have ～ in mind / have in mind ～「～を心に留めておく」
- ☐ *l*.20　decent behaviour「きちんとした行動」
- ☐ *l*.22　they have＝they have some kind of Law or Rule …
- ☐ *l*.23　in the human sense of the word「『口論』という言葉の人間的な意味で」
- ☐ *l*.24　be in the wrong「間違っている」
- ☐ *l*.24　there would be no sense in *doing*「～に意味はないだろう」　※仮定法。
- ☐ *l*.25　agreement as to ～「～に関する合意」
- ☐ *l*.27　commit a foul「ファールする」

2008 年度

# 25 外見と内面との関係

## 文章の流れを確認する

| 第 1 段落 | 人の外見の善し悪しは，その人の過去の行動を基準に判断しがちである。 |
|---|---|
| 第 2 段落 | 外見と内面に直接的な関係があると思うのは危険だ。顔を見て，その内面を推し量ることはきわめて困難である。ヒトラーとそれに想を得たチャップリンの映画が好例。 |

## 答案を作成する

▶ 筆者の主張は「外見と内面には直接関係がないから，外見と内面を結びつけるのは危険だ」ということ。

▶ 第 1 段落では，人の顔の評価は「過去の行動 → 外見」で決まるということ。第 1 段落第 1 文では「嫌いな人」に特定されているが，第 2 文では generally「一般的に」とあるので，一般化して「人の外見は…」とする。

▶ 第 2 段落では，人は「外見 → 内面」の評価をしようとするが，外見と内面には直接的な関係がないため，「過去の行動 → 外見」と「外見 → 内面」のどちらの評価の仕方も危険だということ。第 2 段落の約 6 割を占める「ヒトラーとそれに想を得たチャップリンの映画が好例」は字数が許すなら要約に入れてもよい。

▶以上をまとめれば次のようになる。

| 私 | た | ち | は | 人 | の | 外 | 見 | を | 過 | 去 | の | 行 | 動 | で | 判 | 断 | し | た | り |
|---|---|---|---|---|---|---|---|---|---|---|---|---|---|---|---|---|---|---|---|
| ， | そ | の | 外 | 見 | だ | け | で | 内 | 面 | を | 判 | 断 | し | が | ち | だ | が | ， | 外 |
| 見 | と | 内 | 面 | に | 直 | 接 | 的 | 関 | 係 | を | 見 | 出 | す | の | は | 危 | 険 | で | あ |
| る | 。 | ヒ | ト | ラ | ー | の | 顔 | に | 対 | す | る | 我 | 々 | の | 判 | 断 | の | 変 | 化 |
| や | ， | ヒ | ト | ラ | ー | を | モ | チ | ー | フ | に | し | た | チ | ャ | ッ | プ | リ | ン |
| 映 | 画 | が | 好 | 例 | で | あ | る | 。 | | | | | | | | | | | |

110　　　　　　　　　　　　120

▶これを指定字数（70〜80 字）にまとめる。

**解答例**

| 私 | た | ち | は | ， | 過 | 去 | の | 行 | 動 | を | 基 | 準 | に | 人 | の | 外 | 見 | を | 評 |
|---|---|---|---|---|---|---|---|---|---|---|---|---|---|---|---|---|---|---|---|
| 価 | し | た | り | ， | ま | た | 外 | 見 | だ | け | で | そ | の | 内 | 面 | ま | で | も | 判 |
| 断 | し | が | ち | だ | が | ， | 外 | 見 | と | 内 | 面 | に | 直 | 接 | 的 | な | 関 | 係 | を |
| 見 | 出 | す | の | は | 危 | 険 | で | あ | る | 。 | | | | | | | | | |

70　　　　　　　　　　　　80

▶以下のように具体例を詰め込んだ答えも可能。ただし，ここまでは要求されていないと思われる。

| 我 | 々 | は | 人 | の | 外 | 見 | を | 過 | 去 | の | 行 | 動 | で | 判 | 断 | し | た | り | ， |
|---|---|---|---|---|---|---|---|---|---|---|---|---|---|---|---|---|---|---|---|
| 外 | 見 | だ | け | で | 内 | 面 | ま | で | も | 判 | 断 | し | が | ち | だ | が | ， | 両 | 者 |
| に | 直 | 接 | 的 | 関 | 係 | を | 見 | 出 | す | の | は | 危 | 険 | 。 | ヒ | ト | ラ | ー | と |
| そ | れ | に | 想 | を | 得 | た | チ | ャ | ッ | プ | リ | ン | の | 映 | 画 | が | 好 | 例 | 。 |

70　　　　　　　　　　　　80

## 自分の答案を採点する

### 採点基準

✓（A）：抜けは **4 点減**。不十分なら **2 ～ 3 点減**。

✓（B）：抜けは **3 点減**。不十分なら **1 ～ 2 点減**。

✓（A），（B）それぞれの満点を超えては減点しないものとする。

　例：（B）の区分で 1・2 両方の抜けがあり，さらに誤訳と思われる箇所があった場合でも，最大 6 点減とする。

---

**（A）　4 点満点**

　　私たちは，過去の行動を基準に人の外見を評価したり

---

**（B）　6 点満点**

　　1．また外見だけでその内面までも判断しがちだが

　　2．外見と内面に直接的な関係を見出すのは危険である

　間違いの答案の多くは，第 1 段落の例と第 2 段落の例が同じ方向の例だととらえ，片方を省いてしまったもの。第 1 段落では「過去の行動 → 外見」，第 2 段落では「外見 → 内面」というように，それぞれ矢印の向きが逆になっていることに気がつく必要がある。

### 生徒答案例

1 ▶ （B）人を見た目だけで判断するのは難しく，（A）私達は普通，内面に関する判断をより重要視しており，（B）外面と内面に直接的な関係があると仮定するのは慎重になる必要がある。

**3** / 10点

　（A）抜けている。 **－ 4**

　（B）1．抜けている。 **－ 3**

2 ▶Ⓐ通常我々は人の顔，行動，外見から道徳的にその人の生い立ちを推測するように思えるが，Ⓑ人の内面と外見は関係しているとは言い難く，即座に関連づけるには注意が必要だ。

**2** / 10点

（A）まったくのデタラメ。**－4**

（B）1．抜けている。**－3**

　　　2．「即座に関連づける」は immediate relation の誤読。**－1**

3 ▶Ⓐ私達は普通，外見よりも，相手の行いを読み取って，道徳的観点から人を判断するように，Ⓑ内面と外見は直接関係しない。内面がわかれば，外面が変わって見えることもある。

**1** / 10点

（A）「外見」「行い」「道徳的観点から判断」など各要素の関係が正しく表現されていない。「私達は相手の行いから外見を判断するが」とすべき。**－4**

（B）1．抜けている。**－3**

　　　2．「直接関係しない」は「直接関係すると考えるのは危険だ」の間違い。

**－2**

4 ▶Ⓐ我々は普通，相手の背景を読み，外見よりもその人の本質の判断に比重を置くが，Ⓑ自分が人の外見と内面は関係があると思い込んでいることに注意する必要がある。

**1** / 10点

（A）デタラメ。**－4**

（B）1．抜けている。**－3**

　　　2．「自分が…と思い込んでいることに注意する」ではなく「…と思い込むのは危険である」とする。immediate「直接的な」の訳も抜けている。**－2**

5 ▶Ⓐ人間は，人の過去の行動やそれが現れている顔を見てその人を判断するが，Ⓑヒトラーやチャップリンのように外見の印象と人柄はしばしば関係がなく，外見による判断は危険だ。

**1** / 10点

（A）「人の過去の行動やそれが現れている顔を見てその人を判断するが」は「人の過去の行動を基準としてその人の顔を判断するが」の間違い。**－4**

（B）1．抜けている。「ヒトラーやチャップリンのように」の部分は誤読。**－3**

　　　2．「しばしば関係がなく，外見による判断は危険だ」は，「関係があると思うのは危険だ」の間違い。**－2**

**全訳**

### 第1段落

　顔に関する重要な問題の1つは，好ましく思えない人物を魅力的だとか，せめて感じがよさそうな人だと思えるかどうかということである。私たちは概して，人がどのように見えるかに関する見解よりも，道徳的な見解の方を重視するものだ。少なくとも，ほとんどの人がたいていの場合そのようにしていると言えるだろう。したがって，道徳的に低い評価をしている人を前にすると，おそらく私たちに言えるのは，せいぜいその人は整った顔立ちをしているということくらいだろう。そして，それは単なる表面的な印象にすぎないと付け加えたくなるだろう。その時に私たちが実際に行っているのは，いわば逆さ読みなのである。つまり，その人物の過去の振る舞いを知っており，そこからその振る舞いの証をその人の顔の中に見て取っているのである。

- □ *l*.1　find（V）attractive（C 1）or pleasant-looking（C 2）someone … （O）「…の人を魅力的だとか，感じがよさそうだと思う」　※ find の目的語が文末に置かれている。これは「聞き手（読み手）にとって未知の情報は文末に置く」という英語の原則に従ったもの。
- □ *l*.2　pleasant-looking「感じのよさそうな」
- □ *l*.2　approve of ～「～を承認する」
- □ *l*.2　give more weight to ～「～の方を重んじる」
- □ *l*.3　judgment「見解，意見」
- □ *l*.3　, or at least ～「いや少なくとも～」
- □ *l*.4　be confronted by ～「～と向き合う」
- □ *l*.4　have a low moral opinion of ～「～を道徳的に低く評価している」
- □ *l*.5　the best that one can say is ～「言えることはせいぜい～」
- □ *l*.7　read backward「逆さ読みをする」
- □ *l*.8　evidence of that behavior「その品行の形跡，しるし」

### 第2段落

　外見と内面が互いに何らかの直接的な関係をもつと考えるのには注意が必要だ。実際，人の外見についての見解だけから信頼に足る何らかの結論を出すのはきわめて難しく，その人のことがもっとわかってくると，私たちの最初の見解がいかに誤っていたかに気づくことも多い。ヒトラーが台頭し，権力の座についた最初の頃に，今なら彼の顔にありありと見て取れる残虐さに気づいた人はほとんどいなかった。口髭をたくわえ，おおげさな身振りをする小男の外見には，必ずしも邪悪なところがあるわけではない。そうした特徴は，有名な喜劇役者チャーリー=チャップリンにもそっくりそのまま当てはまるが，彼の身振りと口髭は笑いと共感を呼び起こす。実際，よく知られたある映画の中で，チャップリンは普通の男と邪悪な政治指導者の二役を演じたが，区別ができないほど両者の演じ方は似

ていたのだ。

- ☐ *l*.9　be cautious in ~「~において用心する」
- ☐ *l*.9　assume that SV「SV と仮定する」
- ☐ *l*.9　outer appearance「外見」
- ☐ *l*.10　immediate relation「直接的な関係」
- ☐ *l*.11　draw a conclusion「結論を出す」
- ☐ *l*.12　~ alone「~だけ」
- ☐ *l*.13　initial「最初の」
- ☐ *l*.13　rise「出現」
- ☐ *l*.13　early years in power「権力の座にいた最初の数年間」
- ☐ *l*.14　detect ~「(見つかりにくいもの) に気がつく」
- ☐ *l*.14　inhumanity「非人道性」
- ☐ *l*.15　There is *A* about ….「…には *A* なところがある」
- ☐ *l*.16　mustache「口髭」
- ☐ *l*.16　exaggerate ~「~を誇張する」
- ☐ *l*.16　bodily movements「身体の動き」
- ☐ *l*.17　apply to ~「~に当てはまる」
- ☐ *l*.18　provoke laughter and sympathy「笑いと共感を呼び起こす」
- ☐ *l*.20　tell ~ apart「~を区別する」

難

# 26 社会が結束する要因

## 文章の流れを確認する

| 第 1 段落 | 社会の発展とともに異なる集団間の協力が必要となった。集団感情を親族以外の者に広げることによって，より大きな事業をすることが可能になった。 |

| 第 2 段落 | 親族の成員は親族以外との境界が曖昧で各成員は対等ではないが，集団の成員は対等である。よって，集団を親族にたとえても，集団の結束性は説明できないので，集団が強い絆を生む根本的な要素の究明が必要である。 |

| 第 3 段落 | 社会では，その人種などの社会的範疇により「集団の内」と「集団の外」という区別が生じ，それによって結束性を高めた。この区別はまた，他者との対立の危険を高める。 |

## 答案を作成する

▶ この文章の内容を簡単に言えば「社会（＝人間集団）は親族と違い，独自の要因で結束を高めている」ということ。それを具体化すれば「社会が結束する根拠が，自らの集団を特異なものと考え，外と内を区別し，集団内部の成員は対等であるとみなすことにある」というもの。

▶ 「集団を親族のように考えれば，その結束性が理解できる」とする考えが不十分である根拠として「親族は，成員の結びつきの強さも様々で親族以外との境界線が明確ではなく，それゆえその成員が対等ではない」ことを挙げている。

▶ 「親族」と「社会」の差を表にしてみよう。（　　）は本文より推測できる内容（記載はない）である。

| | 親　族 | 社　会 |
|---|---|---|
| 外との境界線 | 曖昧 | （明確） |
| 成員間の関係 | 近い親戚と遠い親戚があるので対等ではない | 対等 |
| 結束を高める要因 | 血のつながり | 人種，民族性，服装などの共通点 |
| 結束性 | （弱い場合もある） | 強い |

▶以上を考慮してまとめると次のようになる。

> 社会を親族で喩えても，その結束性が説明できない。親族は，成員の結びつきの強さも様々で親族以外との境界線が明確ではなく，それゆえその成員が対等ではない。一方，社会は親族と違い，人種などの社会的範疇に本質的な意味を見出すことで，自らの集団を特異なものと考え，外と内を区別し，集団内部の成員は対等であるとみなす。外と内の境界線があるがために，外部集団と対立する危険性を伴うものの，そのおかげで結束性を高めるのである。

▶これを指定字数（100〜120字）にまとめる。

▶上記の第2文は「親族は，親族以外との境界が曖昧で成員が対等でない」とまとめ，第3文は「が，社会では人種などの社会的範疇に本質的な意味を見出すことで，集団の内と外の概念が生じ，成員は対等となり」とする。

▶第4文の「外部集団と対立する危険性」については「外部集団を異種とみなし」ぐらいの記述でも十分である。ぐっと縮めて「外部集団を異種とみなして結束性を生む」とすれば何とか指定字数内に収まるだろう。

解 答 例

| 社 | 会 | を | 親 | 族 | で | 喩 | え | て | も | ， | | そ | の | 結 | 束 | 性 | が | 説 | 明 | で |
|---|---|---|---|---|---|---|---|---|---|---|---|---|---|---|---|---|---|---|---|---|
| き | な | い | 。 | 親 | 族 | は | ， | | 親 | 族 | 以 | 外 | と | の | 境 | 界 | が | 曖 | 昧 | で |
| 成 | 員 | が | 対 | 等 | で | な | い | が | ， | | 社 | 会 | で | は | 人 | 種 | な | ど | の | 社 |
| 会 | 的 | 範 | 疇 | に | 本 | 質 | 的 | な | 意 | 味 | を | 見 | 出 | す | こ | と | で | ， | | 集 |
| 団 | の | 内 | と | 外 | の | 概 | 念 | が | 生 | じ | ， | | 成 | 員 | は | 対 | 等 | と | な | り |
| ， | | 外 | 部 | 集 | 団 | を | 異 | 種 | と | み | な | し | て | 結 | 束 | 性 | を | 生 | む | 。 |

110

120

## 自分の答案を採点する

採 点 基 準

✓各区分の抜けは **2 点減**。

✓不十分なら **1 点減**。

✓「なぜ社会が結束するのか」を説明しようとしていない答案は 0 点とする。

✓（A），（B）それぞれの満点を超えては減点しないものとする。

例：（A）の区分で 1・2 両方の抜けがあり，さらに誤訳と思われる箇所があった場合でも，最大 4 点減とする。

---

**（A） 4 点満点**

　1．社会を親族で喩えても，その結束性が説明できない

　2．親族は，親族以外との境界が曖昧で成員が対等でないが

---

**（B） 6 点満点**

　1．社会では人種などの社会的範疇に本質的な意味を見出すことで

　2．集団の内と外の概念が生じ，成員は対等となり

　3．外部集団を異種とみなして結束性を生む

生徒答案例

1 ▶Ⓑ人間は，人種や民族，服装といった社会的カテゴリーに本質的な性質を見出そうとし，そうした姿勢が集団内と集団外という概念を生み実体のない集団に固執する。集団外の人を違う種の生物とみなすことで人間は集団の結束を高め他者を支配してきた。 **4** /10点

（A）抜けている。—**4**

（B）2が不十分。「成員が対等となる」が抜けている。—**1**

　　「実体のない集団に固執する」は不要。—**1**


2 ▶Ⓑ「仮想の家族」は政治的，社会的集団を示すが，そこでは構成員という点において全員が平等と見なされ，社会的範疇を集団の一員として不可欠な要素とした。この姿勢は集団内，外の者を分け，集団の一貫性と生存機会を高め同時に外部への敵意や対立を招いた。 **4** /10点

（A）抜けている。—**4**

（B）2．「なぜ平等なのか」が抜けている。—**1**

　　3．「一貫性」は「結束性」の間違い。—**1**


3 ▶Ⓑ人間社会の発展に伴い人々は政治的社会的共同体である仮想家族を形成した。実際の家族と違い，仮想家族は人々の社会的範疇に基づき形成され集団内外の区別を明確化し発展したが集団外の人々を敵とみなし長年敵意や対立を増やして紛争や支配を広げもした。 **4** /10点

（A）抜けている。—**4**

（B）2．不十分。「成員が対等である」がない。—**1**

　　3．不十分。「発展した」は「結束性を高めた」が正確。—**1**


4 ▶Ⓐ仮想家族の概念は集団の意識の広がり方を説明するが，共同体内で平等性が考えられる理由を説明できず，集団での団結性や絆の根本的要因を探す必要がある。Ⓑまた，人間は社会区分の絶対性により集団に一貫性を与え，集団の内外を区別し外の集団と対立してきた。 **3** /10点

（A）2．抜けている。—**2**

（B）1．抜けている。—**2**

　　2．不十分。「成員が対等である」がない。—**1**

　　3．「外部集団を異種とみなす」が抜けている。「絶対性」は不要。「一貫性」は「結束性」の間違い。—**2**

5 ▶ (B)人間社会の発達で異なる集団との協力がより重要となり，彼らは生存をかけ，人種といった人間の社会的区分により集団内と集団外という意識を生み出しより集団の結束を強め，異なる集団に所属する者との戦いや支配のため，日常的に集団を組織した。

**3** / 10点

（A）抜けている。— **4**

（B）1．不十分。「本質的な意味を見出す」がない。— **1**

　　　2．不十分。「成員が対等である」がない。— **1**

　　　3．不十分。「外部集団を異種とみなす」が抜けている。— **1**

---

**全 訳**

**第 1 段落**

　「仮想親族」という概念は，集団意識が実際の親族を超えてどのように広がり得るかを理解するのに役立つ。人類は成員が近親者である小規模な集団の中で進化してきたので，近い親族の成員を手助けしようとするように設定された心理が進化の上で有利に働いた。しかし，人間社会が発展するにつれて，異なる集団間の協力がそれまで以上に重要となった。親族内の言葉や感情を，親族以外の者にまで広く適用することによって，人類は「仮想親族」，つまり交易や自治，防衛などの規模の大きな事業に着手できる政治的，社会的共同体を生み出すことができてきたのである。

□　*l*.1　notion　※学術論文では「概念，観念」という意味で用いられるが，普通は，筆者が「怪しい」と考えている「考え」を表す。ここでは，「仮想親族」という考え方では不十分であることを示唆している。

□　*l*.2　be extended beyond real family「現実の親族を超えて広げられる」

□　*l*.3　be closely related「近い親戚関係にある，密接に関連している」

**第 2 段落**

　しかし，このような考え方だけでは，なぜ私たちはそのような共同体のすべての成員を対等であるとみなすのか説明できない。仮想親族が本当の親族と異なるのは，遺伝上の結びつきがないという点だけではなく，近い親戚と遠い親戚の区別がないという点でもある。一般的には，ある同胞や母国の全成員は，少なくともその集団の成員という観点からは対等な地位を有しているが，一方，現実の親族の成員は，結びつきの強さも様々で，親族の成員であることやその境界を規定するための一定不変の方法も存在しない。私たちは，人間同士を結びつけ，その人たちの間に強い絆を生み出す，もっと根本的な要因を究明する必要がある。

- [ ]　*l.*9　by itself「それだけでは」
- [ ]　*l.*9　this concept とは「人間の属する集団を『仮想親族』ととらえる考え方」という第1段落の内容を指す。
- [ ]　*l.*12　members of a brotherhood or motherland は members of imagined family と同意。
- [ ]　*l.*12　a brotherhood「友愛，連帯」※ある特定の目的，とりわけ宗教上の目的のために形成される組織。
- [ ]　*l.*12　SV, whereas S'V'「SV だが一方 S'V'」
- [ ]　*l.*15　define ～「～を規定する」

## 第3段落

　もっと深いレベルで，人間の共同体は，普遍的なものと考えられている，よく知られた心理的バイアスで結びつけられている。様々な文化にまたがる児童の成長に関わる研究でわかったことは，どの文化に属する人も，人種や民族性や服装といった人間の社会的範疇に，何らかの本質的な性質があると考える傾向が存在しているということだ。このような心的態度によって，「集団の内」と「集団の外」という概念が生じ，もともとは結束性などなかった集団に結束性が生まれ，その集団が生き延びる可能性が劇的に高まった。ところが，このことはまた私たちが「集団の外」を自分たちとは異なる生物種とみなすことにつながり，その結果敵意を抱き，対立する危険性を高め得る。有史時代を通じて，そしておそらくは人間の先史時代でも，人々は常に，他者を異なる種に属するものと見ることによって団結し，他者と戦いあるいは他者を支配しようとしてきたのである。

- [ ]　*l.*19　universal とは「時間・空間と無関係に成立する」ということ。
- [ ]　*l.*20　attribute *A* to *B*「*A*（という性質）が *B* にあると考える」
  *e.g.* No fault can be attributed to her.「彼女に欠点があるとも考えられない」
- [ ]　*l.*22　this mental attitude「人間の社会的区分には何か本質的な特性があると考える傾向」
- [ ]　*l.*23　give coherence to ～「～に一体感を与える」
- [ ]　*l.*23　where initially there was none = where initially there was none of coherence
- [ ]　*l.*24　enhancing the group's chance of ～「集団の～の可能性を高める」※文末に置かれた分詞構文で前の内容を補足説明する働き。
- [ ]　*l.*27　routinely「いつものように」

# 第2章

# 「社会の構造・仕組み」
# を味わう

易

## 27　民主主義の理想と現実

2006 年度

## 文章の流れを確認する

| 第 1 段落 | 民主主義には市民の政治参加が不可欠だ。 |

| 第 2 段落 | 民主主義における政治参加の中核をなすのは，市民の声が確実に為政者に伝わることと，市民の参加が平等であることである。 |

| 第 3 段落 | 参加の平等を実現している国はアメリカも含め存在せず，政治参加は一部の階層の人間に偏っている。 |

## 答案を作成する

▶第 1・2 段落で「理想的な民主主義のあり方」が，第 3 段落で「現実」が述べられている。よってこの 2 つを必ず書かねばならない。

▶第 1 段落に「理想的な民主主義の条件」として「市民の政治参加が不可欠」とあり，第 2 段落では，具体化して「市民が声をあげる」「その声が平等に扱われる」とある。さらに，第 2 段落最終文に「民主的な政治参加は平等でなければならない」とあることから，まずは，「民主主義では，市民の平等な政治参加が不可欠」とまとめることができる。

▶「市民が声をあげる」がやや抽象的なので具体化しておきたい。第 2 段落第 2 文（In a meaningful …）「意義のある民主主義社会では，人々の発言は明確で，かつよく通る声でしなくてはならない。明確というのは，政策立案者が市民の関心を理解するためであり，よく通るというのは，政策立案者が人々の主張に注意を払わざるを得なくするためである」から，「市民の声が確実に為政者に伝わること」とすればよい。

▶第 1・2 段落をまとめると，「市民の平等な政治参加 → 声が為政者に伝わる → 市民一人一人の利益に適う政治」が「理想である」ということ。

▶第 3 段落には「現実」として「民主主義を標榜するアメリカ合衆国でさえ，その理想を実現していない」とあり，その具体化として「政治参加は一部の階層の人間に偏っている」を追加しておけばよいだろう。

▶以上のことを考慮して各段落の要旨をまとめると次のようになる。

| 民 | 主 | 主 | 義 | で | は | ， | | 市 | 民 | の | 平 | 等 | な | 政 | 治 | 参 | 加 | が | 不 | 可 |
|---|---|---|---|---|---|---|---|---|---|---|---|---|---|---|---|---|---|---|---|---|
| 欠 | で | ， | | そ | れ | を | 通 | し | て | 市 | 民 | の | 声 | が | 確 | 実 | に | 為 | 政 | 者 |
| に | 伝 | わ | り | ， | | 一 | 人 | 一 | 人 | の | 利 | 益 | に | 適 | う | 政 | 治 | が | 行 | わ |
| れ | る | の | が | 理 | 想 | で | あ | る | 。 | | し | か | し | ， | | 参 | 加 | の | 平 | 等 | を |
| 実 | 現 | し | て | い | る | 国 | は | 存 | 在 | せ | ず | ， | | 政 | 治 | 参 | 加 | は | 一 | 部 |
| の | 階 | 層 | の | 人 | 間 | に | 偏 | っ | て | い | る | 。 | | | | | | | | |

110　　　　　　　120

▶指定字数（65〜75 字）を考えると第 3 段落は軽く触れる程度にするしかなかろう。

解答例

| 民 | 主 | 主 | 義 | で | は | ， | | 市 | 民 | の | 平 | 等 | な | 政 | 治 | 参 | 加 | を | 通 | し |
|---|---|---|---|---|---|---|---|---|---|---|---|---|---|---|---|---|---|---|---|---|
| て | 為 | 政 | 者 | に | 声 | が | 届 | き | ， | | 一 | 人 | 一 | 人 | の | 利 | 益 | に | 適 | う |
| 政 | 治 | が | 行 | わ | れ | る | の | が | 理 | 想 | だ | が | ， | | 実 | 際 | に | は | 政 | 治 |
| 参 | 加 | は | 一 | 部 | の | 階 | 層 | に | 偏 | っ | て | い | る | 。 | | | | | | |

60

75

## 自分の答案を採点する

**採点基準**

✓（A）：抜けは **2点減**。不十分なら **1点減**。

✓（B）：抜けは **4点減**。不十分なら **2～3点減**。

✓（A），（B）それぞれの満点を超えては減点しないものとする。

例：（A）の区分で1～3すべての抜けがあり，さらに誤訳と思われる箇所があった場合でも，最大6点減とする。

### （A）6点満点

1．**民主主義では，…が理想である**　※「民主主義には…が不可欠」なども可。

2．**市民の平等な政治参加を通して**

3．**為政者に声が届き，一人一人の利益に適う政治が行われる**

※3の「一人一人の利益に適う政治が行われる」はなくても可。2の「平等な参加」，3の「為政者に（市民の）声が届く」は必要。

### （B）4点満点

**しかし，実際には政治参加は一部の階層に偏っている**

※「その平等を実現している民主主義国家は存在しない」などでも可。

**生徒答案例**

1 ▶(A)民主主義とは市民が政治に参加することで機能し，そこでは市民の意見の反映と平等性が重視されるが，(B)一部の階層しか政治に参加できていないのが現状である。　**9 / 10点**

（A）2．この「平等性」の書き方では，「参加の平等性」と解釈できない。**－1**

2 ▶(A)民主政治には政治への市民の自由参加が不可欠で，その中心は市民の声と，平等な政治への参加だが，(B)市民の声は限られた人々からのものでありがちだ。　**9 / 10点**

（A）3．「市民の声」では不十分。「市民の声が為政者に伝わる」というところまで書くべき。**－1**

3 ▶(A)民主主義には市民が自由かつ平等に政治に関心を持ち参加できることが必要とされているが，(B)実際世界中のいかなる民主主義国家もこれを実現していない。

8 /10点

（A）3．抜けている。－ 2

4 ▶(A)民主政治は，国民が考えを伝え，政治に反映させる圧力をかけることを可能にする，国民の意見と平等な政治参加が不可欠であるが，(B)実際はそうではない。

6 /10点

（A）「政治に反映させる圧力をかけることを可能にする」が不要。減点なし。
（B）このままでは「実際は不可欠ではない」と読めてしまう。－ 4

5 ▶(A)民主主義には市民が全員政治に参加することが必要であるが，(B)実際は一部の富裕層しか政治に参加しておらず，理想的な民主主義が達成されているとは言えない。

4 /10点

（A）2・3．抜けている。－ 4
（B）政治への参加の度合いは「教育水準」「人種」「性別」でも異なるので，「富裕層」に限定しない。－ 2

---

**全 訳**　　第 1 段落

　　民主主義は，市民が自由に統治過程に参加できることを抜きにしては考えられない。民主主義社会の市民は，その活動を通じて，誰が公職に就くのかを決め，政府が何を行うかに影響を与えようと努める。政治参加によって，市民が自らの利益や目的や必要についての情報を伝え，かつ対応を強く求めることができるような仕組みが生まれるのである。

- ☐ *l*.1　*A* is unthinkable without ～「*A* は～がなければ考えられない」　※「*A* の成立には～が不可欠である」とも訳せる。
- ☐ *l*.1　the ability of *A* to *do*「*A* が～できること」　※ *A* is able to *do* をもとにした表現。
- ☐ *l*.2　a democracy「1 つの民主主義社会，民主主義体制」
- ☐ *l*.2　seek to *do*「～しようとする」　※ seek の目的語は to control ～ と to influence ～。
- ☐ *l*.3　hold public office「公職に就く」　※ office「事務所」が抽象化して「重要な地位」となった。ここでは，「政治家が選挙で当選して議員になる」などの意味。
- ☐ *l*.5　*one's* interests「～の利益」　※「お金」のことではない利益。

### 第 2 段落

　民主主義における政治参加の要となるのは，人々の声と平等である。意義のある民主主義社会では，人々の発言は明確で，かつよく通る声でしなくてはならない。明確というのは，政策立案者が市民の関心を理解するためであり，よく通るというのは，政策立案者が人々の主張に注意を払わざるを得なくするためである。民主主義には，市民の利益に応じて政府が動くことのみならず，市民一人一人の利益を平等に考慮することが含まれる以上，民主的な政治参加はまた，平等でなければならない。

- □　*l*.7　voice「発言，意見，声」
- □　*l*.7　democratic participation「民主主義国家で政治に参加すること」
- □　*l*.8　so that SV「SV するために」　※〈目的〉の意味を示す接続詞。
- □　*l*.10　imply 〜「（必然的な条件として）〜を含む」
- □　*l*.11　citizen interests「市民の利益」

### 第 3 段落

　平等に参加できるという理想に達している民主国家は（もちろん合衆国も含めてのことだが）存在しない。選挙で投票する，あるいはもっと積極的な形で参加している市民もいるし，そうでない市民もいる。事実，アメリカ人の大半は投票を除けば，政治的な活動を何も行っていない。さらに，実際参加している者も，いくつかの重要な点で一般市民全体の代表とはいえない。彼らは社会的特徴も異なるし，要求や目標も異なっている。市民活動家は，比較的恵まれた立場にある集団から集められる傾向にある。すなわち，彼らは，教養があり裕福で，そして白人であり男性ということになりがちなのである。したがって，政治参加を通じて表に出てくる人々の声は，市民の中でも一部の限られた，市民全体を代表しているとはいえないところから寄せられることになる。

- □　*l*.13　live up to the ideal of 〜「〜という理想に従って生活する，〜という理想を実現する」
- □　*l*.16　do take part の do は，肯定の意味を強調する助動詞。
- □　*l*.17　the citizenry as a whole「一般市民全体」
- □　*l*.20　as expressed「表現されているような」　※as はいわゆる〈名詞限定〉のas。
- □　*l*.21　set「仲間，族」　※ここでは group と同意。

# 28 日本のニュース番組の特徴

## 文章の流れを確認する

**第1段落** 日本のニュース番組では，中年男性の解説者と若い女性がいるが，女性の方は頷くだけで何も話さないので，アメリカ人からすると不要に見える。

**第2段落** 意見の一致に重きを置く日本では，人前で自分の意見を述べるのは自己中心的に思われる。女性が存在するのは，男性がそのように思われるのを避けようと，その意見をもつのがその男性だけではないことを強調するためである。

## （1）

## 答案を作成する

▶「そのかわいい女性はまったく不要であるように思われる」理由は，5〜7行目の She only nods at the camera when he makes his various statements, and says *So desu ne* when he makes an important point. She never presents an idea of her own. の部分で述べられている。ここを5〜15字までまとめる。

▶指定字数に幅があるのは，答えに幅をもたせるためであろう。「同意するだけだから」「自分の意見を述べないから」ぐらいでも点は与えられるだろう。

## 解答例

頷くだけで意見を言わないから。

<sub>5</sub>　　　　　　　　　　<sub>15</sub>

## 自分の答案を採点する

**採点基準**

✓抜けは **2点減**。
✓不十分なら **1点減**。

**2点満点**
**頷くだけで意見を言わないから**
※「頷くだけで」はなくても可とする。
※「（男性に）同意するだけだから」も可とする。

**生徒答案例**

▌ 1 ▶同意するだけだから。 | 2 / 2点

▌ 2 ▶自分の考えを述べないから。 | 2 / 2点

▌ 3 ▶自分の持つ意見を言わないから。 | 2 / 2点

▌ 4 ▶男性と同意見しか言わないから。 | 1 / 2点
「同意見を言う」が不適切。

▌ 5 ▶何もしていないように見えるから。 | 0 / 2点

# （2）

## 答案を作成する

▶第2段落をまとめることになる。この文における「日本の文化の特質」とは，「意見の一致が重要視され，自分の意見を主張することは自己中心的とみなされる」ということ。

▶「重要な役割」はざっくり言うと「意見に共感して解説者の意見が独りよがりなものではないことを示すこと」だが，最終文（At the same time …）をまとめ，「解説者の意見に共感し，視聴者を含めた合意の形成を演出すること」とすればなおよい。

**解答例**

意見の一致を重視する日本文化において，解説者の意見に共感し，視聴者を含めた合意の形成を演出する役割。

## 自分の答案を採点する

**採点基準**

✓各区分の抜けは **2点減**。
✓不十分なら **1〜2点減**。
✓（A），（B）それぞれの満点を超えては減点しないものとする。

例：（A）の区分で1・2両方の抜けがあり，さらに誤訳と思われる箇所があった場合でも，最大4点減とする。

**（A）4点満点**
1. 意見の一致を重視する
2. 日本文化において

**（B）4点満点**
1. 解説者の意見に共感し
2. 視聴者を含めた合意の形成を演出する役割
※「独りよがりではない」「異端ではない」も可とする。

この問題は珍しく正答率が高く，概ね高得点であった。日本の話が素材として使われているため，受験生にとって身近に感じたのかもしれない。なお，この問題は 2002 年度のものだが，現在の日本のニュース番組では，女性解説者は珍しいものではなくなり，今となっては，この英文の内容が古く感じられる。

## 生徒答案例

1 ▶ ⒜日本では調和を重んじるので，⒝発言に同意することで，全員が賛成している意見であるという共感を生む役割。　　　　8 / 8 点
（A）（B）ともに OK だが，「共感」は「印象」としたい。

2 ▶ ⒜日本では意見の一致が重要視されるため，⒝女性が頷くことで共通の意見だと示し，自己中心では無いと示せる。　　　　7 / 8 点
（B）2．誰が「自己中心では無い」のかが曖昧。 − 1

3 ▶ ⒜意見の統一が重要な社会で⒝少なくとも一人はコメンテーターに同意し単に自己中心でないことを強調する役割。　　　　7 / 8 点
（A）「日本」が抜けているが減点なし。
（B）2．誰が「自己中心でない」のかが曖昧。 − 1

4 ▶ ⒜意見を合わせることが美徳である日本なので，⒝どんな意見も同意することによって異端だと思わせない役割。　　　　7 / 8 点
（B）1．「どんな意見も」が言い過ぎ。 − 1

5 ▶ ⒜日本の文化では意見が一致することが重要なので，⒝発言者の意見に共感している人がいることを示す役割。　　　　6 / 8 点
（B）1．抜けている。「発言者の意見に同意することで（共感している人が…）」などとしたい（字数は要調整）。 − 2
　　2．「意見が独りよがりではない」ということは言えている。

**全訳**

**第1段落**

　日本のテレビ番組では，小さな画面の一方にニュース解説者がいて，もう一方にアシスタントがいる。解説者はふつう男性で中年である。アシスタントの方はふつう，若い女性で，かわいいことが多い。男性の方は様々な話題について論評し，女性が補佐をする。ところが，女性が補佐をするといってもほとんど何もしないので，私たちの目には，彼女はまったくそこにいなくてもいいように感じられる。男性が様々なことを述べているとき，彼女はただカメラに向かって頷き，男性が大切なことを述べると「そうですね」と言うだけだ。彼女は自分自身の意見を言うことは決してないのである。このような2人をテレビで見ている多くのアメリカ人にとって，その状況は実に奇妙なものに思われるかもしれない。確かに解説者が2人いることにはアメリカ人でも慣れているが，ふつうはそれぞれの解説者が実際に論評し，両者は対等の関係である。日本のテレビにありがちなこのような番組形式では，(1)そのかわいい女性はまったく不要であるように思われる。私たちには彼女の役割が理解できない。しかし，(2)彼女には非常に重要な役割があるのだ。

- □　*l*.1　commentator「時事解説者，コメンテーター」
- □　*l*.4　comment on ～「～に関して意見を述べる」
- □　*l*.5　might as well *do*「～するのも同然である」
- □　*l*.5　nod「頷く」
- □　*l*.6　statement「意見」
- □　*l*.6　make an important point「大切な主張をする」
- □　*l*.7　present ～「～を提示する」
- □　*l*.8　be used to ～「～に慣れている」
- □　*l*.11　absolutely「絶対的に」　※ necessary，impossible など very で修飾できない形容詞を修飾。
- □　*l*.11　fail to *do*「～できない」

**第2段落**

　解説者は，当然のこととして，自分の意見を述べている。西洋ではこれでまったくもって十分なのである。ところが日本では，人前で意見を述べるということは，あまりに自己中心的に見えることなのだ。意見の一致が大切な価値観である社会にあっては，これはまずいことである。魅力的で，ほとんど何も話さない，若いアシスタントはこの価値観を強調するのである。彼女が頷きと同意の表情を示すことで，その意見がその男性1人のものではなく，したがって，彼がただ自己中心的になってその意見を述べているのではない，ということになるのだ。それどころか，少なくとも1人の人間が彼が言っていることに同意しているのだから，彼は真実を述べていることになるというわけだ。同時に，何といっても結局

のところ彼女が頷いている相手は私たちなのだから，私たちみんなが同意していて，望ましい意見の一致がすでに達成されたということを示すことによって，彼女は調和をもたらしているのである。

- □ *l*.13　by definition「当然のこととして，原則的に」
- □ *l*.13　in the West「西洋では」
- □ *l*.14　To $do_1$ is to $do_2$「$do_1$ することは $do_2$ することになる」
- □ *l*.14　self-centered「自己中心的な」
- □ *l*.15　fault「欠点」
- □ *l*.16　a value「価値観」　※単数形の場合でもこの意味になり得る。
- □ *l*.17　S be not alone in 〜「〜なのは S だけではない」
- □ *l*.19　since 〜「（常識的な理由を示して）〜なので」
- □ *l*.20　after all「（しばしば文頭あるいは主語の直後に置かれて，補足理由を示して）そもそも，何といっても〜なのだから」

## Column　after all について

　after all は，文頭や主語の直後に置かれた場合には「（補足理由を示して）そもそも」という意味となることがあります。英文解釈でもこちらの意味が重要となります。

［例］I cannot understand how our dog feels. After all, I am not a dog.
　　「私は犬の気持ちは理解できない。そもそも私は犬ではないからね」

　一方，文末に置かれた場合には「（予想とは逆の結果になったことを示して）結局」という意味で使います。Tom showed up after all. なら「（来ないと思っていたのに）結局来たんだ」という意味となります。

　ちなみに，finally は「（時間はかかったが）ついに」の意味で，プラスでもマイナスでも使えます。at last は「とうとう（できた）」というプラスイメージで使う単語です。in the end は「結論的には〜」ということを伝える副詞で，これもプラスイメージでもマイナスイメージでも使えます。

標準

# 29 産業革命という用語の問題点

1965 年度

## 文章の流れを確認する

| 第 1・2 文 | いわゆる「産業革命」という用語が，最近の歴史家たちによって若干批判されてきた。 |
|---|---|
| 第 3・4 文 | 産業革命の重要性は十分に評価されるべきだが，その変化は漸次的なもので，数百年もの時間をかけて成し遂げられたというのが今の常識である。よって，革命という言葉より進化という言葉の方が適切かもしれない。 |
| 第 5・6 文 | 「産業革命」が始まった年や終わった年を特定するのは不可能である。18 世紀の前に始まり，それ以来ずっとその速度を上げつつ継続している。 |
| 第 7・8 文 | 産業の変化と人口や輸送や農業や社会構造の変化を分けるなど不可能であり，それらは互いに影響する以上，「産業の」という言葉が奇妙である。 |
| 第 9 文 | 産業革命との相互関連はそれほど直接的ではないとしても，その時代の精神性や文学の形式の変化はすべて関連している。 |

## 答案を作成する

▶「産業革命」という言葉が不適切であることを「産業」と「革命」という 2 つの観点から書いた文章である。よってその 2 つに肉付けをして答えればよい。

産業革命の変化は漸次的なもので，革命というう
言葉より進化という言葉の方が適切かもしれ
ない。また「産業革命」が始まった年や終わっ
た年を特定するのは不可能であり，18世紀の前
に始まり，それ以来ずっとその速度を上げつつ
継続していると言える。産業の変化と人口や輸
送や農業や社会構造の変化を分けるなど不可
能であり，それらは互いに影響する以上，「産業
の」という言葉が奇妙である。また，時代の精神
性や文学の形式の変化もまた直接的ではない
としても「産業革命」と関連している。

210　　　　　　　　　　220

▶これを指定字数（60〜80字）に収める。

▶字数が少ないので，補足説明や具体例を盛り込む必要はない。たとえば，「18世紀
の前に始まり，それ以来ずっとその速度を上げつつ継続していると言える」や「時
代の精神性や文学の形式の変化もまた直接的ではないとしても『産業革命』と関連
している」は補足説明にあたり省略できる。

▶「人口や輸送や農業や社会構造の変化」は「社会全般」や「社会の様々な側面」な
どとまとめれば，「『産業革命』による変化を『産業』に限定するのは不適当だ」と
いう本文の主張を十分に表せる。

**解答例**

産業の変化は漸進的であり，その期間を限定す
ることも困難なので「進化」と言った方が適
切だ。またこの変化は社会全般に関係するので
「産業」に限るのも不適当であるから。

70　　　　　　　　　　80

# 自分の答案を採点する

### 採点基準

✔各区分の抜けは **2 点減**。

✔不十分なら **1 点減**。

✔（A），（B）それぞれの満点を超えては減点しないものとする。

例：（A）の区分で 1 ～ 3 すべての抜けがあり，さらに誤訳と思われる箇所があった場合でも，最大 6 点減とする。

---

**（A）6 点満点**

1．産業の変化は漸進的であり

2．その期間を限定することも困難なので

3．「進化」と言った方が適切だ

---

**（B）4 点満点**

1．またこの変化は社会全般に関係するので

※「社会全般」あるいは「人口，輸送，農業，社会構造」といった文言が必要である。

2．「産業」に限るのも不適当であるから

※末尾の「から」はなくても可とする。

「『革命』がおかしい」という部分については出来はよかったが，「『産業』では不十分である」ということが十分に書けている答案は少なかった。industry とは①「商品や，石炭や鉄鋼などの物質を大規模に生産すること」，②「（ある特定の）産業」の意味であり，本文では①の意味で使われていることに注意したい。また，（A）3 の革命とは言わずに「何と言うべきか」が抜けている答案も目立った。

生徒答案例

1 ▶(A)産業化は徐々に起きたものであり期間を定めることはできず，革命より進化の方が適切で，(B)産業の変化は他の変化に相互に作用しており産業だけに限定するのも不適切だから。　　　　　　　　　　　　　　　　　　　　　　　**10**／10点

（A）（B）とも OK！　ただし，「他の変化」は「社会の他の変化」とした方がよい。


2 ▶(A)いわゆる産業革命は何世紀にも渡り段階的に起こったので「革命」より「進化」という語が適切であり，(B)様々な側面と結びつき相互作用したので「産業」と限定もできないから。　　　　　　　　　　　　　　　　　　　　　　　**7**／10点

（A）2．抜けている。**−2**

（B）1．「様々な側面」は「社会の様々な側面」としなければ曖昧。**−1**


3 ▶(A)産業革命と呼ばれているものは，徐々に起こったもので，始まりと終わりがはっきりとしない上に，(B)産業の発展は社会構造などと不可分で互いに関わり合い起こったものだから。　　　　　　　　　　　　　　　　　　　　　　**6**／10点

（A）3．抜けている。**−2**

（B）2．抜けている。**−2**


4 ▶(A)いわゆる産業革命の起こった年代を正確に定義出来ない上に，産業化は今もなお勢いを増しており，(B)また産業のみを相互に影響しあった他の変化と切り離すことは出来ないから。　　　　　　　　　　　　　　　　　　　　　　**4**／10点

（A）1・3．抜けている。**−4**

（B）2．抜けている。**−2**


5 ▶(B)産業革命といっても国の変革や住民の生活の変化をもたらす産業化は明確に強調できず，産業化は人口，交通，農業，社会構造と相関関係は薄いが切り離して考えられないから。　　　　　　　　　　　　　　　　　　　　　　**1**／10点

（A）抜けている。**−6**

（B）1．不十分。「相関関係は薄いが」は「相関関係にあり」の間違い。**−1**

　　　2．抜けている。**−2**

**全訳**

「産業革命」という用語が，最近歴史家たちによって若干批判されてきた。その用語を使う際には，念のため修飾語としての「いわゆる」というのを添えておくのが賢明だ。また，国を変革し，その国の住人の生活の型を形成した産業主義の到来をどれほど評価しても十分とは言えないのは明らかであるが，その変化は漸次的なもので，数百年もの時間をかけて成し遂げられたというのが今の常識である。ひょっとすると，革命という言葉より進化という言葉の方が適切かもしれない。たとえば 1760 年という年を挙げ，「ここから産業革命が始まった」というのはまず不可能なことだし，また，産業革命が終わったのが 1830 年頃とするのは，それどころか 1850 年頃とするのでも，同じぐらい怪しい。産業化の過程が始まったのは 18 世紀の前であり，それ以来ずっとその速度を上げつつ継続している。そして産業の変化と人口や輸送や農業や社会構造の変化を分けるなど不可能である以上，なぜ「産業の」というのかという疑問が湧き上がる。そうしたものがそれぞれ互いに影響し，また影響を受けた。また，産業革命との相互関連はそれほど直接的ではないとしても，その時代の精神性や文学の形式の変化はすべて，都市の文明化の発展や自然に対する支配力の増大と関連があるのである。

- □　*l*.1　the term '〜'「『〜』という用語」
- □　*l*.1　disparage 〜「〜を見くびる」
- □　*l*.2　prudent「用心深い」
- □　*l*.2　the qualifying 'so-called'「修飾語としての『いわゆる』」
- □　*l*.3　it is impossible to overrate 〜「〜をいくら評価してもしすぎることはない」
- □　*l*.3　industrialism「産業主義」
- □　*l*.4　mould 〜「〜を形づくる」
- □　*l*.4　inhabitant「住人」
- □　*l*.6　evolution「進化」
- □　*l*.7　say「（挿入的に用いて）たとえば」
- □　*l*.8　unsound「不健全な，信用できない」
- □　*l*.10　at an increasing rate「ますます速度を増して」
- □　*l*.10　why industrial＝why do you refer only to industrial など
- □　*l*.13　inter-relation「相互関連」
- □　*l*.14　literary fashion「文学の様式」
- □　*l*.15　command over 〜「〜に対する支配力」

# 30 情報通信技術と労働形態の変化による影響

1996 年度

## 文章の流れを確認する

| 第 1 ～ 6 文 | 高度情報通信技術の導入と新形態の企業の誕生に伴う危惧<br>（従来の労働形態の消失，失業率の増加） |
|---|---|
| 第 7・8 文 | 高度情報通信技術の導入と新形態の企業の誕生に伴う恩恵<br>（労働時間の短縮，経済以外の活動への参加） |

## 答案を作成する

▶高度情報通信技術の導入と新形態の企業の誕生がもたらすマイナス面とプラス面を書けばよい。

▶マイナス面：①自動化が進み，②かつて文明の中心であった従来の労働形態は消滅し③失業率は増加するだろう。

▶プラス面：①労働時間の短縮や②経済以外の社会活動への参加といった恩恵が広く得られる可能性がある。

▶以上のことを考慮してまとめると次のようになる。

| 高 | 度 | 情 | 報 | 通 | 信 | 技 | 術 | の | 導 | 入 | と | 新 | 形 | 態 | の | 企 | 業 | の | 誕 |
|---|---|---|---|---|---|---|---|---|---|---|---|---|---|---|---|---|---|---|---|
| 生 | に | 伴 | い | ， | 自 | 動 | 化 | が | 進 | み | ， | か | つ | て | 文 | 明 | の | 中 | 心 |
| で | あ | っ | た | 従 | 来 | の | 労 | 働 | 形 | 態 | は | 消 | 失 | し | ， | 失 | 業 | 率 | が |
| 増 | 加 | す | る | と | 懸 | 念 | さ | れ | て | い | る | が | ， | そ | の | 一 | 方 | で | ， |
| 労 | 働 | 時 | 間 | が | 短 | 縮 | さ | れ | ， | 経 | 済 | 以 | 外 | の | 社 | 会 | 活 | 動 | へ |
| の | 参 | 加 | の | 機 | 会 | が | 得 | ら | れ | る | な | ど | の | 将 | 来 | の | 恩 | 恵 | も |
| 見 | 込 | ま | れ | て | い | る | 。 | | | | | | | | | | | | |

130                                                                                          140

▶これを指定字数（80～100 字）にまとめる。

## 解答例

| 情 | 報 | 通 | 信 | 技 | 術 | の | 導 | 入 | で | 自 | 動 | 化 | が | 進 | み | ， | | か | つ | て |
| 文 | 明 | の | 中 | 心 | で | あ | っ | た | 従 | 来 | の | 労 | 働 | 形 | 態 | は | 消 | 滅 | し |
| ， | 失 | 業 | 率 | の | 増 | 加 | が | 懸 | 念 | さ | れ | る | が | ， | | 労 | 働 | 時 | 間 | の |
| 短 | 縮 | や | 経 | 済 | 以 | 外 | の | 社 | 会 | 活 | 動 | へ | の | 参 | 加 | の | 機 | 会 | が |
| 得 | ら | れ | る | な | ど | の | 将 | 来 | の | 恩 | 恵 | も | 見 | 込 | ま | れ | る | 。 |

90　　　　　　　　　　　　　　　　　　100

## 自分の答案を採点する

### 採点基準

✓ 各区分の抜けは **2 点減**。

✓ 不十分なら **1 点減**。

✓ （A），（B）それぞれの満点を超えては減点しないものとする。

　例：（B）の区分で 1・2 両方の抜けがあり，さらに誤訳と思われる箇所があった場合でも，最大 4 点減とする。

---

**（A）6 点満点**

　1．情報通信技術の導入で自動化が進み

　2．（かつて文明の中心であった）従来の労働形態は消滅し

　　※「かつて文明の中心であった」はなくても可。

　3．失業率の増加が懸念されるが

---

**（B）4 点満点**

　1．労働時間の短縮や

　2．経済以外の社会活動への参加の機会が得られるなどの将来の恩恵も見込まれる

「高度情報通信技術の導入によって自動化が進む」の部分が抜けている答案が非常に多かった。唐突に「従来の労働形態が消失し」で始まれば，読み手は「なぜ？」と思うはずである。原因・結果関係は明確に示したい。また，「失業率の増加が懸念される」の部分を「失業率が増えた」と断定したものも散見された。英文を丁寧に読み込みたい。

**生徒答案例**

1 ▶(A)史上初めて経済活動から人の労働が排除されつつあり，近い将来従来の雇用形態は消えるだろう。この高度な情報と通信技術や企業の組織と経営の新しい形による変化で(B)人々の仕事量は減り社会的活動を行う機会が増える。　7／10点

（A）3．抜けている。－2
（B）2．不十分。「経済以外の」がない。－1

2 ▶(A)情報や通信技術の発展に伴いバイトや失業者が増えることが予想され高い技術を持つ労働力が必要とされる一方で，(B)あらゆる人が労働時間を減らしたり市場経済の外で社会的に有用な企画に取り組む機会も作れるだろう。　7／10点

（A）1．「自動化が進み」にあたる部分がない。－1
　　2．抜けている。－2

3 ▶(A)人類の歴史上初めて，進んだ情報伝達技術が導入されることで多くの労働者が一時雇用や失業に追い込まれている。(B)しかし，この際限ない労働時間の減少や社会奉仕の機会を創出することで広く受け入れられるだろう。　6／10点

（A）2．抜けている。－2
（B）2．「社会奉仕」は言い過ぎだが可とする。16 行目の greatly「大幅に」を「際限なく」とするのも少し言い過ぎ。－1
　　また，（A）のような変化が「広く受け入れられる」という結論は述べられていない。－1

4 ▶(A)我々は大衆労働から高い技術を要する労働力の長期に渡る移行の初期段階におり，雇用が減りつつあるが，(B)これによって労働時間を減少したり市場経済外での社会的に有益な計画に取り組む新たな機会を創り出す。　6／10点

（A）1・2．抜けている。－4

5 ▶Ⓐ現在人間の労働は発達した情報通信技術により経済的な過程から排除されつ
つある。Ⓑ高度に技術化した労働に切り替えることの発達で労働日数を減らし，市
場経済の社会的に役立つ企画に取り組めて万人の利益となり得る。　　　5 / 10点

（A） 2・3．抜けている。— 4
（B） 2．主語を明示すること。また，「市場経済の」は「市場経済の外の」とすべ
き。— 1

2
「社会の構造・仕組み」を味わう

**全 訳**

　私たちの文明は，当初から，その大部分が，労働という概念を中心として構築
されてきた。ところが今や，歴史上初めて，人間の労働は経済の過程から組織的
に排除されようとしており，次の世紀にはこれまでのような形での雇用というも
のがおそらく消滅することになるであろう。新世代の高度な情報通信技術が導入
され，そこに新たな形態の企業組織や経営が加わり，数百万人という労働者が臨
時雇用や失業に追い込まれつつある。失業率はまだ比較的低いものの，世界経済
が完全に情報化時代に突入すれば，今後数十年はとどまることなく増え続けるも
のと予測される。私たちは大衆労働から，製品の生産やサービスの提供のオート
メーション化の拡大を伴う高度な技術を要する「エリート労働」へと移りゆく，
長期にわたる変化の初期段階にいる。労働者のいない工場や会社が現れ始めてい
るのだ。しかしながら，このような発展は必ずしも暗い未来を意味しているわけ
ではない。この新たな技術革新がもたらす恩恵は，週の労働時間を大幅に短縮し，
市場経済以外の有益な社会事業に取り組む新たな機会を創り出すことによって，
すべての人の間で広く共有されるであろう。

- □ 1.1 from the outset「初めから」 ※ set out「出発する」
- □ 1.4 employment as we have come to know it「私たちが知るようになった雇用」 ※いわゆる〈名詞限定〉の as。関係代名詞節と同様，前の名詞の追加説明をする働き。形態上，限定用法と非限定用法の区別がないので使いやすい。
- □ 1.9 climb continuously「継続的に増加する」
- □ 1.11 accompanied by ～「～を伴う」 ※分詞構文になっている。
- □ 1.13 workforce＝all the people who work in a particular industry or company or are available to work in a particular country or area（『ロングマン現代英英辞典』より）
- □ 1.17 socially useful projects outside the market economy「市場経済以外の有用な社会事業」 ※社会的なボランティアなどを指すことが予想されるが本文中では特定はできない。

標準

2012 年度

# 31　新たな移民社会の形態

## 文章の流れを確認する

| 第 1 段落 | 移民の増加に伴い，小規模社会に分断され，国家のアイデンティティ喪失が懸念されている。 |
| 第 2 段落 | 通信技術の発達により，移民は祖国にいる人との関係を維持できるため，かつてのように，そのつながりを切る必要はない。 |
| 第 3 段落 | 地理的近接性に依拠しない新たな社会が構築されつつある。 |

## 答案を作成する

▶第 1 段落では移民流入による問題点「移民増加により国家のアイデンティティ喪失が懸念される」が述べられていて，第 2 段落では，新たな移民の形態「現代の通信技術を通じて，移民は祖国との旧来の関係を維持できる」が述べられている。第 3 段落では，第 2 段落を言い換えて「地理的近接性に依拠しない新たな社会を構築しつつある」とある。以上から，第 1 段落と第 2・3 段落を対比的に書けばよい。

▶なお，「地理的近接性に依拠しない」は抽象的なので，「地理的制約を受けない」「地理的に広範囲にわたる」などと言い換えた方がよい。

▶以上から次のようになる。

移民の増加に伴い，小規模社会に分断され，国家のアイデンティティ喪失が懸念されている。現代の通信技術を通じて，移民は祖国との旧来の関係も復活させるようになっている。よって地理的な制約を受けない新たな社会が構築されつつあるのだ。

▶これを指定字数（70〜80 字）に収める。

▶なお，第 1 段落は，受け入れ側の視点から「移民の流入による国家のアイデンティティ喪失の懸念」が書かれているが，この文全体が「移民による新たな社会の構築」を主題とするととらえれば，移民の視点から書くこともできる。第 1 段落第 2 文（Anxiety is growing …）に「民族集団の中には分離孤立の傾向が強まっているように思われるものもあり」とある。「移民が疎外感を強めている」という移民の主観を勝手に書くのはまずいが，「移民が移住先の社会から分離する傾向を強めていると思われている」のように移民の視点から客観的に書くのは OK だろう。

**解答例**

移民の増加による受け入れ国のアイデンティティ喪失が懸念される一方，移民は現代の通信技術により祖国との関係を保ち，地理的制約を受けない新たな社会を築きつつある。

▶移民の視点から書き，さらに第 2・3 段落を第 1 段落の背景となる事情と考えて以下のようにまとめることもできる。

先進国内の移民集団が孤立傾向を高めているようだが，これは現代の通信技術により，地理的制約を受けずに祖国と繋がり，移民先に順応せず独自の社会を築きつつあるからだ。

## 自分の答案を採点する

### 採点基準

✔各区分の抜けは **2点減**。

✔不十分なら **1点減**。

✔（A），（B）それぞれの満点を超えては減点しないものとする。

　例：（A）の区分で1・2両方の抜けがあり，さらに誤訳と思われる箇所があった場合でも，最大4
点減とする。

---

**（A）4点満点**

　　1．移民の増加による

　　2．受け入れ国のアイデンティティ喪失が懸念される一方

---

**（B）6点満点**

　　1．移民は現代の通信技術により

　　2．祖国との関係を保ち

　　3．地理的制約を受けない新たな社会を築きつつある

---

> デジタルネイティブの受験生には，当たり前すぎて，かえって
> 理解が難しい文だったようだ。「現代の通信技術により」や
> 「祖国との旧来の関係を保つ」という部分が抜けている答案が
> 随分と多かったのは「言わないでもわかる」と思ったのかもし
> れない。

---

### 生徒答案例

1 ▶（A）移民の増加で国の一体感が喪失されることが懸念される一方，（B）メディアを
通して維持された移民と本国との関係が地理的位置に拠らない新たな社会を創りだ
している。

**9** / 10点

（B）1．「メディア」では意味が狭すぎるので「現代通信技術」とする。 **−1**

2 ▶Ⓐ多くの先進国で移民が増えることで，国の伝統的な価値観や言語が失われる恐れがある。Ⓑそれは，今日のネットワーク社会のおかげで移民が故郷とつながりを保てるからだ。 8 / 10点

（B）3．抜けている。 **−2**
　　　　また，「それは〜からだ」については，本文では（A）と（B）の因果関係は直接論じられていないが，そのように読めるので可とする。

3 ▶Ⓐ移民が増えると，その国の固有の文化が失われる恐れがある。だが一方，Ⓑソーシャルネットワークを通じて，地理的な近さに頼らなくてもよい新しい社会を作ることができる。 6 / 10点

（B）1．主語がない。 **−1**
　　　2．抜けている。 **−2**
　　　3．「作ることができる」ではなく「作りつつある」である。 **−1**

4 ▶移民についての問題に，受け入れ国の中に移民達による独自の共同体が生じることがある。Ⓑそれは，情報技術によって，移民先でも故郷の共同体と繋がり続けられることに因る。 3 / 10点

（A）抜けている。 **−4**
（B）3．抜けている。 **−2**
また，移民の共同体が生じることが「問題」とされているわけではない。分離孤立の傾向を強めていることが「問題」なのである。 **−1**

5 ▶Ⓐ移住することで元々の民族としての独自性が失われると心配されているが，Ⓑ様々な利器によって社会の関係は維持，再構築されて，そこからまた別の社会が誕生することもある。 3 / 10点

（A）1．「移住する」は「移民が大量に入ってくる」の間違い。 **−2**
　　　2．「元々の民族」は「受け入れ側の民族」の間違い。 **−1**
（B）1．「様々な利器」では不十分。 **−1**
　　　2．不十分。「社会の関係」は「移民と祖国の関係」の間違い。 **−1**
　　　3．「別の社会が誕生する」では不十分。「地理的制約を受けない（新たな社会）」が必要。「誕生することもある」は「誕生しつつある」の間違い。 **−2**

2 「社会の構造・仕組み」を味わう

**全訳**

　多くの先進諸国が移民（より良い機会を求めて外国からやってくる人々）の目指す目的地となり，民族の構成比率が変化しつつあるが，これに伴って，共有される国語と共通の価値観に象徴されるような国家のアイデンティティの喪失に対する懸念が生じている。民族集団の中には分離孤立の傾向を強めているように思われるものもあり，その傾向に対する懸念が高まっている。たとえば，アメリカ合衆国でのいくつかの調査によると，英語力がほとんど，あるいは全然ないために，家庭でも仕事場でも主にスペイン語に頼っている移民は，離婚や同性愛など論争の的となっている社会問題に関して，英語話者とかなり異なった意見をもっていることが明らかになった。

- [ ] *l*.3　with this has come the fear of ～ は，副詞句＋V＋Sの倒置形。一般に英語では旧情報（すでに述べた情報）から新情報（新たに提示する情報）へと流れる傾向が強く，この文も旧情報の with this を前に置き，the fear of ～ の新情報が後置されている。
- [ ] *l*.3　national identity as represented in ～「～に象徴されるような国民の一体感」　※ as は〈名詞＋as＋過去分詞形〉の形で使われる「曖昧なつなぎ語」で前の名詞を制限する働きをしている。本来は「～のような」という訳になるが，as を無視した訳をして「～に象徴される国民の一体感」としても構わない。なお，national identity は，訳例以外にも「国民性，国民意識，国家のアイデンティティ」などの訳語が考えられる。
- [ ] *l*.3　identity「アイデンティティ」　※日本語化している。
- [ ] *l*.4　Anxiety is growing about ～.「～に関する懸念が高まっている」　※ about ～ は Anxiety を修飾している。
- [ ] *l*.5　what appears to be ～ は「～と思われるもの」。
- [ ] *l*.7　have little or no mastery of ～「～をほとんどあるいはまったく習得していない」
- [ ] *l*.9　controversial social issues「論争を引き起こしている社会問題」

　しかしながら，このような隔絶されて併存している生活には，別の側面もある。現在私たちが生きている世界では，移民が，新たなアイデンティティを獲得していく何世代にもわたる過程の第一歩を踏み出すために，友人や親族とのつながりを断つ必要はないのである。電子メールや電話で「祖国」との密な連絡を日常的にとることができるだけでなく，出身国で読まれているものと同じ新聞を読んだり，衛星放送で同じテレビ番組を見たり，同じ映画をレンタルDVDで見ることもできるのだ。

- [ ] *l*.10　such separate, parallel lives「受け入れ先の国から孤立した，並行して行

われているそのような生活」

- ☐ *l.*12 generations-long「何世代にもわたる」 ［類］a life-long friend「終生の友」
- ☐ *l.*12 Not only is it ～ は，not only という否定的な副詞句が文頭に置かれたために，後ろが疑問文の語順になったもの。
- ☐ *l.*13 retain ～「～を保持する」 ※「すぐに失われそうなものを保持する」こと。
- ☐ *l.*13 on a daily basis「日常的に」 ※ on a ～ basis は直訳すると，「～という基礎に準じて」などになるが，on a と basis を訳さない方が自然な日本語になることが多い。*e.g.* on a regular basis「定期的に」
- ☐ *l.*15 those being read は，the newspapers being read「読まれている新聞」のこと。この those は名詞の反復を避けるために使われた代名詞。
- ☐ *l.*15 the community（which）they have left「彼らが離れた社会」 ※「彼らの母国」のことを指す。

---

### 第3段落

昔の世代では途絶えてしまった人間同士の結びつきの輪が，あらゆる所で再びつながりつつある。数世代前には切り離されていた親族や共同体が，互いを再び見出しつつある。人の絆が再び結ばれ，今までとは異なる社会の創出に役立っている。その社会は，以前よりも大きな広がりをもち，地理的な近接性に依存することが少ない社会なのである。

- ☐ *l.*20 finding each other「（かつては切り離されていた）互いを見つけつつある」
- ☐ *l.*21 helping …「そしてそのことが…に役立つ」 ※主節の補足をする分詞構文。
- ☐ *l.*22 geographic closeness「地理的近接性」

---

### Column 倒置について

倒置とは，狭義では，主語の前に動詞・助動詞が置かれる現象のことです。そして主な働きは，情報の流れの円滑化です。つまり，すでに述べられた情報［旧情報］を前において，前文とのつながりをよくして，自分の言いたい新しい情報［新情報］を後ろに置くという手法です。

たとえば，A dog was in the hut.「ある犬がその小屋の中にいた」という文は違和感があります。新情報である a dog が文頭に置かれて，旧情報である the hut が文末に置かれているからです。これを In the hut was a dog. とすると［旧情報］→［新情報］の流れになって読みやすい文となります。

標準

## 32　高齢者にやさしい社会を目指す運動

2020 年度

## 文章の流れを確認する

| 第 1 段落 | 高齢者にやさしい社会とは，社会の絆を強化する重要性を強調し，すべての年齢を考慮する見方を促進するものである。そして各世代が共通の利益を認識してそれに基づいて行動するというものである。 |
|---|---|
| 第 2 段落 | 世界保健機関などの組織は，老齢化は生涯全体にわたる過程だと定義し，誰もが健康的で活動的に歳を重ねるようにすべきで，そのためにはそれに関わる要因に投資する手法を支持するとしている。 |
| 第 3 段落 | 実際の「高齢者にやさしい社会運動」は，高齢者やその介護者やサービス提供者にだけ焦点を当てており，都会で快適に暮らすための条件に関わるデータや，高齢者との共生に関わるデータを若者や家族から集めていない。 |
| 第 4 段落 | 高齢者にやさしい社会づくりにおける構想と現実との隔たりの原因の1 つは，年配者にとって良いことはすべての者にとって良いという仮定であろう。若者と高齢者との間の投票パターンやその姿勢は，1970年代以来のどの時よりも異なっている。よって，それぞれの年代にとってやさしい社会とは何なのかを十分に理解するためには，様々な世代からデータを集めることが不可欠なのだ。 |

## 答案を作成する

▶大まかな流れは「高齢者にやさしい社会はすべての世代にやさしい社会だと考えられているため，様々な年代からデータを集めていない。各世代の考え方の差が従来より大きい今日では，すべての世代からデータを集めることが不可欠だ」というものである。

▶第 1・2 段落は「高齢者にやさしい町づくりは全世代に共通の利益を目指してい

る」ぐらいにとどめる。

▶第 3 段落は，データに関わる記述は第 4 段落にあるので，ここでは「高齢者とその関係者が優先されている」ということを書く。

▶第 4 段落では，

- まず「高齢者とその関係者が優先されている」理由として「年配者にとって良いことはすべての者にとって良いという仮定がある」と述べている。
- さらに「若者と高齢者との差は随分と大きいから，理想的社会の実現には，様々な世代からデータを集めることが不可欠なのだ」ということが述べられている。
- 以上から「これは，高齢者に良い社会は万人に良いという考えが原因だが，各世代の考え方は異なるので，理想的な町づくりに関わるデータを各世代から集めるべきだ」となる。

▶上記を，字数を気にせずにまとめると，次のようになる。

| 高 | 齢 | 者 | に | や | さ | し | い | 町 | づ | く | り | は | 全 | 世 | 代 | に | 共 | 通 | の |
|---|---|---|---|---|---|---|---|---|---|---|---|---|---|---|---|---|---|---|---|
| 利 | 益 | を | 目 | 指 | し | て | い | る | が | ， | | 実 | 際 | に | は | 高 | 齢 | 者 | が | 優 |
| 先 | さ | れ | て | い | る | 。 | こ | れ | は | ， | | 高 | 齢 | 者 | に | 良 | い | 社 | 会 | は |
| 万 | 人 | に | 良 | い | と | い | う | 考 | え | が | 原 | 因 | だ | が | ， | | 各 | 世 | 代 | の |
| 考 | え | 方 | は | 異 | な | る | の | で | ， | | 理 | 想 | 的 | な | 町 | づ | く | り | に | 関 |
| わ | る | デ | ー | タ | を | 各 | 世 | 代 | か | ら | 集 | め | る | べ | き | だ | 。 | | |

▶これを指定字数（70〜80 字）に収める。

**解答例**

| 高 | 齢 | 者 | に | や | さ | し | い | 町 | づ | く | り | は | 全 | 世 | 代 | 共 | 通 | の | 利 |
|---|---|---|---|---|---|---|---|---|---|---|---|---|---|---|---|---|---|---|---|
| 益 | を | 目 | 指 | す | が | ， | | 高 | 齢 | 者 | に | 良 | い | 社 | 会 | は | 万 | 人 | に | も |
| 良 | い | と | 考 | え | 高 | 齢 | 者 | を | 優 | 先 | し | が | ち | だ | 。 | | 世 | 代 | 間 | の |
| 差 | を | 考 | 慮 | し | 各 | 世 | 代 | か | ら | 意 | 見 | を | 集 | め | る | べ | き | だ | 。 |

## 自分の答案を採点する

### 採点基準

✔各区分の抜けは **3点減**。

✔不十分なら **1～2点減**。

✔（A），（B）それぞれの満点を超えては減点しないものとする。

例：（A）の区分で1・2両方の抜けがあった場合は，6点減ではなく，5点減とする。

---

**（A）5点満点**

1．高齢者にやさしい町づくりは全世代共通の利益を目指すが

2．（高齢者に良い社会は万人にも良いと考え）高齢者を優先しがちだ

---

**（B）5点満点**

1．世代間の差を考慮し

2．各世代から意見を集めるべきだ

※指定字数を考慮すれば，（A）1．「構想」，（A）2．「現実」，（B）1・2．「構想実現のためにすべきこと」を書けば十分であろう。よって，（A）2の「高齢者に良い社会は万人にも良いと考え」という「問題の原因」にあたる部分は解答に含めなくてもよいこととする。

### 生徒答案例

1 ▶ ⒜高齢者にやさしい町づくりは全年齢への考慮と結束が大切なのに実際は高齢者の需要しか考えていない。⒝世代ごとに関心は異なるために全世代からの意見を集めることが必要だ。　　　　　　　　　　　　　　**10** /10点

よく書けている。（A）の「結束が大切なのに」は「結束を目指しているが」としたい。減点なし。

2 ▶ ⒜高齢者にやさしい町づくりが声高に叫ばれているが，高齢者への考慮に留まっているのが実態で，その目的は全世代にとって住みやすい社会であり⒝幅広く意見を集めるべきだ。　　　　　　　　　　　　　　**7** /10点

（B）1．「世代間の差を考慮」が抜けている。ー**3**

**3** ▶(A)高齢者にやさしい町は老人の生活が改善されれば全ての世代にとってよくなると思いこまれ推進されているが，(B)複数の世代の意見も集めることが本当によい町づくりに重要だ。 **3** / 10点
（A）1．不十分。高齢者にやさしい町を推進する目的が不明確。ー**2**
　　　2．不十分。「実際には高齢者が優先されている」がない。ー**2**
（B）1．「世代間の差を考慮」が抜けている。ー**3**

**4** ▶(A)急速に進行する高齢化により高齢者に優しい町づくりが促進されたが，全世代に優しい町を作るには(B)あらゆる世代から成長と老化両方に良い町作りの為の情報収集をすべきだ。 **2** / 10点
（A）1．「が，促進されたが，…町を作るには」は「が目指すのは，…町だが」とする。ー**2**
　　　2．「高齢者を優先しがち」が抜けている。ー**3**
（B）1．「世代間の差を考慮」が抜けている。ー**3**

**5** ▶(A)高齢者にやさしい町づくりでは社会的絆や全世代への視点を重視している。(B)高齢化は長寿の過程だが対象やサービスに注目しすぎで，全世代から良い方法を調査すべきだ。 **2** / 10点
（A）2．「高齢者を優先しがち」が抜けている。ー**3**
　　　「社会的絆」は曖昧で不要。ー**1**
（B）1．「世代間の差を考慮」が抜けている。ー**3**
　　　2．「良い方法」が曖昧。「高齢化は…しすぎで」は不要。ー**1**

**全訳**　**第1段落**

　　高齢者にやさしい社会を目指す運動は，高齢者人口の急増に強く反応して生まれた。「高齢者にやさしい社会」の定義は，それが数多くの取り組みや手法を反映しているため多様であるが，多くのモデルでは，社会的な絆を強化することの重要性を強調し，すべての年齢層を考慮する見方を促進している。たとえば，第7代国連事務総長であるコフィー=アナンは，1999年の国連世界高齢者会議での開会演説において，「すべての年齢層のための社会こそがあらゆる世代を受け入れる。そうした社会は，若者，大人，老人がそれぞれ別々の道を歩むといった分断されたものではない。そうではなく，すべての年齢層を包括し，様々な世代が

共通の利益を認識し，それに基づいて行動するものである」と宣言した。

- [ ] *l.*1　emerge「出現する」
- [ ] *l.*2　aging population「人口の老齢化」
- [ ] *l.*3　reflecting ～「～を反映して」　※分詞構文。
- [ ] *l.*4　social ties「社会的絆」
- [ ] *l.*5　take into account ～「～を考慮する」
- [ ] *l.*5　the seventh Secretary-General of the United Nations「第 7 代国連事務総長」
- [ ] *l.*6　declare ～「～と宣言する」
- [ ] *l.*6　opening speech「開会演説」
- [ ] *l.*7　the UN International Conference on Aging「国連世界高齢者会議」
- [ ] *l.*8　embrace ～「～を受容する」
- [ ] *l.*8　fragment ～「～を分断する，細分化する」
- [ ] *l.*8　with ～ going …の with は〈付帯状況〉の with。
- [ ] *l.*9　age-inclusive「すべての年齢を包括するような」
- [ ] *l.*10　recognizing and acting upon ～「～を認識し，それに基づいて行動する」
- [ ] *l.*10　their common interests「彼らの共通の利益」

## 第 2 段落

　世界保健機関（WHO）やそれ以外の国際組織は，歳をとることを人生全体におよぶ過程と定義することにより，この前提をさらに明確にしている。「私たちは皆，人生のいかなる瞬間にも歳をとっています。ですから誰もが健康的で活動的に歳を重ねる機会を得るようにしなければなりません。WHO は，高齢者の生活が可能な限り質の高いものであることを保障するため，生涯を通じて健康に影響する要因に投資する取り組み方を推奨しています」

- [ ] *l.*11　the World Health Organization「世界保健機関」
- [ ] *l.*12　articulate ～「～を明瞭に述べる」
- [ ] *l.*12　premise「前提」　※ pre-［予め］＋-mise［送る］。this premise とは「高齢者にやさしい町づくりは全世代を考慮したものであること」の意味。
- [ ] *l.*12　define *A* as *B*「*A* を *B* と定義する」
- [ ] *l.*12　a lifelong process「生涯にわたる過程」
- [ ] *l.*14　safeguard ～「～を保護する」
- [ ] *l.*14　the highest possible quality「可能な限り高い質」
- [ ] *l.*15　endorse ～「(計画・提案など) を推奨する，支持する」
- [ ] *l.*15　invest in ～「～に支出する，投資する」

### 第3段落

　しかし，現実には，こうした高齢者にやさしい社会運動が主に焦点を当ててきたのは，高齢者，その介護者，サービス提供者の必要や利益である。その際に，都会での優れた住環境を生み出すものについて，また高齢者とともに働くための機会やそれを妨げる障害について，若者や家族から十分なデータを集めることができていないのである。

- ☐ *l*.17　focus primarily upon ～「主に～に焦点を当てる」
- ☐ *l*.18　their caregivers and service providers「彼らの介護者やサービス提供者」
- ☐ *l*.19　in doing so は「高齢者にやさしい社会をつくる運動が，高齢者側の必要や利益に主に焦点を当てるとき」の意味。
- ☐ *l*.19　fail to *do*「～できない」
- ☐ *l*.21　opportunities for and barriers against ～「～のための機会と～に対する障害」

### 第4段落

　いったいなぜ，構想と現実の間にこのようなギャップがあるのか。1つの答えは，高齢者にやさしい社会運動がもつ，年配者にとって良いことはすべての者にとって良いという共通の仮定にあるかもしれない。言い換えれば，もし高齢者にとってやさしい運動が，地域社会を年配者にとって適したものにすることに成功するとすれば，その社会はすべての世代にとって適したものになるだろう，というものだ。様々な世代の間には多くの共有される利益があるが，欧米での最近の研究が示すところによれば，1970年代以来のどの時代より，若い成人と年配者とではその投票パターンや姿勢において差が見られるということだ。こうした研究は，歳をとる過程の様々な段階にいる人々にとってやさしい都市とはいったいどのようなものかを十分に理解するためには，都市が何によって，若い成人と年配者の双方にとって良いものになるかについて複数の世代からデータを集めることが極めて重要であることを示唆している。

- ☐ *l*.22　account for ～「～の理由を説明する」
- ☐ *l*.22　lie in ～「～にある」
- ☐ *l*.23　assumption … that ～「～という仮定」　※ assumption と that ～は同格の関係にある。
- ☐ *l*.25　suitable for ～「～に適した」
- ☐ *l*.29　voting pattern「投票パターン」
- ☐ *l*.30　constitute ～「～を構成する，～である」
- ☐ *l*.31　critical「極めて重要な」

1972年度

## やや難

# 33　米国の科学研究界への苦言

## 文章の流れを確認する

| 第1〜5文 | アメリカ人科学者は精力的で活動的なので，世界を奔走し，最新の研究などを議論し合い，情報を交換し合っている。 |
| --- | --- |
| 第6文 | そのような環境で，独創性があり，機転が利き，思考と論述が淀みなくできる一部の人間は成功する。 |
| 第7文 | しかしその状況は危険だ。 |
| 第8・9文 | 短時間で深い考えは生まれないし，騒々しい状態はじっくり取り組むには好ましくない。 |
| 第10文 | 1つの分野を徹底的に研究するのではなく最新の研究がしたいという衝動は常にある。 |
| 第11文 | アメリカでは独創性が強調されすぎ，中には表面的な輝きで終わる場合もある。 |

## 答案を作成する

▶米国の科学者が抱える危険性について述べればよい。

▶第6文（Of course, …）は譲歩の一部であり，筆者の主張とは真逆なので省いてもよいだろう。

▶なお，第11文のsuperficial brilliance「表面的な輝き」を具体化するなら，「新しさだけが目立って，深い考察を経ておらず，実は評価が低い研究」のようになるだろうが，100字に収めるためには「表面的な輝き」とするしかないだろう。

▶これらを考慮してまとめれば次のようになる。

アメリカ人科学者は精力的で活動的なので，科学者同士で最新の研究などを議論し合い，情報を交換し合っているが，これは危険だ。短時間で深い考えは生まれないし，騒々しい状態は狭い分野にじっくり取り組むには好ましくない。独創性が強調されすぎ，中には表面的な輝きで終わる場合もある。

130　　　140

▶これを指定字数（80〜100字）内に収める。

**解答例**

米国の科学者は科学者同士の交流，最新情報の収集で忙しいが，これは狭い分野にじっくり取り組むという研究のあり方には適さない。また，独創性が過度に強調されており，表面的な輝きと混同される危険もあるようだ。

90　　　100

## 自分の答案を採点する

**採点基準**

✓各区分の抜けや論理の破綻は **2点減**。

✓不十分なら **1点減**。

✓（A），（B）それぞれの満点を超えては減点しないものとする。

　例：（A）の区分で1・2両方の抜けがあり，さらに誤訳と思われる箇所があった場合でも，最大4点減とする。

---

### （A）4点満点

**1．米国の科学者は科学者同士の交流**

**2．最新情報の収集で忙しいが**

※「最新情報の収集」の他に，遠方での講義や会議など，自分の研究以外のことで忙しい旨が書けていれば可とする。

※単に「活発な活動」だけでは，「何に対して」が抜けており不十分となる。

※「これは大変素晴らしいことだ」などの譲歩は不要。

---

### （B）6点満点

**1．これは狭い分野にじっくり取り組むという研究のあり方には適さない**

※「これ」＝「多忙な生活」は（A）で示唆されていればOK。

※単に「流行を追い求めるにすぎない」などとしているものは **2点減**。

**2．また，独創性が過度に強調されており，表面的な輝きと混同される**

※「独創性が評価されすぎだ」などのように「表面的な輝きと区別されない」の抜けは **2点減**。

**3．危険もあるようだ**

※この内容が和文に反映されているのなら可。

2
「社会の構造・仕組み」を味わう

1 ▶Ⓐ米国の科学者は何よりもまず活動的で精力的なので，研究の独自性や即時性が重要視されやすいが，Ⓑ成果を出すのに長い時間を必要とする科学研究において，それは危険でもあり，独自性と特異的成果の区別も難しい。 6 / 10点

（A） 1．「何に活動的か」がない。－ **1**
　　　2．抜けている。－ **2**
（B） 2．「特異的成果」は「表面的な輝き」の間違い。－ **1**

2 ▶Ⓐ米国人科学者は，ジェット機で大陸を横断したりして情報の収集などを活発に行なっているが，Ⓑ一つの問題にじっくりと取り組んでいない。また独創性と表面的な輝きが区別されないので好ましくない。 5 / 10点

（A） 1．抜けている。－ **2**
　　　2．「最新の」が抜けている。－ **1**
（B） 1・2．ともに断定されているので不適切。－ **2**

3 ▶Ⓐ米国の研究者の間では情報交換が盛んで小さな科学的発見もすぐ拡散される。Ⓑ集中して長期の実験を行い一つの分野を究める上で新傾向に便乗し易いこの雰囲気は危険だ。表層的魅力を個性として重視しすぎていて不安だ。 4 / 10点

（A） 1．抜けている。－ **2**
　　　2．不十分。「最新の情報交換」とする。－ **1**
（B） 1．不十分。多忙であることが読み取れない。－ **1**
　　　2．「表層的魅力を個性として重視しすぎていて」は「個性を重視しすぎており，表層的魅力と混同する」の間違い。－ **2**

4 ▶Ⓐ米国の科学界では互いの情報交換が盛んだが，Ⓑ真の科学は口で簡単に説明はできない。狭い領域の丁寧な研究をしない傾向があることや，創造性を重視しすぎていることを筆者は危惧している。 4 / 10点

（A） 1．抜けている。－ **2**
　　　2．不十分。「最新の」が抜けている。－ **1**
（B） 1．不十分。多忙であることが読み取れない。－ **1**
　　　2．「創造性」は「独創性」の間違い。「表面的な輝きと混同される」が抜けている。－ **2**

**5** ▶(A)米国の科学者間の結びつきが強くすぐに情報が広まるのは価値が高いが，(B)研究は簡単ではなく特定の分野の研究には時間がかかるので，研究の独自性が重要視され，話題性のあるものが多い米国の科学界は危険である。　**1** / 10点

（A）的外れな記述となっている。 **− 4**

（B）1．不十分。多忙であることが読み取れない。 **− 1**

　　　2．「表面的な輝きと混同される」がない。 **− 2**

　　　　「時間がかかるので」の前後の論理関係がおかしい。 **− 2**

**全訳**

　　アメリカ人の科学者がもっているものは，何よりもまず，エネルギーと活動力である。アメリカ人科学者は，埃だらけの地下室の薄暗い隅に隠れている内気で人付き合いが苦手な人なんかではない。ジェット機で大陸を横断して，祖国から1000マイルも離れた所で講義をしたり，会議で何百人もの人と会ったりしているのを目にすることは珍しいことではない。人々は常に行ったり来たりしていて，最新の実験や理論について絶えず話していたり，黒板を前にして，あるいはコーヒーを飲みながら議論していたりする。緊密な連絡網が張り巡らされているので，どの人も他の皆がしていることを把握しており，どんな科学的知見でも研究室から研究室へとすぐに広まっていく。もちろんこうしたことはすべて非常に重要であるし，このような環境では，独創的で，機転が利き，思考と論述が淀みなくできる一部の人間が成功する。しかし，これには危険があると私は思う。科学研究は簡単なものではないし，本当に深い思考とは，ある特定の誰かと，ある特定の話に小一時間費やしたぐらいで浮かんでくるものではない。知的なお祭り騒ぎといったような雰囲気は，静かに集中したり，腰を据えて実験したり，たった一つの問題をじっと考え込んだりする場合には好ましいものとは言えない。狭い分野を徹底的に研究しないで，最新の流行に飛びつきたいという衝動は常にある。それに，アメリカでは時に独創性が強調されすぎていて，表面的な輝きと区別しにくいことが多いような気がする。

- □　*l.*1　the American scientist「アメリカの科学者」　※「総称」の the。
- □　*l.*2　dim corner「薄暗い隅」
- □　*l.*2　dusty cellar「埃だらけの地下室」
- □　*l.*4　1,000 miles from home「本国から1000マイルも離れた所で」
- □　*l.*4　conference「学会」
- □　*l.*5　ceaselessly「絶え間なく」
- □　*l.*5　the latest 〜「最新の〜」
- □　*l.*6　over cups of coffee「コーヒーを飲みながら」
- □　*l.*7　thick web of 〜「緊密な〜の網」
- □　*l.*10　original, … word は主語の直後に置かれた分詞構文。
- □　*l.*10　quick-witted「機転が利く」
- □　*l.*10　thrive「繁栄する，成功する」

□ *l*.12 in the hour or so that one may spend talking … 「人が…を話すのに費やす 1 時間やそこらで」 ※ that は spend の目的語となる関係代名詞。

□ *l*.13 intellectual bustle「知的大騒ぎ」

□ *l*.14 unhurried「慌てない，腰を据えた」

□ *l*.14 brood over ～「～に集中する」

□ *l*.16 make a thorough study of ～「～を徹底的に研究する」

□ *l*.18 be distinguishable from ～「～と区別できる」

□ *l*.18 superficial brilliance「表面的な輝き，表面的な才能」

やや難

# 34 先人の恩恵である高度な文明

## 文章の流れを確認する

| 第1・2文 | ある問題についてすでに判明していることを知らずともその問題を研究することができると考えているなら，人はずっと幼稚なままだ。個人であれ1つの世代であれ，高度な文明の人文科学や自然科学を単独で生み出すことはできない。 |
| 第3～5文 | 個人の知性だけでは，十分な知識は得られない。我々が古代人より多くを見，遠くまで見渡しているとしても，それは古代人の力を借りているにすぎない。 |
| 第6～9文 | というのも，個々人には一からすべてを作り直す時間も，機会も，エネルギーもないからだ。過去を学ぶことをしなければ，先人の成功の恩恵を受けられず，必ず過ちを繰り返すことになる。 |

## 答案を作成する

▶ 第2文（For no man, …）「高度な文明は，一個人や，1つの世代で達成することはできない」が主張である。

▶ 第5文（If we are …）は「ではどうすれば達成できるのか」の答えとなっている。「古代人の力（＝知恵）を借りるしか方法はない」ということ。

▶ 第6文（For individuals do …）は，主張の理由（一個人，一世代には一から創造する時間も機会もエネルギーもない）で，それ以降は主張を別の角度から言い換えたものである。ここは無視してもよいだろう。

▶ ここまで「一個人，一世代」で話が進められている。よって，第6文では individuals としか書かれていないが，ここは「個々の人間や（個々の）世代」という意味だと考えることにする。

▶以上のことを考慮すれば次のようになる。

個人であれ1つの世代であれ，高度な文明の人文科学や自然科学を単独で生み出すことはできない。そのためには古代人の知恵を借りるしか方法はないのである。なぜなら，個々人や個々の世代には一からすべてを作り直す時間も，機会も，エネルギーもないからだ。

▶これを指定字数 (80〜100 字 ) に収める。

**解答例**

高度な文明がもつ人文科学や自然科学を，先人の知恵から学ぶことなく，一個人や一世代で生み出すことはできない。一から実験を重ねてすべてを創造するだけの時間も機会も精力も個々の人間や世代にはないからだ。

## 自分の答案を採点する

**採点基準**

✔各区分の抜けは **2 点減**。

✔不十分なら **1 点減**。

✔（A），（B）それぞれの満点を超えては減点しないものとする。

例：（A）の区分で 1～3 すべての抜けがあった場合は，6 点減ではなく，5 点減とする。

**（A）5 点満点**

1．高度な文明（がもつ人文科学や自然科学）を

※「人文科学や自然科学」はなくても可とする。

2．先人の知恵から学ぶことなく

3．一個人や一世代で生み出すことはできない

**（B）5 点満点**

1．一から実験を重ねすべてを創造するだけの

2．時間も機会も精力も

3．個々の人間（や世代）にはないからだ

※（A）3，（B）3 はいずれか一方で言及されていればよしとする。ただし，その場合は「一個人」「一世代」の両方を含むこと。

（A）はまあまあの出来だったが，全体の理由部分にあたる（B）の内容が欠けている，あるいは不十分なものが多かった。この英文は全体的に同じようなことを繰り返し繰り返し言っているようなところがあるので，「主張 → サポート」という流れが見えなかったのかもしれない。

生徒答案例

1 ▶(A)誰一人として，またどの世代も，(B)人類が導き出してきた真実を一から発見し直すことはできず，(A)知識をより深めるには先祖が得た知恵を活用せねばならない。そうでなければ，歴史の過ちを繰り返すのみとなってしまう。 **7** / 10点

（A）1．「知識をより深める」でよしとする。

　　　3．「単独では」が抜けている。**－1**

（B）2．抜けている。**－2**

2 ▶(A)すでに学ばれた事を知らず，問題を研究すれば人間は成長できない。(B)祖先が見つけてくれたことを初めから考える時間も機会も気力も人間にはないので，知識の発展には(A)祖先の力が必要である。 **6** / 10点

（A）1・3．抜けている。**－4**

3 ▶(B)人は単独では十分な知識を積み上げることはできず，(A)先人達が積み重ねてきたものを受け継ぎ発展させていく。もし，受け継ぎがなければ人は同じ失敗を繰り返すことになり発展はしないだろう。 **5** / 10点

（A）1．抜けている。**－2**

（B）2．抜けている。**－2**

　　　3．「一世代」が抜けている。**－1**

4 ▶(A)どんな人でもどの世代であっても高度な文明にとって重要なものを得ることはできない。(B)それは時間や機会やエネルギーが不足しているからで，(A)我々は知識を発達させるためには祖先と協力しなければならない。 **5** / 10点

（A）2．抜けている。**－2**

　　　3．不十分。「単独では（できない）」という条件が抜けている。**－1**

（B）1．抜けている。**－2**

5 ▶(A)どんな世代の人も，自分一人だけで高度な文明の芸術や科学を発明する能力はない。人類がより高度なものを発明するためには，祖先たちの努力を引き継ぎ，そこから発展させていくことが重要だ。 **3** / 10点

（A）1．「芸術」は「人文科学」の誤り。**－1**

　　　3．「どんな世代の人も，自分一人だけで」は「どんな人も，どんな世代も，単独では」の間違い。**－1**

（B）抜けている。**－5**

**全訳**

あらゆる問題は，何にも依存せずそれ自体で，何事にも囚われない空っぽの頭で，つまり，その問題についてすでに知られていることを知らないでも学びうるという考えをもっているとするなら，人はいつまでも幼稚なままになってしまう。というのも，どんな人間であれ，またどんな世代であれ，高度な文明がもつ人文科学や自然科学を，単独で発明するだけの能力は備えていないからだ。どの人間も，またどの世代も，一人の知性を単独での観察に応用するだけでは，その知性がどんなに鋭く，その観察がどんなに正確であっても，人が必要とする真実のすべてを再発見すること，つまり，十分な知識を身につけることなどはできない。あるフランスの哲学者がかつて言ったように，どの世代の人間も，巨人の肩に座っている小人のようなものなのだ。我々が「古代人より多くのものや，より遠くのものを目にする」ことになるとするなら，それは「我々の物事を見る目が鋭いからでも，背が高いからでもなく，古代人の視力や身長を借りているからにすぎない」のだ。というのも，文明の全遺産を生み出すのに使われたような，あらゆる実験を行いすべての意味を理解する時間も機会も精力も，個々の人間はもち合わせていないからだ。知識を発展させる際には，人間は先人と力を合わせなければならない。そうしなければ，先人の到達地点ではなく，出発地点から始めなければならなくなる。もしも学校のカリキュラムから過去の伝統を排除するとしたら，どの世代も，数世代にわたる先人たちの成功の恩恵を受けるのではなく，過ちを繰り返すことが不可避となるのだ。

- ☐ *l*.1　the notion that SV「SV という考え」 ※ notion と that 節が同格の関係。
- ☐ *l*.1　as such「他の要素を考えずそのものだけで」
- ☐ *l*.3　condemn *A* to *B*「*A* を *B* へと追いやる」
- ☐ *l*.3　man「人間」 ※古い英文なので性差別を考えていない。
- ☐ *l*.3　chronic「慢性の」
- ☐ *l*.3　for「というのも」 ※等位接続詞なので本来は節同士を結ぶが，まれに，本文のように For SV. で独立することがある。
- ☐ *l*.4　the arts and sciences of 〜「〜の人文科学と自然科学」
- ☐ *l*.4　no one 〜「一人では〜ない」
- ☐ *l*.5　of rediscovering …と of developing …が言い換えになっている。
- ☐ *l*.6　apply *A* to *B*「*A* を *B* に応用する」
- ☐ *l*.6　a mere intelligence「たった一人の知能」
- ☐ *l*.7　mere observation「単なる観察」 ※観察全般を言うため不可算名詞。
- ☐ *l*.8　as S once put it「かつて S が言ったように」
- ☐ *l*.9　if S be to *do*「S が〜することになるとするなら」
- ☐ *l*.11　stature「身長」
- ☐ *l*.13　discern 〜「〜を（識別して）感じ取る」
- ☐ *l*.13　the making of 〜は making 〜の古い形。
- ☐ *l*.16　exclude *A* from *B*「*A* を *B* から排除する」
- ☐ *l*.19　preceding generation「前世代」

やや難

# 35 人間が自然制圧に要した時間

1983 年度

## 文章の流れを確認する

| 第 1 文 | 人類が自然を征服し社会を工業化した速さに驚嘆すべきか，原始人が比較的豊かなレベルに至るのに要した時間の長さに絶望すべきか，議論の余地がある。 |
|---|---|
| 第 2 ～ 4 文 | 自立的な工業の成長が始まったのは 18 世紀末だが，人類が定住社会を作るという最初の飛躍を成し遂げたのは，はるか昔の新石器時代である。 |
| 第 5 ～ 8 文 | 最初の飛躍はこの上なく困難だったため驚異的なのだが，人類がその勝利を十分に活用し，第 2 の飛躍を成し遂げるのにこれほど長い時間を要した理由には疑問を抱かざるを得ない。 |

## 答案を作成する

▶「人間は最も難しい第 1 の飛躍を成し遂げたのに，そこから第 2 の飛躍まで，なぜこんなに時間がかかったのか」という筆者の疑問。

|  | 第 1 の飛躍 | 第 2 の飛躍 |
|---|---|---|
| 時期 | 新石器時代 | 18 世紀 |
| 内容 | 定住と，特に集団による協力体制などの様々な発見 | 自然を制圧 |
| きっかけ | 計画，時間の感覚 | 工業化 |

▶必要事項をすべてまとめると次のようになる。

人間が，計画や時間の概念をもち，定住社会を営むようになるという第1の大きな知的飛躍は，はるか昔，新石器時代に始まった。そしてその成果を十分に活用し，自然を制圧して，生活をさらに豊かにする工業化社会の創生につながる第2の飛躍を18世紀まで待たなければならなかったのはなぜか。

▶これを指定字数（80〜100字）に収める。

**解答例**

人間が計画や時間の概念をもち定住社会を営むまでの進歩は新石器時代に始まったのに，自然を制圧し生活をさらに豊かにする工業化社会を創り上げるという，次の飛躍を18世紀まで待たねばならなかったのはなぜか。

# 自分の答案を採点する

## 採点基準

✓ 各区分の抜けは **2 点減**。

✓ 不十分なら **1 点減**。

✓ （A），（B）それぞれの満点を超えては減点しないものとする。

例：（A）の区分で 1 ～ 3 すべての抜けがあった場合は，6 点減ではなく，5 点減とする。

---

**（A）5 点満点**

1．人間が計画や時間の概念をもち

2．定住社会を営むまでの進歩は

3．新石器時代に始まったのに

---

**（B）5 点満点**

1．自然を制圧し

2．生活をさらに豊かにする工業化社会を創り上げるという

※「生活をさらに豊かにする」は「自らの力を最大限利用する」でも可。

3．次の飛躍を 18 世紀まで待たねばならなかったのはなぜか

---

「自然を制圧して工業化社会を創生し，さらに豊かな生活につながる第 2 の飛躍」という部分が雑な答案が目立った。どの問題でもそうだが，「何となく」前半で字数の大半を使い，「仕方なく」後半の情報を削るという姿勢の答案が少なからず存在する。「（一握りの超人的な文才をもつ人間を別として）推敲もせずダラダラと普通に書いてしまうと，必ず無駄な字数を費やしてしまう」ということを忘れてはならない。

**生徒答案例**

**1** ▶⒜人間は石器時代に定住社会を形成しはじめて時間の感覚などを含む重要な発見をしたが，⒝なぜそれを最大限利用するのに多大な時間が掛かったのかは謎であり，人間は自然の支配と産業世界形成の速さを不思議に思う。　　　**7** / 10点

（A）3．「石器時代」は「新石器時代」の誤り。**－1**

（B）3．不十分。「18世紀まで」が抜けている。**－1**

　　　「人間は自然の支配と」は「人間による自然の支配と」とすべき。**－1**


**2** ▶⒜新石器時代に最も高度な発見である計画や時間の概念を含む集団に属する個人を組織する方法が生まれたのであるが，⒝自らの環境を征服し産業化社会を驚異的な速さで作り上げたのがたった数百年前であるのは疑問である。　　　**6** / 10点

（A）2．抜けている。**－2**

　　　「集団に属する個人を組織する」は「集団の力を結集させる」の間違い。また，「方法」の前の修飾部分が長くなりすぎないように工夫すること。**－1**

（B）2．不十分。「生活をさらに豊かにする」が抜けている。また，「驚異的な速さで」は不要。**－1**


**3** ▶⒝人類が自然を征服し産業社会を作った速さか原始人が地位を上げた遅さのどちらに注目すべきかは議論の余地がある。前者はこの百年程度の出来事であるが，数千年前に始まっていても良かったはずである。　　　**4** / 10点

（A）すべて抜けている。**－5**

（B）2．不十分。「生活をさらに豊かにする」が抜けている。**－1**

　　　3．「この百年程度」は本文にあるので可（現在から見れば200年程度だが）。


**4** ▶⒝今まで人類が発達してきた速さは非常に遅い。⒜計画の概念と時間の感覚の発達を含む主要な進捗は新石器時代にあり，これは最も重要な進歩だったが，⒝なぜそこからここまで何千年も長く時間が掛かったのか疑問が残る。　　　**3** / 10点

（A）2．抜けている。**－2**

（B）1・2．抜けている。**－4**

　　　3．不十分。「人類が発達してきた」では，「飛躍」がもつ「急激な進歩」のニュアンスが出ない。**－1**

5 ▶(A)人は文明を築くより前に，農耕，道具の使用，集団行動の方法を身につける
という大躍進を新石器時代にとげたが，(B)そこで，それらの大躍進がなぜもっと早
くに起こらなかったのか疑問が生じる。 **3** / 10点

（A） 1．抜けている。― **2**

　　 2．「定住」という文言はないが，「農耕」は「定住」を含意していると考え
可とする。「文明を築くより前に」は不要。減点なし。

（B） 1・2．抜けている。― **4**

　　 3．不十分。「それらの大躍進」では「第1の飛躍が遅かったのはなぜか」と
言っていることになる。― **1**

**全訳**　　 人類が，敵対する自然環境を征服し，それによって我々が現在生活している工業化社会を創りあげた速さに驚嘆すべきか，それとも逆に，原始人があのような低いレベルのところから比較的豊かなレベルにまで自らを高めていった際の狂おしいほどの遅さに絶望すべきか，ということについては議論の余地のあるところだ。自立的な工業の成長への「離陸」が成し遂げられたのは18世紀末のことであった。しかし，人間が定住社会を一番最初に作った時，つまり人間（ホモサピエンス）が理性をもつ動物として手にした自己の生物的資質を初めて活用するようになった時は，遠く新石器時代にまで遡るのである。その時になって初めて鍵となるいくつかの発見がなされた，というよりむしろ広く使われるようになった。そうした発見とは，作物の栽培法，動物を集めて育て活用する方法，道具の使用法，自然に対し防御だけにとどまらず逆に攻撃する方法，そして特に，集団の総力をまとめる方法などであった。これらの巨大な知的飛躍を可能にしたのは，計画という発想や時間意識の発達だが，この飛躍の難しさをしのぐようなことは，以来今日まで行われていないのである。だからこそ驚嘆が生じるのである。しかしまた，石器時代の人間が環境という牢獄を，いくつかのこれらと関連したところで破り，その勝利を十分に活用するまでにかくも長時間を要したのは一体なぜなのかと我々は問わざるを得ないのである。たえず加速される進歩の過程は，わずか百年前ではなく，数千年前に始まっていてもよかったのではなかろうか。

- □ *l*.1　a matter of argument「議論されている問題」
- □ *l*.1　wonder at ～「～に驚嘆する」
- □ *l*.1　the speed with which SV「あっという間にSがVすること」 ※「SがVする速度」が直訳。
- □ *l*.3　alternatively「それとも逆に」
- □ *l*.3　despair at ～「～に絶望する」
- □ *l*.4　agonizing slowness「イライラするような速度」
- □ *l*.5　one of comparative plenty = a position of comparative plenty
- □ *l*.5　take-off「離陸」 ※本文では「始まり」という意味。

☐　*l.6*　towards ～「～に近い頃に」
☐　*l.7*　exploit ～「～を（とことん）利用する」
☐　*l.8*　as long ago as ～「遠く～の時に」
☐　*l.9*　It was then that ～は強調構文。
☐　*l.12*　collective power「集団のもつ力」
☐　*l.13*　intellectual leaps「知的飛躍」
☐　*l.13*　*A* involve *B*「*A* には *B* が必要である」
☐　*l.15*　hence「それゆえ」　※しばしば，後ろに文ではなく名詞が置かれる。
☐　*l.15*　be bound to *do*「必ず～する」
☐　*l.15*　why it was that ～は疑問詞の強調構文。
☐　*l.16*　a number of ～「いくつかの～」　※意外と多いことを示唆している。

---

## Column　焦点化のための道具「関係代名詞」

　　大学の文学部時代に，夏期集中講座で東京大学の池上嘉彦先生（『ことばの詩学』『記号論への招待』など著書多数）から関係代名詞について学んだことがあります。簡単に言うと，「日本語は『こと』の文化で，英語は『もの』の文化」ということでした。先生には数日間習っただけですが，「関係代名詞とは何なのか」の糸口がつかめた授業でした。まず，次の英文の「言いたいこと」を考えてみてください。

I was surprised that he had performed the difficult task with ease.
「彼がその難しい仕事を簡単にやったことに私は驚いた」

　　しかし，よく考えてみると，「私が驚いた理由」がはっきりしません。「他ならぬ彼」がやったので驚いたのでしょうか。「その難しい仕事」だから驚いたのでしょうか。それとも「簡単にやったから」驚いたのでしょうか。「『こと』の文化」の日本人なら，「Ｓが…にＶすること」という「～なこと」にという表現に抵抗を感じないでしょう。ところが英語では大問題なのです。上記の文を，関係代名詞節を用いて，すっきりさせてみました。

The ease with which he had performed the difficult task was surprising.

　　主語は「簡単さ」で述部は「驚きである」です。読者の注目を the ease に当てる［＝焦点化する］ことで，まず主題が明確になります。そしてその主題を補足する説明文として関係代名詞節「その簡単さで彼はその困難な仕事をやった」が存在します。そして文末に surprising を置くことで，ここが筆者の一番強調したい部分であることが明確になります（これを end focus「文末強調」と言います）。本文 1 行目の the speed with which …も焦点化された形になっています。

やや難

# 36 政治情勢に対する私の姿勢

1967 年度

## 文章の流れを確認する

| 第 1 ～ 4 文 | 社会と自分との関わりを見出せなかったので，政治に関わることはなかったが，政治情勢には反発を感じていた。 |

| 第 5 ～ 7 文 | 政治情勢を改善する責任感はなく，そうした努力もしなかった。自分が成長し楽しめるだけの平和と静けささえあればよかった。〈第 1 文の具体化〉 |

| 第 8 ・ 9 文 | 社会状況の外側で精神の成長を追求するのは物事の道理に合わない。 |

| 第 10 ・ 11 文 | 人類が運命を共にし，全面戦争の危機に直面しているときに知らぬ顔はできない。〈筆者の中心的な主張〉 |

| 第 12 ～ 15 文 | 中立的立場は不可能であり，生き残ろうと努力しなければ滅亡があるだけである。 |

## 答案を作成する

▶ この英文の趣旨は「昔は政治に関わらなかったが，今では関わる努力をしなければ滅亡しかないと思っている」ということ。

▶ これを考慮してまとめると次のようになる。

| 社 | 会 | と | 自 | 分 | と | の | 関 | わ | り | を | 見 | 出 | せ | な | か | っ | た | の | で |
|---|---|---|---|---|---|---|---|---|---|---|---|---|---|---|---|---|---|---|---|
| ， | 政 | 治 | に | 関 | わ | る | こ | と | は | な | か | っ | た | 。 | 政 | 治 | 情 | 勢 | に |

反発を感じてはいたが，それを改善する責任
感はなく，改善の努力もしなかった。自分があ
成長し楽しめるだけの平和と静けささえあれ
ばよかった。しかし，それを社会と関係を持
たず実現するのは無理である。今では，人類
が運命を共にし全面戦争の危機に直面してい
るとき中立的立場は不可能であり，生き残ろ
うと努力しなければ滅亡があるだけだと思っ
ている。

210　　　　　　　　　　220

▶これを指定字数（100〜120字）にまとめる。

**解答例**

私は政治との関係を見出せず政治運動には不
参加だったが，政治情勢には反発を感じてい
た。しかし自分の成長と幸福も社会との関係
なしには実現できない。人類共通の運命と全
面戦争の脅威は無視できず，中立は不可能で
あり生存の努力なしには滅亡があるだけだ。

110　　　　　　　　　　120

# 自分の答案を採点する

### 採点基準

✔各区分の抜けは **2 点減**。

✔不十分なら **1 点減**。

✔これは「私」の話なので一般化した場合は **0 点** とする。

✔（A），（B），（C）それぞれの満点を超えては減点しないものとする。

例：（C）の区分で 1 ～ 3 すべての抜けがあった場合は，6 点減ではなく，4 点減とする。

**（A） 4 点満点**

1．私は政治との関係を見出せず政治運動には不参加だったが

2．政治情勢には反発を感じていた

※（A）を現在時制で書いた場合は **4 点減**。

**（B） 2 点満点**

しかし自分の成長と幸福も社会との関係なしには実現できない

**（C） 4 点満点**

1．人類共通の運命と全面戦争の脅威は無視できず

※「世界は滅亡の危機に瀕している」でも可。

2．中立は不可能であり

3．生存の努力なしには滅亡があるだけだ

※（C）は「…の脅威を克服して生き残るためには，中立は不可能であり，行動する

必要がある」なども可。

筆者は「過去の自分の姿勢」と「現在の自分の考え」を対比させている。にもかかわらず，前半を現在時制で訳してしまった答案が散見された。大筋で間違うと大幅減点の可能性があるので，そのようなミスはしないように注意してほしい。

> 生徒答案例

1 ▶ (A)私は世界の政治問題に関与しているとは思わないが，それに反発している。(B)私は，自分を成長させ楽しむ為の平和と静けさがただ欲しい。(C)人間は共通の運命をたどり戦争に脅かされており，私は中立を保つことができない。破滅の阻止のため，生き残る為に努める。 　 5 /10点

（A）1．本文では筆者が「過去の自分の姿勢」と「現在の自分の考え」を対比している。よって前者を「思わない」「反発している」などと現在時制で述べるのは不可。また理由が抜けている。**−4**

（B）不十分。「ただ欲しい」は「欲しかったが，社会の外では望めなかった」とする。**−1**

2 ▶ (A)私は最近の政治の出来事に関わろうとしなかったにもかかわらず(B)平和と安泰を求めたがその態度を維持するのは難しい。(C)今日の人は人類が共通の運命を背負っておりまた戦争に脅かされていることに気づかねばならずまた賛成か反対かを明確に決める必要がある。 　 5 /10点

（A）1．不十分。理由が抜けている。また，「最近の」はおそらく1行目の the currents of の誤読。**−1**

2．抜けている。**−2**

（C）3．抜けている。**−2**

3 ▶ (A)私は政治に積極的に参加せず，(B)自らのための平和や静寂を求めていたが，その態度を続けるのは困難だった。(C)今日，人類が共有の運命に導かれ，戦争の結果に脅かされていることから目を背けることはできず，もはや中立的立場をとることは不可能となった。 　 4 /10点

（A）1．不十分。理由が抜けている。**−1**

2．抜けている。**−2**

（C）1．「戦争の結果に脅かされている」が曖昧。**−1**

3．抜けている。**−2**

4 ▶ (A)私は政治に参加する気になれなくて状況を良くしようとも責任も何も感じないが(B)成長し楽しむための平和と静けさは欲しい。(C)人は運命を共にしており政治に中立や不参加はできないのでこのような姿勢は維持できず政治に不参加だと最後に残るのは破滅だろう。 　 4 /10点

（A）1．本文では筆者が「過去の自分の姿勢」と「現在の自分の考え」を対比している。よって前者を「感じない」などと現在時制で述べるのは不可。また

理由が抜けている。 **－4**

（B）不十分。「欲しい」は「欲しかったが，社会の外では望めなかった」とする。

**－1**

（C）１．不十分。「全面戦争の脅威」が抜けている。**－1**

**5** ▶(A)自分には無関係だと政治には興味を持たず(B)平和と平穏を求めていながら(C)状況を変えようと努力したりその責任を感じたりもしないのは全人類が同じ道を辿る今日においては誤りである。生存のためには相応の努力が必要でありそれなしでは失われることになるだろう。

**0** /10点

一般化して書かれているので0点。「私」の話として書くべき。

**全訳**　　私は，世界の政治的な出来事の流れに積極的に関わっている気がしなかったが，それは，社会と私自身の運命とに何ら関わりを見出せなかったからだ。しかし，私が暮らしている世界の政治情勢についての私の感情は，孤立感といった程度のもの以上であった。私は激しくそれに反発を感じていた。そしてその反発は消極的な反発であった。私はその情勢を改善しようとするいかなる努力にも進んで参加することはなかった。私はそれに対して何の責任感も抱かなかった。そうした政治情勢にもかかわらず，私が欲したものは，ただ私自身を成長させ楽しむことができる平和と静けさだけであった。しかし，それはもち続けるのが容易な姿勢ではなかった。人が自分の精神的成長を何ら社会と関係をもたないで追求するというようなことはものの道理に反することである。今日では，人類が一つの共通の運命に委ねられていて，全面戦争のもたらす結果に全面的に脅かされているという事実を無視するとすれば，何も見えていないに違いない。私はこの世の中に存在し，この世に生まれてきた入場券を返すことはできない。また私は中立にもなれない。私は自分が何に賛成し何に反対であるかを明らかにせねばならない。中立であることは不可能である。なぜなら中立はそれなりの結果をもたらし，その結果は有害なものであるからだ。もし私が生き残るという立場を擁護すれば，私にはそのために努力する覚悟が必要となる。なぜならそのために努力しなければ生き残ることはできないし，もし生き残れなければ，その逆，つまり破滅がやってくるからである。

- □　*l*.1　feel *oneself* to be ～「自分が～であると感じる」
- □　*l*.1　be actively involved in ～「～に積極的に関わる」
- □　*l*.1　currents「流れ，潮流」
- □　*l*.2　bearing of *A* on *B*「*A* の *B* に対する関わり」
- □　*l*.3　the world I was living in ＝ the world which I was living in
- □　*l*.4　one of isolation ＝ a feeling of isolation
- □　*l*.4　in revolt against ～「～に反対して」

- ☐ *l*.5　negative「消極的な」
- ☐ *l*.5　better 〜「〜を良くする」　※ make 〜 better の短縮形。
- ☐ *l*.6　All I wanted was 〜「私が望むのは〜だけだった」
- ☐ *l*.7　quiet「静けさ」　※名詞。
- ☐ *l*.8　not in the nature of things「物事の本質の中にない，道理に合わない」
- ☐ *l*.9　spiritual advancement「精神的成長」
- ☐ *l*.9　social context「社会の状況」
- ☐ *l*.9　a man must be blind to *do*「〜するとしたら目が見えないに違いない」
  　　　※この to *do* は，to 不定詞の副詞用法で「判断の根拠」を示す。
- ☐ *l*.10　be committed to 〜「〜に（深く）関わっている」
- ☐ *l*.11　total war「全面戦争」
- ☐ *l*.12　give back my entrance ticket「この世に生まれてきた入場券を戻す」
- ☐ *l*.12　Nor can I be 〜「私はまた〜もできない」
- ☐ *l*.14　stand for 〜「〜を支援する」

## Column　学生運動

　樺 美智子（かんばみちこ）という名前をご存じでしょうか。彼女は学生運動家で，安保闘争で死亡した東京大学の女子学生です。1957 年に日本共産党に入党して，その後共産主義者同盟の活動家として 1960 年の安保闘争に参加しました。6 月のデモで国会に突入した際に警官隊と衝突して死亡しました。

　もう少し後の時代，立命館大学生の高野悦子さんが書き残したノートをまとめた『二十歳の原点』が出版されました。彼女は大学 3 年生の 20 歳のときに自らの命を絶ちました。下宿に残されたノートには彼女の大学での学生生活や様々な悩みが書かれていました。学生運動がまだ盛んだった 1970 年代初期を代表する作品と言われています。

　この時代，学生の多くが日本の未来を真剣に考え，その力が学生運動という形で表れていました。東京大学では医学部学生処分に端を発した東大闘争が激化した時代です。学内の施設が破壊され，講義が休講になるなど長期にわたり大混乱しました。この問題が出題された 2 年後の 1969 年には，闘争が激化して東大は入試を中止せざるを得ませんでした。よって，この問題文には「私は政治に積極的に参加せず」という部分がありますが，この時代には少数派だったはず。東大があえてこのテーマを選んだのは興味深いですね。

やや難 2003 年度

## 37 言語の消失と誕生

## 文章の流れを確認する

**第1段落** 世界の言語が減少傾向にあり，英語と中国語を除いてすべての言語が消滅するかもしれないと予想されているが，これは民族の歴史の消失を意味し残念だ。

**第2段落** こうした見方は，言語の消滅と同じ速さで，個別言語とみなせるような方言が生じていることを見落としている。

## 答案を作成する

▶第1段落では，予測① 「世界の言語は大幅に消失するかもしれない」，予測② 「世界がわずか2つの言語に支配される日が来るかもしれない」について述べられている。

▶第2段落では第1文が主張で，「こうした見方は1つの興味深い特徴を見落としている」とあり，「1つの興味深い特徴とは何か？」と考えながら読み進めることになる。すると「方言が多数生まれ，それらが個別言語として認識されている」ことだとわかる。

▶大切なことは，「だから，どうした？」ということは一切書かれていないということ。つまり，「言語の減少」と「個別言語とみなされ得る方言の増加」の関係性には筆者は一切触れていないということ。

▶以上を考慮してまとめれば，次のようになる。

| 世 | 界 | の | 言 | 語 | が | 減 | 少 | 傾 | 向 | に | あ | り | ， | | 英 | 語 | と | 中 | 国 | 語 |
|---|---|---|---|---|---|---|---|---|---|---|---|---|---|---|---|---|---|---|---|---|
| を | 除 | い | て | す | べ | て | の | 言 | 語 | が | 消 | 滅 | す | る | か | も | し | れ | な | |
| い | と | 予 | 想 | さ | れ | て | い | る | が | ， | | こ | れ | は | 民 | 族 | の | 歴 | 史 | の |

消失を意味し残念だ。しかし，こうした見方
は，言語の消滅と同じ速さで，個別言語とみ
なせるような方言が生じていることを見落と
している。

130　　　　　　140

▶第2段落の「こうした見方は，言語の消失と同じ速さで，個別言語とみなせるような方言が生じていることを見落としている」（50字）は必要で，これ以上言葉を削れない。

▶「こうした」の部分，つまり第1段落の要旨の部分を，残り字数の20字以内にまとめるしかない。たとえば「現在の世界の言語のほとんどすべてが将来消失してしまうという（見方）」でも29字もある。ここからさらに言葉を圧縮して60〜70字に収める必要がある。

**解答例**

今の言語が将来大幅に減少するという見方は
，減少と同じ速さで方言が多数生まれ，そこ
から個別言語が誕生しているという事実を見
落としている。

60　　　　　　70

## 自分の答案を採点する

### 採点基準

✓各区分の抜けは **3 点減**。

✓不十分なら **1 ～ 2 点減**。

✓（A），（B）それぞれの満点を超えては減点しないものとする。

　例：（A）の区分で 1・2 両方の抜けがあった場合は，6 点減ではなく，5 点減とする。

---

**（A）5 点満点**

1．今の言語が将来大幅に減少するという見方は

2．～という事実を見落としている

---

**（B）5 点満点**

1．減少と同じ速さで方言が多数生まれ

2．そこから個別言語が誕生しているという事実

---

英文そのものは決して難しくなく，内容も難しくないが，満点答案はほぼない。そもそも第 2 段落第 1 文が主張であることに気がついていない答案が多かった。さらにそこをクリアしても，20 行目以降の recognize O as C の部分を理解していないために「方言が個別言語とみなされる」の部分が抜けている答案がほとんどであった。

**生徒答案例**

１　▶(A)言語の数が半分以下に減るだろうといわれているが，(B)それと同じ位の速さで新しい方言も生み出されている。それらは別個の言語として認識されている。

**7** / 10点

（A）　２．抜けている。**－3**

２　▶(B)新しい言語が，地域の方言から日々生み出されているので，(A)今ある５千の言語のほとんどが消滅して中国語と英語だけの世界になるということはない。

**5** / 10点

（A）　２．抜けている。**－3**
（B）　１．不十分。「減少と同じ速さで」がない。「新しい言語が方言から日々生み出される」は「日々生み出される方言が新しい言語とみなされる」としたい。**－2**

３　▶(A)今後，言語の数が大幅に減ると言語学者は考えており，言語を失えば過去の一部も失ってしまうとされる一方，(B)同じ速さで私達は新しい言語を生んでいる。

**5** / 10点

（A）　２．抜けている。**－3**
（B）　不十分。「多くの方言を生み，それが言語とみなされている」としたい。**－2**

４　▶(A)今日地球上には５千もの言語があり，話手の減少により消滅する言語も含まれているが，(B)一方では消えゆくのと同じ速さで新しい話し言葉が生まれている。

**4** / 10点

（A）　１．不十分。「大幅に減少するという見方」がない。**－1**
　　　２．抜けている。**－3**
（B）　１．不十分。「方言が多数生まれ」がない。**－1**
　　　２．不十分。「（方言が）新しい言葉とみなされている」とすべき。**－1**

５　▶(A)現在ある言語の半分以上は死語になり英語と中国語だけになるかもしれないと予想されている一方で(B)新たにできた方言が全く異なった言語になっている。

**3** / 10点

（A）　２．抜けている。**－3**
（B）　１．抜けている。**－3**
　　　２．不十分。方言が別の言語に変化しているように読めてしまう。**－1**

**全訳**

**第 1 段落**

　今日の世界で現在話されている言語は，どれを方言と数え，またどれを個別言語と数えるかにもよるが，その数は約 5,000 であると推定されている。これらに，（古代ギリシャ語やラテン語のように）今も学校で教えられていたり，（サンスクリット語やゲーズ語のように）宗教儀式で用いられている，一握りの「死語」を加えることもできるかもしれない。言語学者は，これらすべての言語のゆうに半数を上回る言語が，次の半世紀以内に，母語としての話者がいなくなるという意味で，消滅するだろうと予想している。それらの大部分が，現在母語として話す人が 1,000 人を下回り，しかも，その話者の大半がすでに高齢者となっているのである。世界がわずか 2 つの言語に支配される日が来るかもしれないとさえ示唆されている。現在の使用状況からすると，この 2 つというのは，ほぼ間違いなく英語と中国語になるであろう。もちろん，これほど多数の言語が失われるのは残念なことだろう。言語を失えば過去の断片を失うことになるからだ。というのは，言語は諸民族の歴史，その民族の経験の集積，彼らが行った移動，そして彼らが今までに受けた侵略を象徴するからである。

- □ *l.*1　There are estimated to be ～「～があると見積もられている」
- □ *l.*2　count O as C「O を C とみなす」
- □ *l.*2　dialect「方言」　※言語学では差別的響きを避けるため「変種」と訳すことが多い。
- □ *l.*3　add *A* to *B*「*B* に *A* を加える」　※本文では to *B* が前に置かれている。
- □ *l.*3　a handful of ～「一握りの～」
- □ *l.*3　'dead' に ' ' がついているのは，完全に「死語」ということではなく，実際には学校などで教えられていることがあるということを示唆している。
- □ *l.*4　religious services「宗教儀式」
- □ *l.*5　linguist「言語学者」
- □ *l.*5　well over ～「ゆうに～を超える」　※ well は強調の副詞。
- □ *l.*6　in the sense of ～「～の意味で」
- □ *l.*8　The time may come, …, when … の when … は time を説明する関係副詞節。
- □ *l.*10　on present performance の performance は「言語運用（＝言語の現実的使用）」の意味。言語学において competence「言語能力」と対になる概念。
- □ *l.*12　fragment「断片」
- □ *l.*12　for SV「というのも SV だからだ」　※この for は等位接続詞。
- □ *l.*13　peoples「諸民族」
- □ *l.*13　accumulation「蓄積」
- □ *l.*14　suffer ～「（苦痛・損害など）を被る」

第 2 段落

　しかし，この見方は人間行動に関する 1 つの興味深い特徴を見落としている。すなわち，方言を失うのと同じ速さで新しい方言を生み出すという傾向である。英語は地球全体に広がって，どの大陸にも英語を公用語とする国が存在するだけでなく，貿易や政治，科学の共通語にもなった。しかし同時に，話者同士が互いにほとんど理解しあえないような地域特有の方言が多数発達してきた。ほとんどの言語学者はピジン語（ニューギニアの「ピジン英語」）や黒人俗英語（米国の主要都市で黒人たちによって主に話されている英語の形態），カリブ・クレオール語（多様なカリブ諸島の英語），クリオ語（西アフリカのシエラレオネのクレオール語），そしてスコットランド語（スコットランド低地地方で話されている英語）さえも，個別言語であると認めているのである。

- ☐ *l*.15　this observation は「現存する言語の半数以上が死滅し，ゆくゆくは英語と中国語だけになってしまうかもしれないという見方」の意味。observation は「観察結果」の意味。
- ☐ *l*.16　English has spread … to become 〜 の to become 〜 は「結果」を示す to 不定詞。よって「英語は広がっていって，その結果〜になる」ということ。
- ☐ *l*.18　文頭の yet は「（意外なことに）しかし」の意味。
- ☐ *l*.20　recognize O as C は「OをCと認識する」 ※本文では recognize と as 〜 が離れているので注意が必要。
- ☐ *l*.20　pidgin English「ピジン英語（東南アジア・西アフリカ・西インドなどで主として通商のために用いられる混合英語）」
- ☐ *l*.21　vernacular「土地言葉，地方語，専門語，仲間言葉」
- ☐ *l*.22　Creole「クレオール語（主にヨーロッパ（植民者）の言語と非ヨーロッパ系（先住民）の言語との接触による混成語で母語として話されるようになったもの）」

やや難
2019 年度

# 38 欧州での子どもの権利の変遷

## 文章の流れを確認する

**第 1 段落** 大規模産業が始まる 19 世紀前半までのヨーロッパでは，子どもは労働力の一部であり，教育を受ける権利などを有さず，親が自由にできる存在だった。

**第 2 段落** 19 世紀後半から 20 世紀前半にかけて，子どもは社会が擁護すべき独自の集団であるという認識が生まれた。

**第 3 段落** この時期，英仏では親からの虐待や育児放棄も法律により禁じられた。こうした子どもが保護される権利から始まり国が様々な支援を与えるようになった。

## 答案を作成する

▶上記の各段落の要約をすべて書くと次のようになる。

大規模産業が始まる19世紀前半までのヨーロッパでは，子どもは労働力の一部であり，教育を受ける権利などを有さず，親が自由にできる存在だった。19世紀後半から20世紀前半にかけて，子どもは社会が擁護すべき独自の集団であるという認識が生まれた。この時期，英仏では親からの虐待や育児放棄も法律により禁じられた。こうした子どもが保護される権利から始まり国が様々な支援を与えるようになった。

▶これを指定字数（70〜80字）にまとめる。

▶まず，問題文に「<u>ヨーロッパで生じたとされる変化の内容を…要約せよ</u>」とあるので，要約文では「ヨーロッパにおいて」という部分は省いてもよいだろう。

▶第1段落は，「大規模産業化以前，児童は労働力で親の私有財産とみなされた」で十分。「権利がないに等しかった」ことは第2段落の「のちに権利が認められた」ということから読み取れるので，第1段落の内容としてあえて述べる必要はない。

▶第2段落は，「19世紀後半以降，子どもは（親の私有財産ではなく）社会が擁護すべき独自の存在という認識が生まれた」とする。この段落では「人々の子どもに対する認識の変化」と「法的保護への動き」が述べられているが，後者は第3段落にもあるので，ここでは人々の子どもに対する認識の変化を中心に述べればよいだろう。

▶第3段落は「国家が法的に保護する対象となり国が様々な支援を与えるようになった」でよしとする。「虐待は禁止され」の部分は「国家が法的に保護する」に含めればよいだろう。

## 解答例

大規模産業化以前，児童は，労働力であり親の私有財産だったが，19世紀後半以降社会が守るべき独自の存在とみなされ，国家によって法的に保護され様々な権利が与えられた。

70　　　　　　　　　　　　　　　　　　　　　80

## Column　中世ヨーロッパの子ども

　　中世ヨーロッパ時代の遺物の中には，子ども用のおもちゃがほとんど見られない，という話を聞いたことがあります。理由は，本問にもあるように「子ども」という存在がなかったからです。コミュニケーション能力が不十分な7歳や8歳の頃までは，「動物」の扱いを受けていました。その歳を上回ると，大人の仲間入りとみなされ，徒弟修行に出され，飲酒も許可されていたようです。よって，現在の私たちが考えているような「子ども時代」など存在していなかったのです。当然ながら adolescence「青年期，思春期」という概念もなく，もちろんそれを表す語もなく，adolescence が英語に初めて登場するのは中期英語の後半です。

# 自分の答案を採点する

## 採点基準

✓各区分の抜けは **2 点減**。

✓不十分なら **1 点減**。

✓（A），（B），（C）それぞれの満点を超えては減点しないものとする。

　例：（A）の区分で 1 ～ 3 すべての抜けがあった場合は，6 点減ではなく，4 点減とする。

**（A） 4 点満点**

1．大規模産業化以前　　※「19 世紀前半まで」でも可。
2．児童は，労働力であり　　※「子どもは働いていた」でも可。
3．親の私有財産だったが

**（B） 3 点満点**

1．19 世紀後半以降
2．社会が守るべき独自の存在とみなされ

**（C） 3 点満点**

1．国家によって法的に保護され　　※「児童に法的権利が認められた」も可。
2．様々な権利が与えられた　　※「様々な支援がなされた」も可。

2

「社会の構造・仕組み」を味わう

**生徒答案例**

1 ▶Ⓐ産業化以前は，子供は親の所有物で法的保護もない労働力とみなされていたが，Ⓑ19 世紀末から虐待など様々な危険から，国家や社会が守るべき存在とみなされるようになった。 7 / 10点

（C）抜けている。－3

2 ▶Ⓐ19 世紀初期まで子供は主な労働力で親の所有物とみなされており，子供の保護は不十分だった。Ⓑ19 世紀後半以降Ⓒ子供の権利を保障する法律や政府の介入で子供の保護が充実した。 7 / 10点

（B）2．「児童は独自の存在とみなされた」という認識の変化を書くこと。－2

（C）2．不十分。「子どもの法的な保護に始まり」→「様々な権利が保障されるようになった」という本文の流れを正確に反映すること。－1

3 ▶Ⓐ19 世紀前半まで，子供は働き親の人的財産と見なされていたがⒷ徐々に法的保護として子供の権利が生じ，Ⓒ政府が様々なサービスを彼らに提供するようになった。 6 / 10点

（A）3．「人的財産」は「私的財産」の間違い。－1

（B）1．「徐々に」では不十分。「19 世紀後半以降」とする。－1

　　　2．「児童は独自の存在とみなされた」という認識の変化を書くこと。－2

（C）1．「法的保護」は（B）で触れられているので OK。

4 ▶Ⓐ19 世紀初期には子供の権利はなく親の好きなように支配されたが，Ⓑ19 世紀後半から社会は子供を守るべきだとし，Ⓒ子供の権利，親の残酷な子供の扱いに対する法律が制定された。 4 / 10点

（A）2．「児童は労働力であった」が抜けている。－2

（B）2．「児童は独自の存在とみなされた」という認識の変化を書くこと。－2

（C）2．抜けている。－2

5 ▶Ⓐ産業革命以前の欧州では子供の人権はほとんどなかったがⒷ19 世紀後半になりⒸ子供の人権が法的に保証され親からの虐待や育児放棄が法的に罰せられるようになった。 4 / 10点

（A）2・3．不十分。子どもの扱われ方を具体的に書くこと。－2

（B）2．「児童は独自の存在とみなされた」という認識の変化を書くこと。－2

（C）2．抜けている。－2

**全 訳**

### 第1段落

　大規模産業が始まる以前のヨーロッパでは，児童労働は広範囲に見られる現象であり，経済体制の中の重要な要素であった。19 世紀までの期間と 19 世紀には，6 歳を過ぎた子どもたちはその能力に応じて社会に貢献することが求められた。およそ 7 歳ぐらいから，ゆっくりと労働の世界——大人も子どもも住んでいた世界——に参入し始めた。子どもの教育，学校教育，危険からの保護という概念は稀であるか，まったく存在しなかった。19 世紀の初期には，子どもはまた，多くの場合，親の個人的な所有物と考えられており，法的な権利はほとんど，あるいはまったくなかった。親，主に父親は，子どもに対する権力と支配力が際限なく与えられており，子どもを好きなように扱うことが許されていた。体罰はほとんどどこでも見られ，社会的にも容認されていたのだ。

- □ *l.*1　pre-industrial「大規模産業が始まる前の」
- □ *l.*1　phenomenon「現象」
- □ *l.*3　beyond six years of age「6 歳を超えた」
- □ *l.*3　contribute to society「社会に貢献する」
- □ *l.*4　a slow entry into 〜「ゆっくりと〜に参入すること」
- □ *l.*5　inhabit 〜「〜に住む」
- □ *l.*6　schooling「学校教育」
- □ *l.*6　protection against 〜「〜からの保護」
- □ *l.*6　hazard「(偶発的な) 危険，危険になり得るもの」
- □ *l.*6　rare or entirely absent「稀か，まったく存在しない」
- □ *l.*8　view O as C「O を C と見る」
- □ *l.*8　personal property「個人の所有物」
- □ *l.*9　power and control over 〜「〜に対する権力と支配力」
- □ *l.*10　treat 〜 as they wish「〜を好きなように扱う」
- □ *l.*10　physical punishment「体罰」
- □ *l.*11　universal「普遍的な」　※ここでは「ヨーロッパの家庭ではよくあること」という意味。

### 第2段落

　この状況は，19 世紀が終わりに近づくにつれ変化し始めた。特に 1870 年から 1920 年の 50 年間，親や雇用主などに対する子どもの権利は，法的保護という形態で拡大した。徐々に子どもは，独立した範疇の存在として認識され，単に大人の所有物とは認識されなくなり始めた。子どもは経済的価値しかもたないという見方は変化し始め，子どもは独自の集団であり，社会が子どもを支え，また子どもが直面する様々な危険から守る責任を有しているという認識にとって代わられ始めた。

□ *l*.12　progress「進む」
□ *l*.13　in relation to ～「～との関連における」
□ *l*.14　expand「拡張する」
□ *l*.14　in the form of ～「～という形態で」
□ *l*.14　legal protection「法的保護」
□ *l*.15　perceive O as C「O を C と認識する」
□ *l*.16　not simply ～　は「～だけでなく」という意味にもなるが，ここでは「単なる～ではなく」という訳が適切。
□ *l*.16　no more than ～「～にすぎない」
□ *l*.17　be replaced by ～「～にとって代わられる」
□ *l*.17　perception that SV「SV という認識」
□ *l*.18　unique「独自の」

### 第 3 段落

　この期間のもう 1 つの変化は，子どもを親の虐待や放置から保護することであり，そうした行為は政府当局に厳しく監視され，ますます問題視されるようになった。1889 年に，フランスと英国は両国とも，子どもに対する残虐行為を，親からの残虐行為も含め，禁じる法律を可決させた。国家は子どもの権利を擁護する存在になった。その後，子どもが保護される権利に端を発し，様々なものを援助してもらう権利が生まれ，サービスの提供は中央政府がその責任を負うことになった。医療，最低限の住居，遊び場が，労働からの解放と公教育を受けられる権利と共に，子どもの権利を構成する要素として現れたのである。

□ *l*.20　the protection of *A* from *B*「*A* を *B* から守ること」
□ *l*.21　abuse and neglect「虐待と育児放棄」
□ *l*.21　be subjected to ～「～を受ける」
□ *l*.21　intense scrutiny「厳しい監視」
□ *l*.21　challenge ～「～に異議を唱える，～を問題視する」
□ *l*.22　government authorities「政府当局」
□ *l*.23　pass a law against ～「～を禁じる法律を可決する」
□ *l*.23　that caused by their parents＝cruelty caused by their parents
□ *l*.24　defender「擁護者」
□ *l*.25　provision of various sorts「様々なものの提供」
□ *l*.26　acceptable housing「一定水準を満たした，問題のない住居」
□ *l*.27　together with ～「～に加えて」
□ *l*.27　access to ～「～を得る権利」
□ *l*.28　elements「基本的要素」

やや難

# 39 国際ビジネスにおける交渉のカギ

2017 年度

## 文章の流れを確認する

| 第1段落 | 「国際ビジネスの世界で成功するためには，相手国の文化に適応することが必要である」というのが通説。 |

| 第2段落 | 最近の調査でこの考え方は間違いであるかもしれないことが判明した。「ビジネスに対する姿勢の違いは異国人同士より，同じ国民同士の方が大きい」とわかった。 |

| 第3段落 | ある国に特有の言語や習慣，価値観は確かにあるが，ビジネス文化を国ごとに一般化することはもはや正しくない。 |

| 第4段落 | ビジネスの相手側のもつ価値観は，その出身国ではなく，職業や社会経済的な地位を考慮して予測することが望ましい。 |

| 第5段落 | ビジネスの交渉において，相手の出方を探る材料としてその人の出身地に関わる特徴を用いるのは得策ではない。 |

## 答案を作成する

▶まず「国際舞台におけるビジネスでの交渉相手の出方を探る材料として何を用いるのか」についての文であることを理解して，全体の方向性を定める。そして従来は，その根拠として，「国別の文化」が用いられてきたが，そうではなく「その相手本人の職業や社会経済的地位」に依拠すべきだ，と続ければよい。

▶「職業や社会経済的な地位」という文言は必ず入れること。

▶上記のことを考慮した上で，〔文章の流れ〕を頼りにまとめてみると，次のように
なる。なお，本問は「要旨をまとめよ」なので，第4・5段落の内容を中心にまと
めればよい。

| | | | | | | | | | | | | | | | | |
|---|---|---|---|---|---|---|---|---|---|---|---|---|---|---|---|---|
| 国 | 際 | ビ | ジ | ネ | ス | の | 交 | 渉 | で | 成 | 功 | す | る | た | め | に | は | ， | 相 |
| 手 | の | 出 | 方 | を | 探 | る | 材 | 料 | と | し | て | ， | 相 | 手 | 国 | の | 文 | 化 | に |
| 適 | 応 | す | る | こ | と | が | 必 | 要 | で | あ | る | と | い | う | の | が | 通 | 説 | だ |
| っ | た | が | ， | ビ | ジ | ネ | ス | に | 対 | す | る | 姿 | 勢 | の | 違 | い | は | 異 | 国 |
| 人 | 同 | 士 | よ | り | ， | 同 | じ | 国 | 民 | 同 | 士 | の | 方 | が | 大 | き | い | こ | と |
| が | わ | か | っ | た | 。 | よ | っ | て | 職 | 業 | や | 社 | 会 | 経 | 済 | 的 | な | 地 | 位 |
| を | 考 | 慮 | し | て | 予 | 測 | す | る | こ | と | が | 望 | ま | し | い | 。 | | | |

130　　　　　　　　　　　　　　　140

▶これを指定字数（70〜80字）にまとめる。

**解答例**

| | | | | | | | | | | | | | | | |
|---|---|---|---|---|---|---|---|---|---|---|---|---|---|---|---|
| 国 | 際 | ビ | ジ | ネ | ス | の | 世 | 界 | で | は | ， | 交 | 渉 | 相 | 手 | の | 出 | 方 | を |
| 探 | る | 判 | 断 | 材 | 料 | と | し | て | ， | そ | の | 人 | の | 出 | 身 | 国 | 特 | 有 | の |
| 文 | 化 | で | は | な | く | ， | そ | の | 人 | 本 | 人 | の | 職 | 業 | や | 社 | 会 | 経 | 済 |
| 的 | な | 地 | 位 | を | 考 | 慮 | し | 予 | 測 | す | る | 方 | が | よ | い | 。 | | | |

70　　　　　　　　　　　　　　　80

## 自分の答案を採点する

**採点基準**

✓各区分の抜けは **3 点減**。

✓不十分なら **1 ～ 2 点減**。

✓（A），（B）それぞれの満点を超えては減点しないものとする。

例：（A）の区分で 1・2 両方の抜けがあった場合は，6 点減ではなく，5 点減とする。

---

**（A）5 点満点**

1．国際ビジネスの世界では

2．交渉相手の出方を探る判断材料として

※「交渉の成功は相手の行動を予測できるかどうかで決まる」などでも可。

---

**（B）5 点満点**

1．その人の出身国特有の文化ではなく

2．その人本人の職業や社会経済的な地位を考慮し予測する方がよい

---

「国際ビジネスで成功するためには」という全体の方向が見えていない答案が意外と多かった。要約では，必要な要素が揃っていることが大切ではあるが，それ以前に「全体の方向」が合っていなければならない。要約を開始する前に，英文の「題名」を考えてみるのも一考であろう。

2

「社会の構造・仕組み」を味わう

### 生徒答案例

1 ▶(A)今日の国際化した社会のビジネスにおいて，取引相手国を(B)固定観念で判断するのではなく，職業や社会経済的地位を判断材料に使い(A)予測し行動しなければ失敗する。　　　　　　　　　　　　　　　　　　　　　　　　**8** / 10点

（A）2．「取引相手国」は「取引する交渉相手」とする。━ **1**
（B）1．「取引相手国を固定観念で」が不十分。「取引相手国の文化に対する固定
　　　観念で」，あるいは「取引相手国の国民性に関する固定観念で」とする。━ **1**


2 ▶(A)交渉の成功は相手がどのような行動にでるかを予測できるかどうかで決まり，
(B)従来のように相手国の文化から判断すると誤った予測や反応をしてしまいやすい。
　　　　　　　　　　　　　　　　　　　　　　　　　　　　　　　**4** / 10点

（A）1．抜けている。━ **3**
（B）2．抜けている。━ **3**


3 ▶(B)以前は自分が仕事をする国の仕事文化に適応する必要があったが，グローバル化でそうとは言えなくなった。(A)交渉の成立には国の特徴に従わない相手行動の予測が必要だ。　　　　　　　　　　　　　　　　　　　　　　　**3** / 10点

（A）1．抜けている。━ **3**
　　　2．「国の特徴に従わない」は不要。━ **1**
（B）2．抜けている。━ **3**


4 ▶(B)国際化で国籍から仕事への態度の一般化することはできず，職業や経済階級が同じ人が仕事に対して同じ価値観をもつようになったので，国籍で相手を判断してはならない。　　　　　　　　　　　　　　　　　　　　　　　　**3** / 10点

（A）抜けている。━ **5**
（B）1．「国籍」は「相手国の文化」としたい。━ **1**
　　　2．「考慮し予測」の部分が不十分。━ **1**


5 ▶(B)仕事に関わる態度について各々の国のやり方があると広く信じられていたが，グローバル化の様々な効果により国名から仕事文化を一般化することはもはや受け入れられない。　　　　　　　　　　　　　　　　　　　　　　　　**1** / 10点

（A）抜けている。━ **5**
（B）1．「国名」は「相手国の文化」としたい。━ **1**
　　　2．抜けている。━ **3**

**全訳**

### 第1段落

　広く受け入れられているある見解によると，文化と国はほぼ交換可能であるということである。たとえば，「日本式」のビジネス作法（遠回しで礼儀正しい）なるものがあり，それは「アメリカ式（率直で押しが強い）」あるいは「ドイツ式（生真面目で能率的）」などとは異なるものであるというのが定説だ。そして，成功するためには，取引をしている相手国のビジネスの文化に合わせなくてはならないということだ。

- [ ] *l*.1　culture and country「文化と土地」　※ country は「国」の意味では可算名詞で，「（ある特徴を有した）地域」の意味では不可算名詞の扱いとなる。ここでは後半の記述に鑑みて「国」と訳している。
- [ ] *l*.1　more or less＝almost
- [ ] *l*.2　be supposed to *do*「～ということだと思われている」
- [ ] *l*.4　no-nonsense「生真面目」　※「無意味なものがゼロ」が直訳。

### 第2段落

　しかし，最近の研究で，このような仕事の手法に疑問が投げかけられた。この新たな研究は，これまで 35 年間にわたって行われてきた 558 の先行研究のデータを用いて，仕事に関連する 4 つの姿勢を分析した。すなわち，個人と集団とどちらを重んじるか，序列制度や地位を重んじるかどうか，危険や不確実性は避けるかどうか，そして競争と集団の和とどちらを重んじるか，の 4 つである。もし従来の見解が正しければ，国と国の違いは同じ国の中の違いよりはるかに大きいはずである。しかし，実際には，こうした 4 つの姿勢の違いの 80 ％以上が同じ国の中で見出され，国と国とで異なるケースは 20 ％未満にすぎなかった。

- [ ] *l*.7　challenge ～「～に異議を唱える」
- [ ] *l*.8　previous studies「先行研究」
- [ ] *l*.10　hierarchy「序列」
- [ ] *l*.14　*A* correlate with *B*「*A* は *B* と相互に関連している」

### 第3段落

　それゆえ，少なくともビジネスの舞台においては，ブラジル文化とかロシア文化などと単純化して語るのは危険である。もちろん，各国には共通の歴史や言語，共通の食べ物や風習，さらにそれ以外の，国特有の多くの共通の習慣や価値観があるのは否めない。しかし，人の移動だけでなく科学技術，考えのやり取りにおけるグローバル化が及ぼす多くの影響のために，この国ならこのビジネス文化だ

と一般化して考えることはもはや受け入れられるものではない。タイ在住のフランス人の実業家は，本国のフランスにいる人より，タイ人の実業家との共通点の方が多いということも十分にあり得ることなのだ。

- ☐ *l*.15 simplistically「単純に」
- ☐ *l*.16 a business context「ビジネスという環境」
- ☐ *l*.18 country-specific「国独自の」
- ☐ *l*.19 globalization「グローバル化」
- ☐ *l*.20 generalize from *A* to *B*「一般的に *A* と *B* に結びつきがあると考える」
- ☐ *l*.21 have ～ in common with …「…と～の共通点をもっている」
- ☐ *l*.21 his or her Thai counterparts＝Thai businesspersons
- ☐ *l*.22 back in France「祖国であるフランスにおいて」

### 第4段落

　事実，仕事に関わる相手側の価値観を予測するには，その人の出身国よりもその人の職業や社会経済的な地位を考慮する方がはるかに参考になる。たとえば，職業の異なる100人のイギリス人よりも，様々な国籍の100人の医者の方が，考え方を共有している可能性がずっと高い。オーストラリア人のトラックの運転手は，言語は別とすれば，同じオーストラリア人の弁護士よりインドネシア人のトラックの運転手との方がより馬が合う可能性が高いであろう。

- ☐ *l*.24 country of origin「出身国」
- ☐ *l*.25 Briton「イギリス人」 ※ formal な語。
- ☐ *l*.26 different walks of life「様々な職業」 ※「人生の様々な歩み方」から。
- ☐ *l*.26 language aside＝apart from language
- ☐ *l*.27 familiar company「馴染みのある仲間」

### 第5段落

　交渉が成功するかどうかは，相手側の出方を予測することができるかどうかで決まる。国際的な舞台で，国民性に関わる考えから判断を下すならば，予測を誤り不適切な反応をしかねない。ある人の文化背景を，その人の国を基準として決めつけるのはビジネスではとても得策とは言えないのだ。

- ☐ *l*.28 the other party「(交渉の) 相手」
- ☐ *l*.29 to the extent that SV「SV の程度まで」→「SV の限りにおいては」
- ☐ *l*.31 cultural stereotyping「文化に関わる固定的な見方」

難

1999 年度

# 40 オーラル・ヒストリーの特徴と影響

## 文章の流れを確認する

**第1段落** オーラル・ヒストリーでは，社会的政治的エリートのみならず従来の歴史では記録されなかった庶民やその生活などが記録される。

**第2段落** オーラル・ヒストリーでは，歴史家に，面接取材のために必要な新たな知識や能力が要求される。また語る側は自らの歴史解釈を加え，また語ることによって力を得る。

## 答案を作成する

▶ 求められている内容は「『オーラル・ヒストリー』の特徴と影響」である。対比に注意して表を作ってみる（従来の歴史については第1段落に断片的に書かれている内容から推測すること）。

| | 従来の歴史 | オーラル・ヒストリー |
|---|---|---|
| 情報源となる人 | 一部のエリート | 一部のエリート＋一般庶民 |
| 対象となる内容 | 大事件や政治 | 従来の歴史＋庶民の日常生活 |
| 歴史家に必要なもの | 歴史的考察力 | 歴史的考察力＋技術＋他の学問分野 |
| 情報源 | 過去の記録 | 過去の記録＋語る側の歴史解釈 |
| 付加的事項 | | 語る側に力を与える |

▶ 本文の第2段落第2文（Oral historians …）に「オーラル・ヒストリーの歴史家は，面接取材の記録作成に必要となる技術を身につけねばならなかったし，また，社会学，文化人類学，心理学，言語学といった他の様々な学問分野からも学び，取材相手が自らの記憶を語った場合にそれをよりよく理解できるようにする必要もあ

った」とある。それまで一般の人々にインタビューなどしたことのない歴史家がオーラル・ヒストリーに取り組む際の苦労を窺わせる一節である。プロのインタビューアーではないので，うまく質問ができなかったかもしれないし，もしくだらない質問をして相手の機嫌を損ねれば，情報をうまく引き出せないだろう。かと言って，相手の機嫌ばかりに気を取られていたのでは，真実を引き出すことは難しい。さらに，相手の話をしっかり理解するためには，相手の教養レベルについていくだけの歴史以外の知識も必要になるはずだ。よって，この箇所は是非要約に盛り込みたいが，制限字数が厳しい。答えとしては「歴史家は新たな技術や知識を求められ」とギュッと短くするしかなさそうだ。

▶以上を考慮してまとめれば，次のようになる。

| オ | ー | ラ | ル | ・ | ヒ | ス | ト | リ | ー | は | ， | 社 | 会 | 的 | 政 | 治 | 的 | エ | リ |
|---|---|---|---|---|---|---|---|---|---|---|---|---|---|---|---|---|---|---|---|
| ー | ト | の | み | な | ら | ず | 従 | 来 | の | 歴 | 史 | で | は | 記 | 録 | さ | れ | な | か |
| っ | た | 庶 | 民 | や | そ | の | 日 | 常 | 生 | 活 | な | ど | を | 記 | 録 | す | る | 試 | み |
| で | あ | る | 。 | 歴 | 史 | 家 | は | ， | 面 | 接 | 取 | 材 | の | た | め | に | 必 | 要 | な |
| 新 | た | な | 知 | 識 | や | 能 | 力 | を | 要 | 求 | さ | れ | る | 。 | ま | た | ， | 語 | る |
| 側 | は | 自 | ら | も | 歴 | 史 | 解 | 釈 | を | 加 | え | 歴 | 史 | 家 | と | な | る | 。 | さ |
| ら | に | 個 | 人 | や | 集 | 団 | は | 歴 | 史 | を | 語 | る | こ | と | に | よ | っ | て | 力 |
| を | 得 | る | 。 | | | | | | | | | | | | | | | | |

150　　　　　　　　　　　　　　　　　　　160

▶これを指定字数（100〜120字）にまとめる。

**解答例**

| オ | ー | ラ | ル | ・ | ヒ | ス | ト | リ | ー | と | は | ， | 一 | 部 | の | エ | リ | ー | ト |
|---|---|---|---|---|---|---|---|---|---|---|---|---|---|---|---|---|---|---|---|
| の | み | な | ら | ず | ， | 従 | 来 | 歴 | 史 | に | 残 | ら | な | か | っ | た | 一 | 般 | 庶 |
| 民 | へ | の | 面 | 接 | 取 | 材 | を | 通 | し | て | そ | の | 日 | 常 | 体 | 験 | を | も | 歴 |
| 史 | に | 残 | す | 試 | み | で | あ | る | 。 | 歴 | 史 | 家 | は | 新 | た | な | 技 | 術 | や |
| 知 | 識 | を | 求 | め | ら | れ | ， | 語 | る | 方 | は | 自 | ら | の | 歴 | 史 | 解 | 釈 | を |
| 加 | え | ， | そ | れ | に | よ | っ | て | 力 | を | 得 | る | こ | と | も | あ | る | 。 | |

110　　　　　　　　　　　　　　　　　　　120

# 自分の答案を採点する

**採点基準**

✓各区分の抜けは **2 点減**。

✓不十分なら **1 点減**。

✓（A），（B）それぞれの満点を超えては減点しないものとする。

例：（B）の区分で 1 ～ 3 すべての抜けがあった場合は，6 点減ではなく，5 点減とする。

---

**（A）5 点満点**

1．オーラル・ヒストリーとは

2．一部のエリートのみならず

3．従来歴史に残らなかった一般庶民への面接取材を通して

　※「面接取材」は「話を聞く」でも可。

4．その日常体験をも歴史に残す試みである

---

**（B）5 点満点**

1．歴史家は新たな技術や知識を求められ

2．語る方は自らの歴史解釈を加え

3．それによって力を得ることもある

---

盛り込む要素が非常に多い問題なので，必要な要素が抜けてしまった答案が多い。何を要素として選ぶかで悩んだ場合は，「答案を作成する」に書いたように「隠れ対比」を活用するとよい。「一般的な歴史研究」を念頭において，オーラル・ヒストリーの特徴を見ていけば，書くべき内容は自ずと浮かび上がってくるはずである。

なお，多くの生徒答案に抜けていたポイントは次の 4 点。

①日常体験の記録　（A）4

②歴史家が新たな技術や知識を求められる　（B）1

③語る方も自らの歴史解釈を加え歴史家となる　（B）2

④語る方に力を与えることもある　（B）3

特に②・③の両方を書いた答案は採点した中ではほぼなかった。

**生徒答案例**

1 ▶(A)オーラル・ヒストリーは，歴史的な記録から除外されてきた社会的，政治的に立場の弱い人々を含む全ての階級の人から個人的体験を聞き記録することであり，(B)歴史学に諸学間の視点を取り入れるほか，個々の語り手に自らの歴史を捉え直させるものである。　　　　　　　　　　　　　　　　　　　　　　　**6** / 10点

（A）２．抜けている。**−2**

（B）３．抜けている。**−2**


2 ▶(A)オーラル・ヒストリーは社会や政治の特権階級の人々の本音を伝えるだけでなく，歴史の表舞台から外された人々の歴史的な記録を伝えるという特徴がある。(B)このことで名も無き個人や団体が，過去を思い出し再解釈する過程で力を持つようになるのだ。　　　　　　　　　　　　　　　　　　　　　　　　　**5** / 10点

（A）３．「面接取材／話を聞く」という要素が抜けている。**−1**

　　　４．「本音を伝える」は間違い。**−2**

（B）１．抜けている。**−2**


3 ▶(A)オーラル・ヒストリーは歴史から隠蔽されうる人々の経験や視点を生の声で話し手がどんな立場の人かに関係なく記録したもので，(B)過去の回想だけでなくそれに対する自らの意見も述べることができ，特定の個人や社会の影響を強めるという影響ももたらす。　　　　　　　　　　　　　　　　　　　　　　　**3** / 10点

（A）２．抜けている。**−2**

　　　３．「面接取材」が抜けている。**−1**

　　　４．抜けている。**−2**

（B）１．抜けている。**−2**


4 ▶(A)オーラル・ヒストリーは，本来なら歴史から消えていたような特定の歴史的経験の側面を記録し，(B)主観的な理由づけをする特徴があり，歴史者は様々な学問を勉強するようになったり，語り手は過去の事に自分の解釈をし，社会における個人に権限を与えてきた。　　　　　　　　　　　　　　　　　　　　**4** / 10点

（A）２・３．抜けている。**−4**

　　　４．不十分。「特定の歴史的経験」ではなく「日常の経験」。**−1**

（B）３．「個人」は「個人や集団」とする。**−1**


5 ▶(A)オーラル・ヒストリーは他の記録では歴史に残らない人々の経験と見方を取り込み，個人の生活の記録を可能にした。(B)記録のための技術の向上や他分野の知

識を必要とし，歴史家と取材される側との人間関係に基づいて，単なる歴史の記録
を超えるものである。

**4** /10点

（A） ２．抜けている。― **2**
（B） ２・３．抜けている。― **4**

2

「社会の構造・仕組み」を味わう

**全訳**

### 第１段落

　20 世紀後半，オーラル・ヒストリーは，多くの国で実践されているような現
代史学に重要な影響を及ぼすようになった。社会的，政治的なエリートに属する
人たちへの面接取材によって，既存の文書による情報源の幅が広がったが，オー
ラル・ヒストリーが最も際立って貢献した点とは，これがなければ「歴史の中に
埋もれた」ままであった人たちの経験や視点が，歴史記録の中に含まれることに
なったということである。このような人々については，過去には社会評論家によ
って，あるいは公式な文書の中で書き記されたことがあるかもしれないが，その
人たち自身の生の声が保存されることは極めて稀であり，通例は個人的な記録や
自伝風の記述という形態で残るにすぎない。オーラル・ヒストリーの面接取材を
通して，労働者階級の男女，とりわけ文化的マイノリティに属する人たちが，歴
史的な記録に自分たちの経験を加えて，独自の歴史解釈を提示してきたのである。
さらに，面接取材によって，歴史的な経験のうちでも特に他の情報源からだと抜
け落ちてしまいがちな，個人同士の関係や家庭内での仕事，家庭生活といったも
のが記録され，そしてそれらは，実体験がもつ，主観的なあるいは個人的な意義
に満ちあふれていたのである。

- □ *l.*1　have a ～ impact upon …「…に～な影響を及ぼす」
- □ *l.*2　～ as practised in many countries「多くの国で実践されているような～」
　　　　※ as it（＝oral history）has been practised … の省略された形。
- □ *l.*4　existing documentary sources「既存の文書による情報源」
- □ *l.*5　includes within the historical record the experiences and perspectives
　　　　「歴史の記録の中に経験や視点を含める」　※動詞（includes）の直後の副
　　　　詞句（within the historical record）の挿入に注意。
- □ *l.*6　otherwise「もしそうでなければ」＝「オーラル・ヒストリーがなければ」
- □ *l.*9　autobiographical writing「自伝風の読み物」
- □ *l.*11　among others「とりわけ」
- □ *l.*13　document～「～を文書として残す」
- □ *l.*13　particular aspects of ～ which …「～の中でも，特に…な側面」
　　　　※ which … の先行詞は aspects。
- □ *l.*15　resonate with ～「～で満ちあふれている」　※原義は「～と共鳴する，～
　　　　に大きな意味をもつ」である。『ロングマン現代英英辞典』の定義：to be
　　　　full of a particular meaning or quality

**第2段落**

　オーラル・ヒストリーは，歴史という大事業に他の面でも一石を投じてきた。オーラル・ヒストリーの歴史家は，面接取材の記録作成に必要となる技術を身につけねばならなかったし，また，社会学，文化人類学，心理学，言語学といった他の様々な学問分野からも学び，取材相手が自らの記憶を語った場合にそれをよりよく理解できるようにする必要もあった。最も意義深いのは，オーラル・ヒストリーは歴史家と情報提供者との間の活発な人間関係に基づいており，このことは，歴史学で行われてきたことをいくつかの点で変革し得るものである。語り手は過去を回想するだけにとどまらず，その過去に対する自分なりの解釈をも主張する。そして，このため，参加型のオーラル・ヒストリー研究企画の中では，面接取材を受ける側が情報源であると同時に歴史家にもなり得るのである。さらに，オーラル・ヒストリーを実践する人の中には，それがただ歴史を作るだけにとどまらないという人もいた。ある種の研究企画では，その主要な目的が，過去を思い出して解釈をし直すという作業を通じて，個人や社会集団に力を与えるということであったのだ。

- □ *l*.17　challenge ～「～に異議を唱える」
- □ *l*.17　enterprise「事業，企て」
- □ *l*.20　anthropology「人類学」　※ここでは cultural anthropology「文化人類学」のこと。
- □ *l*.20　narrative「語り」
- □ *l*.22　transform ～「～を変革する」
- □ *l*.23　practice「現実に行われていること」
- □ *l*.24　assert ～「～を主張する」
- □ *l*.24　participatory「参加型の」
- □ *l*.26　go beyond ～「～にとどまらない」
- □ *l*.27　empowerment「力を与えること」

# 第3章

## 「教育・ことば」を味わう

易

# 41 現代言語学が目指すもの

## 文章の流れを確認する

**第 1 文**　従来の文法はギリシャ語やラテン語を基に作られていた。

**第 2・3 文**　ギリシャ語やラテン語とは構造が著しく異なる言語が多数ある。だから現代言語学の目的は，伝統文法に偏らない，より普遍的な，あらゆる構造の言語に適した文法理論の構築だ。

## 答案を作成する

▶中心となるのは「現代言語学が目指しているのは〜である」である。そこに目指していること「伝統的な文法理論に偏らない，より普遍的な，あらゆる構造の言語に適した文法理論の構築」と，その理由「従来の文法学はギリシャ語やラテン語を元に発展したが，ギリシャ語やラテン語とは構造が著しく異なる言語が多数ある」を追加すればよい。

|  | 依拠する言語 | 問題点 |
|---|---|---|
| 伝統文法 | ラテン語など一部 | すべての言語には適用困難 |
| 現代言語学の目指す文法 | すべての言語 | ― |

▶以上をまとめると次のようになる。

| 従 | 来 | の | 文 | 法 | 学 | は | ギ | リ | シ | ャ | 語 | や | ラ | テ | ン | 語 | を | 基 | に |
|---|---|---|---|---|---|---|---|---|---|---|---|---|---|---|---|---|---|---|---|
| 発 | 展 | し | た | が | ， | そ | れ | ら | と | は | 構 | 造 | が | 著 | し | く | 異 | な | る |
| 言 | 語 | が | 多 | 数 | あ | る | の | で | ， | 現 | 代 | 言 | 語 | 学 | は | ， | 伝 | 統 | 的 |
| な | 文 | 法 | 理 | 論 | に | 偏 | ら | な | い | ， | よ | り | 普 | 遍 | 的 | な | ， | あ | ら |

ゆる構造の言語に適した文法理論の構築を目指している。

▶これを指定字数（60〜70字）まで削る。

解答例

現代言語学が目指すものは，ギリシャ語やラテン語を基にした従来の文法理論よりも普遍的で，あらゆる構造をもつ言語の説明に適した文法理論の構築だ。

3

「教育・ことば」を味わう

## 自分の答案を採点する

採点基準

✓各区分の抜けは **2点減**。

✓不十分なら **1点減**。

✓（A），（B）それぞれの満点を超えては減点しないものとする。

　例：（A）の区分で1・2両方の抜けがあり，さらに誤訳と思われる箇所があった場合でも，最大4点減とする。

**（A）4点満点**

　1．ギリシャ語やラテン語を基にした

　2．従来の文法理論よりも　　※「伝統的な文法理論」も可。

**（B）6点満点**

　1．現代言語学が目指すものは，〜の構築だ

　2．あらゆる構造をもつ言語の説明に適した

　3．普遍的な文法理論

「but の直後の文が主張」ということに固執したため，的外れな答えを書いたものがあった。but や however の直後には，確かに主張が置かれるが，主張の肉付けの仕方などは，文章によって様々だから，全体を読むことなしには要約は書けない。

**生徒答案例**

1 ▶ (A)ギリシャ語とラテン語を基にした伝統的な文法に(B)当てはまらない言語もあるため，全ての言語に共通する文法を確立することが現代言語学の目的だ。

**10** / 10点

（A）（B）ともに OK!

2 ▶ (A)伝統的な文法はギリシア，ラテン語を模範としていたが，(B)多くの言語は構造において異なるので現代の言語学の主な目的として文法の理論を構成してきた。

**7** / 10点

（B）1．「構成してきた」は「構築することだ」の間違い。− **2**

　　3．「文法の理論」では不十分。「普遍的な」が抜けている。− **1**

3 ▶ (B)現代の言語学の主要な目的の１つは，(A)伝統的な文法の構造を持つ言語に偏ったものでなく，(B)全ての言語に対応したより一般的な文法理論を構成することだ。

**6** / 10点

（A）1．抜けている。「伝統的な文法の構造を持つ言語」は「ギリシャ語やラテン語と文法構造の似ている言語」の間違い。− **2**

　　2．「（偏った）もの」では不十分。− **1**

（B）3．「一般的な（文法理論）」ではなく「普遍的な」。− **1**

4 ▶ (B)近代の言語学では，(A)文法はいくつかの言語に偏っているので，(B)全ての人間の言語に当てはまり，文法構造で偏りのない文法理論を構築している。

**5** / 10点

（A）1．抜けている。− **2**

　　2．不十分。「従来の文法はいくつかの言語に偏っているので，近代の言語学では…」という対比にすべき。− **1**

（B）1．不十分。「近代の」ではなく「現代の」。「構築している」は「構築しよう
　　　としている」とすべき。**－1**

　　　3．不十分。「文法構造で偏りのない」が曖昧。**－1**

**5** ▶Ⓑ様々な言語に基づく多様な文構造が，世界中に存在する。そのため，どの言
語にも偏らない一般的な共通言語を作り上げることを目指している。　　**0** / **10点**

（A）．抜けている。**－4**

（B）1．主語がない。**－1**

　　　2．不十分。「どの言語にも偏らない」では曖昧。**－1**

　　　3．「一般的な」ではなく「普遍的な」。「共通言語」ではなく「文法理論」。**－2**
　　　「様々な言語に基づく多様な文構造が，世界中に存在する」といったことは本
　　　文にはない。**－2**

|**全訳**|　　伝統文法は，ギリシャ語とラテン語を基礎として考え出されたもので，それが後に，最小の修正を施しただけで，また多くの場合無批判に，多くの他の言語の記述に応用された。しかし，ラテン語やギリシャ語，およびフランス語や英語，ドイツ語といったもっとなじみの深いヨーロッパ諸言語とは，構造が，少なくともある側面では，著しく異なる言語も数多く存在する。それゆえ，現代言語学の主要な目的のひとつは，伝統的な文法理論よりもさらに普遍性のある文法理論を，すなわち，人間のすべての言語を記述するのに適していて，文法構造がギリシャ語やラテン語に近い言語を偏重することのない文法理論を構築することであった。|

- □ 　*l*.2　subsequently「（ある出来事の）その後」
- □ 　*l*.2　apply *A* to *B*「*A* を *B* に応用する」　※本文は受動態。
- □ 　*l*.2　minimal modification「最小限の修正」
- □ 　*l*.4　in certain respects「ある点で」　※ respect は in を伴った場合は「点」
　　　　　の意味。
- □ 　*l*.4　be different in ～ from …「～の点で…とは異なる」　※〈基準〉の in。
- □ 　*l*.6　modern linguistics「現代言語学」　※この文の示唆している文法とはマサ
　　　　　チューセッツ工科大学（MIT）教授のチョムスキーが提唱した「生成文
　　　　　法」という新たなパラダイムの文法理論だと思われる。
- □ 　*l*.8　one that is …＝a (grammatical) theory that is …
- □ 　*l*.9　be biased in favor of ～「～をひいきするように偏った」
- □ 　*l*.9　those languages which …　※ those は先行詞を示す働き。訳さない。

標準

**42**

1964年度

# 普通教育が及ぼす悪影響

## 文章の流れを確認する

| 第1文 | 現在の普通教育の制度は，あるいくつかの重要な点で問題がある。 |
|---|---|
| 第2文 | ①文字を読むことができても，読む価値のあるものかどうかを識別できない多くの大衆を生み出してきた。 |
| 第3文 | ②文学やジャーナリズムはそうした大衆に迎合したため，大幅にその質を低下させてしまった。 |
| 第4文 | 少数の高い教育を受けた人々でさえ，大衆の基準に迎合する傾向にある。 |
| 第5文 | 今後，レベルの低い文学やジャーナリズムがレベルの高いものを席巻してしまうかどうかはまだわからない。 |
| 第6文 | 中等，高等教育が改善され，本当に読む価値のあるものに対する需要を維持するのに足るだけの階級が編成されるかどうかが鍵だ。 |

## 答案を作成する

▶書き出しが指定されているので方向性を決めるのはたやすいであろう。

▶（1）「普通教育普及の弊害」は第1〜4文（Our modern system … of the majority.）で述べられている。なお，第4文は，後続する文を見ても「少数の教養人」への言及がないため，特に重要な情報ではないと判断できる。つまり，弊害は上記の①と②ということになる。

▶これを「普通教育普及の弊害は…」で書き出すと次のようになる。

普通教育普及の弊害は,文字を読むことができても,読む価値のあるものかどうかを識別できない多くの大衆を生み出してきたことと,文学やジャーナリズムはそうした大衆に迎合したため,大幅にその質を低下させたことである。

▶これを指定字数（45〜75字）に収める。

▶（2）「弊害をのぞく可能性」は第5・6文（Whether in the … really worth reading.）で述べられている。これを「その弊害をのぞく可能性は…」で書き出すと次のようになる。

その弊害をのぞく可能性は,中等高等教育を改善し,本当に読む価値のあるものに対する需要を維持するのに足るだけの階級を編成することにある。

▶これを指定字数（30〜50字）に収める。

**解答例**

## (1)

普通教育普及の弊害は,読むことができても読む価値のあるものは識別できない者を大勢生み出し,文学やジャーナリズムがそれに合わせて質を低下させたことである。

## (2)

その弊害をのぞく可能性は,中等高等教育の改善による,真に読む価値のあるものの需要を維持する層の形成にある。

3 「教育・ことば」を味わう

## 自分の答案を採点する

### 採点基準

✔各区分の抜けは **2 点減**。

✔不十分なら **1 点減**。

✔（1），（2）とも満点を超えては減点しないものとする。

　例：（1）の区分で1～3すべての抜けがあった場合は，6点減ではなく，5点減とする。

---

**（1） 5 点満点**

　普通教育普及の弊害は

1．**読むことができても読む価値のあるものは識別できない者を大勢生み出し**

2．**文学やジャーナリズムがそれに合わせて**

3．**質を低下させたことである**

---

**（2） 5 点満点**

　その弊害をのぞく可能性は

1．**中等高等教育の改善による**

2．**真に読む価値のあるものの需要を維持する**

3．**層の形成にある**

　※「…にある」「…にかかっている」などの文末処理が適切にできていないものは **1 点減**。

---

## (1)

### 生徒答案例

1 ▶普通教育普及の弊害は読む価値があるものを区別することができない人を大量に生み出し，その人達が基準となってしまうため，文学と新聞の質が落ちてしまったこと。

**4 / 5点**

1．「読むことはできても」という部分が抜けている。**− 1**

3
「教育・ことば」を味わう

**2** ▶ 普通教育普及の弊害は文字は読めるが読む価値を判断できない人が大勢生まれたため，かつては対象でなかった読者を獲得した文学や報道の質が下がったことである。 **4 / 5点**

1．「読む価値を判断できない」は「読む価値の有無を判断できない」とする。**−1**

**3** ▶ 普通教育普及の弊害は多くの人々が文字を読めるようになったが，読む価値のある本の見分けができないので，文学や報道の質が下がったことである。 **3 / 5点**

2．抜けている。「文学や報道がそうした読者に迎合し質が下がったことである」とすべき。**−2**

**4** ▶ 普通教育普及の弊害は読むのはできるが読書する価値がわからない人々や感情や安い魅力への簡単な祈りを生み出し，文学とジャーナリズムの質が低下したこと。 **1 / 5点**

1．「大勢」が抜けている。「や感情や安い魅力への簡単な祈り」の部分は本文の誤読。prey と pray の混同。また，「読書する価値がわからない」では，「読むべきもの，読むに値しないものが識別できない」というより，「なぜ読書をすべきかが理解できない」と読める。**−2**

2．抜けている。**−2**

**5** ▶ 普通教育普及の弊害は読む能力はあるが読む価値のあるものを区別できない人，情報や安っぽい主張に引っかかりやすい人を多く生んでしまったこと。 **0 / 5点**

2・3．抜けている。**−4**

「情報」は「扇情的な出来事」の間違い。**−1**

## （2）

生徒答案例

**1** ▶ その弊害をのぞく可能性はより質の高い教育で本当に読む価値のあるものを求める階級の人々を増やすことだ。 **4 / 5点**

「可能性は…にある」や「可能性は…にかかっている」とする。**−1**

**2** ▶ その弊害をのぞく可能性は高等教育を改善することによって，読むに値するものを求める人々を増やすことだ。 **4 / 5点**

「可能性は…にある」や「可能性は…にかかっている」とする。**−1**

■ 3 ▶ その弊害をのぞく可能性は読む価値のある文章を理解できる人を高等教育で育てない限りない。　　　4 / 5点

1．不十分。「改善」がない。— 1

■ 4 ▶ その弊害をのぞく可能性は本当に読む価値のあるものの需要を守る十分な教養のある人にかかっている。　　　1 / 5点

1．抜けている。— 2

3．抜けている。「（教養のある人を）増やす」「層を形成する」といった文言がない。— 2

■ 5 ▶ その弊害をのぞく可能性は本当に読む価値のあるものを供給し続けるような中高等教育への改善になる。　　　0 / 5点

2．中高等教育にかかるように書かれている点が本文の誤読で不適。— 2

3．抜けている。— 2

また，「可能性は…にある」や「可能性は…にかかっている」とする。— 1

**全訳**　　現在の普通教育の制度は，かつては実際不可欠なものであったし，また我が国に大きな恩恵をもたらしてきた。しかし，あるいくつかの重要な点では失望されるものであった。一般的に言って，文字を読むことができるが読む価値のあるものを識別できない多くの大衆，つまり扇情的な出来事や安っぽい訴えに容易にひっかかる者たちを生み出してきた。その結果，1870年以来，文学やジャーナリズムは大幅にその質を低下させてしまった。なぜなら，まったく文字を読むことができなかったために，新聞や書物とは縁がなかった者を祖先にもつ，何百万という中途半端な教育を受けた人々を，そうした文学やジャーナリズムが楽しませているからである。少数の高い教育を受けた人々がかつてのようなレベルでそうしたものの基準を定めることはなくなり，大衆の基準に迎合する傾向にある。20世紀か21世紀に，レベルの低い文学やジャーナリズムがレベルの高いものを席巻してしまうかどうかはまだわからない。もしそうならないなら，中等，高等教育が改善され，本当に読む価値のあるものに対する需要を維持するのに十分大きな階級を形成したためであろう。

- □ *l*.1 popular education「普通教育」
- □ *l*.1 indispensable「不可欠な」
- □ *l*.2 confer *A* on *B*「*A* を *B* に授ける」　※ -fer-［もって来る］
- □ *l*.2 in ～ respect「～な点で」
- □ *l*.3 generally speaking「一般的に言って」
- □ *l*.3 produce ～「（人材など）を輩出する」

- ☐ *l.*4 an easy prey to 〜「容易に〜の餌食となる者」 ※a vast population と同格の関係にある。
- ☐ *l.*5 sensation「世間をあっと言わせる事件，扇情的な事件」
- ☐ *l.*5 cheap appeal「安っぽい訴え」
- ☐ *l.*6 to a large extent「大部分」
- ☐ *l.*6 debase 〜「(人格，品位など) を落とす」 ※base は形容詞で「卑しい」という意味。
- ☐ *l.*7 half-educated and quarter-educated people「半分そして 4 分の 1 の教育を受けた人々」→「中途半端な教育を受けた人々」
- ☐ *l.*7 forbear「祖先」 ※fore-［以前］＋bear［＝be 存在］
- ☐ *l.*7 not being … all ※主語の直後に置かれた分詞構文。
- ☐ *l.*8 patron「(店，ホテルなどの) ひいき客，(事業，芸術などを経済的に) 支援する人」
- ☐ *l.*8 the small highly educated class「少数の高度な教育を受けた階級」
- ☐ *l.*9 set a standard「基準を定める」
- ☐ *l.*9 sets … and tends 〜 and がつなぐのは sets と tends。
- ☐ *l.*12 devour the higher「より高度な文学やジャーナリズムを滅ぼす」
- ☐ *l.*12 have yet to be seen「まだ見られる状態にならなければならない」→「いまだわからない」
- ☐ *l.*12 if they do not＝if they do not completely devour the higher
- ☐ *l.*13 a sufficiently large class to *do*「〜するには十分に大きな階級」
- ☐ *l.*14 perpetuate 〜「〜を永続させる，不朽にする」
- ☐ *l.*14 demand for 〜「〜に対する需要」

1962 年度

標準

# 43 英国の教育制度と民主主義

## 文章の流れを確認する

| 第1・2文 | 英国の親子は私立，公立いずれの学校をも自由に選べるという点において，将来意見の相違が生じる可能性がある。 |
| --- | --- |
| 第3・4文 | 私立，公立の選択の自由が教育における民主主義の本質であると信じている人ばかりではなく，すべての学校が公立ですべての人が等しくその学校に通うことが民主主義であると信じている人もいる。 |
| 第5文 | 民主主義が，何よりもまず平等，画一性を意味するならば，現在の英国の教育制度は民主主義と合致しない。 |
| 第6文 | 民主主義が，何よりもまず自由を意味し，教育の分野でもいくつかの選択肢からの自由な選択を意味するならば，現在の教育制度は現実に民主主義的である。 |
| 第7・8文 | しかし，裕福な者のみが教育の型の何かしらを選ぶことを可能にするような選択の自由は真の自由ではなく，真の民主主義ではないと認識し主張せねばならない。 |

## 答案を作成する

▶英文の主張は「英国では私立・公立の選択が可能であるが，将来意見の相違が生じるかもしれない」で，これは外せない。

▶ではなぜ「意見の相違が生じるのか？」という問いが立つ。筆者は，第4～6文で「すべての学校が公立ですべての人が等しくその学校に通うという『平等・画一性』を民主主義の根幹と考えるなら，現制度は民主主義を実現していないが，『自由』を根幹と考える場合には，私立・公立の選択ができることは現実に民主主義で

あると言える」と説明している。つまり，民主主義をどう見るかで，意見の相違が
生じる恐れがあると言っているのだ。

▶最後に筆者は「しかし『裕福な者のみが選べる』という選択の自由は，真の自由で
も真の民主主義でもないと認識し主張せねばならない」と言っていることから，結
局，「裕福な者のみが私立・公立の選択が可能であることは真の自由ではなく，民
主主義の原則に反している」と言いたいのだとわかる。

▶以上をまとめてみると次のようになる。

3<br/>「教育・ことば」を味わう

英国の親子は私立,公立いずれの学校をも自由に選べるという点において,将来意見の相違が生じる可能性がある。民主主義が平等を意味するならば,すべての学校が公立で,すべての人が等しくその学校に通うことが民主主義であり,現在の教育制度は民主主義に反している。民主主義が自由を意味するならば,私立,公立いずれの学校を選ぶ自由があることは現実に民主的となる。しかし,裕福な者のみが選択の自由をもつような自由は,真の自由でも真の民主主義でもないことを認識し主張せねばならない。

210　　220

▶これを，内容を損なうことなく指定字数（125〜175 字）に収める。句読点を含めず，
175 字も書けるので，字数を削るのはそこまで苦労しないだろう。

**解答例**

英国では,私立,公立どちらの学校を選んでもよい制度になっているが,これには将来異論が生じるかもしれない。すべての学校が公立で,すべての人がそこに通うという平等性が民主主義ならば,現在の制度は民主主義に合致しないが,民主主義が自由を意味するならば,現制度は一応民主的である。しかし,富裕層だけが選択の自由をもつ自由は民主主義に反していると認識し主張せねばならない。

160

## 自分の答案を採点する

### 採点基準

✓各区分の抜けは **2点減**。

✓不十分なら **1点減**。

✓（A）〜（C）は各区分の満点を超えては減点しないものとする。

例：（A）の区分で1・2両方の抜けがあり，さらに誤訳と思われる箇所があった場合でも，最大4点減とする。

---

**（A）4点満点**

1. 英国では，私立，公立どちらの学校を選んでもよい制度になっているが

   ※ the schools of the State を「州立の学校」としたものは **1点減**。

2. これには将来異論が生じるかもしれない

---

**（B）2点満点**

すべての学校が公立で，すべての人がそこに通うという平等性が民主主義ならば，現在の制度は民主主義に合致しないが

※前半は「民主主義が平等を意味するならば」でも可。

---

**（C）4点満点**

1. 民主主義が自由を意味するならば，現制度は一応民主的である

2. しかし，富裕層だけが選択の自由をもつ自由は民主主義に反していると認識し主張せねばならない

   ※「認識し主張せねばならない」はなくても可とする。

1 ▶Ⓐ英国では国立の学校に通うか否かを選択できる。Ⓑ民主主義が特に平等や均一性を意味する場合，現在の英国の教育制度は民主主義に合致せず，Ⓒそれが特に自由を意味する場合，現代の英国の教育制度は民主主義的であると言える。しかし富裕層しか教育形態を選ぶことができない自由な選択は本当の自由ではなく本当の民主主義ではないのだ。　　　　　7 / 10点

（A）1．「国立の学校に通うか否か」は「国立の学校か私立の学校か」とする。－1
　　　2．抜けている。－2

2 ▶Ⓐ英国では学校の公私の選択は自由だが，それが教育における民主主義の核心だとは必ずしも思われていない。Ⓑ民主主義が平等や均一性を表すなら現代の教育体系は矛盾しており，Ⓒ民主主義が自由を表すなら現代の教育体系は民主的だ。いずれにせよ，裕福な者のみが教育の形態を選べるというような選択の自由は本当の自由ではなく，実際の民主主義でもないと認め，そう断定すべきだ。　　　7 / 10点

（A）2．抜けている。－2
（B）不十分。「矛盾しており」は「民主主義と合致せず」とする。－1

3 ▶Ⓐ英国では私立学校か公立学校かを自由に選べるが，これが将来意見の相違を引き起こすかもしれない。Ⓒ民主主義の本質を自由な意思選択とする人もおれば，純粋さと均一性とする人もいる。民主主義が前者を意味するなら現在の英国の教育制度は民主的だ。しかし後者の意見を持つ人々は富裕層だけにある教育の選択権が真の自由，真の民主主義でないと認め，主張すべきだとする。　　　6 / 10点

（B）抜けている。－2
（C）2．「後者の意見を持つ人」＝「民主主義が純粋さと均一性だと思う人」では意味不明。－2

4 ▶Ⓐ英国では，国立かそうでない学校のどちらに行くか選ぶことができる。Ⓑしかし，民主主義が平等と均一性の上に成り立つならば，教育などの場面における選択の自由は民主主義の本質ではない。Ⓒ裕福な人だけが学校の種類を選べるという現在の教育システムは本当の自由ではなく，本当の民主主義でもないのだから，学校はすべて国立であるべきだ。　　　5 / 10点

（A）2．抜けている。－2
（C）1．抜けている。－2
　　　2．「学校はすべて国立であるべきだ」は言い過ぎ。－1

5 ▶ ⒜英国の親子は，私立学校と公立学校を自由に選べる。⒝選択の自由は教育における民主主義の根幹だと信じる人もいれば，全ての学校が公立で，全ての子どもが同様に通うことが民主主義だと信じる人もいる。⒞現在の教育制度は民主主義であると考える我々の大半は，現在の教育制度の廃止に不満だ。我々は，選択の自由は本当の自由や民主主義ではないと認め，主張するべきだ。　　　　　**3** / 10点

（A）2．抜けている。**－2**

（B）不十分。「現在の制度は民主主義に合致しない」がない。**－1**

（C）1．抜けている。**－2**

　　2．不十分。「選択の自由」は「裕福な者に限られている選択の自由」とする。
　　　　　　　　　　　　　　　　　　　　　　　　　　　　　　　　　　　　**－1**

　　「現在の教育制度の廃止に不満だ」は，おそらく，11・12 行目の would not be content to stop there の誤読。**－1**

**全訳**　英国の親子は私立，公立いずれの学校をも自由に選べる。まさにこの点において，将来意見の相違が生じる可能性がある。いくつかの選択肢からどれを選んでもよいという自由は，他のすべての場合と同様に，教育における民主主義の本質であると信じているのはすべての人というわけではない。民主主義は，すべての学校が公立となり，すべての人が同様にそれらの学校に通うことを要求すると信じている人もいる。もし民主主義が，何よりもまず平等，さらには画一性ですら意味するものであるならば，現在の英国の教育制度は民主主義と合致しない。もし民主主義が，何よりもまず自由を意味し，それ故に教育の分野でも親と子が，いくつかの選択肢から自由に選んでよい自由を意味するならば，現在の教育制度は現実に民主主義的である。しかし後者の見解をもつ者の多くは，ここにとどまることに満足しないであろう。われわれは，裕福な者のみが教育の型の何かしらを選ぶことを可能にするような選択の自由は真の自由ではなく，真の民主主義ではないということを，認めるべきであり，それどころか主張すべきである。

- ☐ *l*.1　non-State school「国家が運営していない学校，私立学校」
- ☐ *l*.2　It is here that …「まさにここで…」　※強調構文。
- ☐ *l*.2　may possibly 〜「ひょっとしたら〜かもしれない」
- ☐ *l*.3　It is not all who believe …「…と信じているのは全員ではない」　※強調構文。
- ☐ *l*.3　choice among alternatives「いくつかの選択肢の中からの選択」　※ここでは私立か公立（国立）かの選択肢のこと。
- ☐ *l*.5　demand that S should V「S は V すべきであると主張する」
- ☐ *l*.6　alike「同様に」
- ☐ *l*.7　above all「とりわけ」
- ☐ *l*.7　uniformity「均一性」
- ☐ *l*.8　be consistent with 〜「〜と一致する，矛盾していない」
- ☐ *l*.11　*is* democratic「現実に民主主義的である」　※ is が斜体になっているのは，現行の教育制度が「字義的には」民主主義の理念に沿っていることを強調することで，最終文の，民主的とは言えない「現実，実情」を対照的に浮き彫りにする効果がある。
- ☐ *l*.11　hold the latter view「後者の見解を抱いている」
- ☐ *l*.11　be content to stop there「そこでとどまることで満足する」
- ☐ *l*.12　We should admit, and indeed we should assert, that 〜「〜を認めなければならず，それどころか〜と主張せねばならない」
- ☐ *l*.13　permit 〜 to *do*「〜が…するのを可能にする」
- ☐ *l*.13　the wealthy「裕福な人々」

3

「教育・ことば」を味わう

## Column　覚えておきたいイギリス英語

　公立学校をアメリカでは public school と言いますが，イギリスでは state school と言います。イギリスで言う public school は「王立の貴族専用の学校」と対比されるものであり，「広く一般大衆に開かれた学校」の意味です。ただし，貴族に対して「一般用」の学校ではありますが，富裕層向けの私立学校を指しています。こういった違いを知らず，的外れな答案を書いてしまう人も多いです。イギリス英語とアメリカ英語の最低限の違いは確認しておきましょう。

※（　　）内は米語。

1.「アパート」　　　　flat (apartment)
2.「エレベーター」　　lift (elevator)
3.「高速道路」　　　　motorway (freeway / expressway)
4.「横断歩道」　　　　pedestrian crossing (crosswalk)
5.「地下鉄」　　　　　underground / tube (subway)
　　　　　　　　　　　※ tube は，特にロンドンの地下鉄を指す。
6.「駐車場」　　　　　car park (parking lot)
7.「鉄道」　　　　　　railway (railroad)
8.「(鉄道の) 駅」　　　railway station (train station / railroad station)
9.「運転免許証」　　　driving licence (driver's license)
10.「休暇」　　　　　　holiday (vacation)
11.「校長」　　　　　　headmaster (principal)
12.「公立学校」　　　　state school (public school)
13.「私立学校」　　　　public school (private school)
14.「掲示板」　　　　　noticeboard (bulletin board)
15.「紙幣」　　　　　　note (bill)
16.「映画」　　　　　　film (movie)
17.「建物の1階」　　　ground floor (first floor)
18.「建物の2階」　　　first floor (second floor)
19.「紙タオル」　　　　kitchen paper (paper towel)
20.「缶詰」　　　　　　tin (can)
21.「消しゴム」　　　　rubber (eraser)
22.「ゴミ」　　　　　　rubbish (trash / garbage)
23.「ゴミ箱」　　　　　dustbin (trash can / garbage can)
24.「ズボン」　　　　　trousers (pants)
25.「サッカー」　　　　football (soccer)

# 44 漫画ではなく本を読むべき

## 文章の流れを確認する

| 第1〜3文 | 私は，漫画は嫌いだ。 |
| 第4〜9文 | 子どもには大人しくさせるために，恥も良心も捨てて仕方なく読ませることがある。 |
| 第10・11文 | 他の子どもが読んでいるので，自分の子どもだけ読ませないのは不当だ。 |
| 第12〜14文 | （漫画以外の）本を読むことで得られる本物の喜びを知ってほしい。 |
| 第15〜20文 | 漫画は文体，文法，構成，奥深さのどれをとっても質が悪いので子どもに読んでほしくない。 |

## 答案を作成する

▶主張は「子どもたちには質が悪い漫画ではなく本を読ませたい」ということ。

▶第4〜11文（Let me quickly … of their generation.）は譲歩になっている。筆者は決して漫画を肯定しているわけではないことに注意したい。日常生活上の必要に迫られて，仕方なく子どもに与えていることをアピールすることで「読むもの」としての漫画の価値をむしろ否定している箇所である。

▶これらを考慮してまとめると次のようになる。

| 私 | は | ， | 漫 | 画 | は | 嫌 | い | だ | 。 | 子 | ど | も | に | は | 大 | 人 | し | く | さ |
| せ | る | た | め | に | 仕 | 方 | な | く | 読 | ま | せ | る | こ | と | が | あ | る | 。 | ま |
| た | 他 | の | 子 | ど | も | が | 読 | ん | で | い | る | の | で | ， | | 自 | 分 | の | 子 | ど |

|も|だ|け|読|ま|せ|な|い|の|は|不|当|だ|と|思|う|か|ら|だ|。|
|し|か|し|，|本|を|読|む|こ|と|で|得|ら|れ|る|本|物|の|喜|び|
|を|知|っ|て|ほ|し|い|。|漫|画|は|文|体|，|文|法|，|構|成|，|
|奥|深|さ|の|ど|れ|を|と|っ|て|も|質|が|悪|い|の|で|子|ど|も|
|に|読|ま|せ|た|く|な|い|。|||||||||||

▶ここから指定字数（80〜100字）内に収める。

**解答例**

|私|は|，|漫|画|は|嫌|い|だ|。|大|人|し|く|さ|せ|る|た|め|と|
|か|，|友|達|と|の|共|通|経|験|を|も|た|せ|る|た|め|子|ど|も|
|に|は|仕|方|な|く|読|ま|せ|て|い|る|が|，|実|は|読|ん|で|ほ|
|し|く|な|い|。|漫|画|は|質|が|悪|く|，|本|が|与|え|る|よ|う|
|な|本|当|の|奥|深|い|喜|び|を|与|え|ら|れ|な|い|か|ら|だ|。|

## Column　日本の漫画ブーム

　『月刊漫画ガロ』（青林堂：1964年創刊）で，白土三平さんが『カムイ伝』，つげ義春さんが『ねじ式』を発表，またそれに触発された手塚治虫さんが1967年に『COM』を創刊し，『火の鳥』を発表しました。これらの漫画が「漫画は子どもが読むもの」という概念を覆して新時代を築きました。この問題が出題された1977年は，日本では『週刊少年ジャンプ』（集英社：1968年創刊）と『週刊少年チャンピオン』（秋田書店：1969年創刊）が発行部数200万部を記録した年です。また，同年，松本零士原作のアニメーション映画『宇宙戦艦ヤマト』が公開され，上映期間に225万人以上を動員しました。翌年には，漫画単行本や雑誌の販売金額が出版物全体の15％にまで達するという，空前の漫画ブームでした。本文の筆者はおそらく日本人ではなく，このような日本の漫画レベルの高さを知らなかったのでしょうね。合掌。

## 自分の答案を採点する

### 採点基準

✓ 各区分の抜けは **2 点減**。

✓ 不十分なら **1 点減**。

✓（A），（B）それぞれの満点を超えては減点しないものとする。

例：（A）の区分で 1・2 両方の抜けがあり，さらに誤訳と思われる箇所があった場合でも，最大 4 点減とする。

**（A） 4 点満点**

1．**私は，漫画は嫌いだ**

　　※この内容を示唆する部分，たとえば「低俗な漫画」「漫画は読ませたくない」などと書かれていれば広く認めることにする。

2．**大人しくさせるためとか，友達との共通経験をもたせるため子どもには仕方なく読ませているが**

　　※「漫画は魅力的には違いない」といった内容はなくてもよい。それより，「筆者自身が漫画に一切の魅力を感じていない」ことを明確にすること。「子どもに仕方なく読ませることもあるが」ぐらいなら可。

**（B） 6 点満点**

1．**実は（漫画を）読んでほしくない**

2．**漫画は質が悪く**

3．**本が与えるような本当の奥深い喜びを与えられないからだ**

　　※「本が与えるような」は，本文では明示されていないのでなくても可。

筆者が漫画を嫌っている理由部分が不十分なものが多かった。筆者は作家であるがゆえに，「（本が与えるような）本当の奥深い喜び」という部分を一番言いたいのだろうと推測できる。この部分を抜かしては，筆者に怒られそうである。

3

「教育・ことば」を味わう

**生徒答案例**

1 ▶(A)親として筆者は子供を落ち着かせるため漫画を使うことや他の子供も漫画を読む限り我が子に読ませることは仕方ないとするが，(B)作家としてはすべての事を簡単に表現する低俗な漫画を子供に読ませたくないと考える。　　8 / 10点

（B）3．抜けている。− 2

2 ▶(B)漫画は多くの若者を魅了しているが，作家である私からすると，漫画の文章は文法も内容も安っぽく美しさが全くなく活字の本で得られる深い喜びを得られない。漫画は全てを簡単にしているから魅力的に感じるだけだ。　　6 / 10点

（A）1．全体から「漫画が嫌い」ということが読み取れるので OK。
　　　2．抜けている。− 2
（B）1．抜けている。− 2

3 ▶(B)漫画の美しさや形式を欠き真の奥深い喜びを感じられない点が(A)大嫌いなので，私は親として不平等で他の友人との話題についていけなくすることを承知の上で，(B)自分の子どもに漫画を読むことは許さない。　　6 / 10点

（A）2．抜けている。− 2
（B）1．抜けている。「漫画を読むことは許さない」は「仕方なく読ませることがある」にも「読んでほしくない」にも一致しない。− 2

4 ▶(A)子供を静めるため漫画に頼ってしまう。将来集団が経験してるものを子供に与えないのは不公平だろうが，(B)作家としては文体も倫理観もなく文法は悪い上興奮も安っぽい全てを簡単にしすぎたことが魅力の(A)漫画は嫌いだ。　　5 / 10点

（A）2．漫画を読む経験は現在のことなので「将来」が不要。− 1
（B）1・3．抜けている。− 4

5 ▶(B)作者はよその子どもが漫画を読むのは気にならないが，自分の子どもがそうするのは許さない。何故なら漫画は情熱が無く言葉遣いが正しくなく陳腐で美しさもなく単に容易すぎることが魅力的なだけだからだ。　　4 / 10点

（A）1．全体から「漫画が嫌い」ということが読み取れるので OK。
　　　2．抜けている。− 2
（B）1・3．抜けている。− 4
　　　2．OK。ただし「情熱が無く」は本文のどこから来たのかわかりにくいため，ない方がよい。

**全 訳**

私はコメディアンなら，どのようなものでも大好きだ。また，風刺画も大好きだ。しかし，私の漫画を嫌う気持ちは，徹底していて，断固としたもので，絶対的なものなのだ。あっさりと認めるが，私は親として漫画を利用してしまうほどレベルが低く，時にはその誘惑に負けてしまう。私が言っているのは，雨の日曜の午前中や午後のうちで，家の中に平和が欲しくて仕方ない時のことである。あるいは2人の息子と電車で移動していて，彼らを大人しくさせる必要がある時のことである。白状するが，そんな時，私は確かに漫画という手段に出るのだ。恥も良心も捨てて。余所の子どもたちが漫画を読んでいる限り，うちの子どもたちに読ませずにいることを望むのは難しいし，ひょっとしたらそれ以上に，読ませないという権利がないかもしれないということも認める。現在，集団として経験していることであり，また大人になってからはその世代の集団としての記憶となるはずのものを，自分たちの子どもに認めないとしたら，それは公正とは言えないだろう。それでも，私は息子たちが漫画に没頭しているのを見たくはないのだ。私が苛立つのは，子どもたちが実際には読んではいないが，読めるはずのものの存在に私が気がついていることである。言い換えれば，それは彼らが経験しているはずのもっと本物の，より深い喜びのことである。私は漫画が子どもにとって魅力的であることは否定しないし，否定できない。しかし私は作家だから，漫画に載っているのが最も拙い部類の文章であることに憤りを覚える。文体も倫理も欠けていることが気にくわない。文法的誤りや安っぽいスリルが我慢ならない。奥深さがなく，美しさも確実にないので，私は漫画を嫌悪するのだ。漫画の魅力はあらゆることを過度に単純化するところにあると私は考えている。

- □ *l*.1 the highest and the lowest「最高のものも最低のものも，どんなものも」
- □ *l*.1 caricature「風刺漫画」
- □ *l*.2 distaste for ~「~に対する嫌悪感」
- □ *l*.2 utter「徹底的な，異常なまで極端な」
- □ *l*.3 low enough, and sometimes defeated enough, as a parent, to *do*「親として，~するほどレベルが低く，時には~する誘惑に負けてしまう」※ and の並列に注意すること。
- □ *l*.4 desperate「必死の，欲しくてたまらない」 ※後者の意味では補語となるのが一般的だが，本文では want を強調する desperately のような感覚で使われていると考えられる。
- □ *l*.6 subdue ~「~を鎮圧する，を和らげる」
- □ *l*.6 resort to ~「~（という手段）に訴える」
- □ *l*.7 conscience「良心」
- □ *l*.7 grant that SV「SV を認める」
- □ *l*.7 so long as SV「（条件を示して）SV な限り」
- □ *l*.8 have scant hope, and perhaps less right, to *do*「~する望みがほとんどなく，ひょっとすると~する権利もあまりない」
- □ *l*.9 keep our own from doing so「自分の子どもたちがそうする（＝漫画を読む）ことを妨げる」
- □ *l*.10 what is now a group experience and, when …, will have become ~「今

は集団の経験で，…な時には～になるだろうもの」

- □ *l*.11　for all that「それにもかかわらず」
- □ *l*.12　absorbed by ～「～に熱中して」　※普通は in だが by も可。
- □ *l*.12　my awareness of ～「～を自覚していること」
- □ *l*.12　what they are not reading, and could be reading　※漫画以外の本のこと。and 以下は「漫画を読まなければ読むことができているはずのもの」の意味。ここで使われているのは「同時期，同条件の仮定法」。2つのものを厳密に比べるときには，同一条件，同時間で比べる必要がある。よって，どちらか一方を実行しているときには，もう一方を同一条件，同時間で実行することは不可能になるため，仮定法が使われることになる。

  *e.g.* When I was in the hospital, I met people I would not have run into in daily life.「入院中，普段なら知り合いになれない人と知り合いになった」

- □ *l*.15　the young「子どもたち」
- □ *l*.15　resent ～「～に憤りを感じる」
- □ *l*.15　they get along with ～「それら（＝漫画）が～とうまくやっている」→「それらには～が載っている」
- □ *l*.17　despise ～「～を軽蔑する」
- □ *l*.18　subtlety「微妙さ，奥深さ」

やや難

# 45 大学生にとっての蛍光ペンの影響

## 文章の流れを確認する

**第 1 段落**
文章の一部を強調する蛍光ペンは大学生の教育に重大な影響を与えている。

**第 2 段落**
本文の要点に印をつけるという蛍光ペンの使い方は受動的な読み方，つまり読み手が頭を使わず言葉が印象に残らない読み方を助長する。これは能動的，批判的，分析的な読み方を身につけるべき若者に重大な影響を与えることがある。

**第 3 段落**
鉛筆やペンにも同じことが言える。それでもやはり，読む力の低下は蛍光ペンのせいだと考えられる。鉛筆やペンは下線を引くだけでなくメモを取るのにも使われ，これによって本文への読み手の関わりが強化されるが，蛍光ペンはこうした目的では使えないからである。

## 答案を作成する

▶「蛍光ペンは大学生に悪影響を及ぼす」が第 1 段落の要旨である。このあとは「なぜか？」に注目する。

▶「蛍光ペンは要点に印をつけるだけの受動的な読みを助長するので，能動的，批判的，分析的な読みをしなければならない大学生には悪影響を及ぼす」が第 2 段落の要旨。

▶そして第 3 段落ではその補足として「蛍光ペンはペンや鉛筆と違って余白にメモができない」ということが示されている。

▶なお，本文は，中学生や高校生が蛍光ペンを使うことに対しての言及ではない。筆者が言っているのは，頭を使って読む，能動的な読み方が要求される大学生には，受動的な（つまりメモができない）蛍光ペンは悪影響であると言っているのである。

▶以下が「蛍光ペン」と「ペン・鉛筆」の対比。

|  | 蛍光ペン | ペン・鉛筆 |
|---|---|---|
| 余白にメモができる | × | ○ |
| 読み方 | 受動的 | 能動的 |
| 大学生への影響 | 悪い | 良い |

▶以上をまとめると次のようになる。

| 大 | 学 | 生 | は | 能 | 動 | 的 | ， | 批 | 判 | 的 | ， | 分 | 析 | 的 | な | 読 | み | を | し |
|---|---|---|---|---|---|---|---|---|---|---|---|---|---|---|---|---|---|---|---|
| な | け | れ | ば | な | ら | な | い | 。 | と | こ | ろ | が | ， |  | 蛍 | 光 | ペ | ン | は， |
| ペ | ン | や | 鉛 | 筆 | と | 違 | っ | て | 余 | 白 | に | メ | モ | が | で | き | ず | ， | 要 |
| 点 | に | 印 | を | つ | け | る | だ | け | な | の | で | ， |  | 受 | 動 | 的 | な | 読 | みを |
| 助 | 長 | し | ， |  | そ | う | し | た | 大 | 学 | 生 | に | は | 悪 | 影 | 響 | を | 及 | ぼす |
| 。 |  |  |  |  |  |  |  |  |  |  |  |  |  |  |  |  |  |  |  |

110　　　　　　　　　　　　　　　　　　　　　120

▶ここから情報を削らずに指定字数（70〜80字）内に収める。

**解答例**

| 蛍 | 光 | ペ | ン | は | 要 | 点 | に | 印 | を | つ | け | る | だ | け | の | 作 | 業 | で | 使 |
|---|---|---|---|---|---|---|---|---|---|---|---|---|---|---|---|---|---|---|---|
| わ | れ | ， |  | ペ | ン | や | 鉛 | 筆 | と | 違 | っ | て | 余 | 白 | に | メ | モ | が | でき |
| な | い | の | で | ， |  | 読 | み | 方 | を | 受 | 動 | 的 | に | し | ， |  | 能 | 動 | 的な読 |
| み | 方 | が | 要 | 求 | さ | れ | る | 大 | 学 | 生 | に | 悪 | 影 | 響 | を | 及 | ぼ | す | 。 |

70　　　　　　　　　　　　　　　　　　　　　80

## 自分の答案を採点する

### 採点基準

✓ 各区分の抜けは **2 点減**。

✓ 不十分なら **1 点減**。

✓ （A），（B） それぞれの満点を超えては減点しないものとする。

例：（A）の区分で 1 ～ 3 すべての抜けがあった場合は，6 点減ではなく，5 点減とする。

**（A） 5 点満点**

1．蛍光ペンは要点に印をつけるだけの作業で使われ

※「大切な部分にマークするだけ」でも可とする。

2．ペンや鉛筆と違って余白にメモができないので

3．読み方を受動的にし

※「文章への関わりを弱める」「文章を鵜呑みにする」なども可。

※「読み方」を「読書」とするのは不可。

**（B） 5 点満点**

1．能動的な読み方が要求される

※字数に余裕があれば「能動的，批判的，分析的な読み方」とする。

2．大学生に　　　　※文のどこかに書いてあれば可。

3．悪影響を及ぼす　　※「深刻な問題だ」でも可。

「大学生（第 2 段落では young adults と言い換えられている）」という文言が抜けている答案が非常に多い。この英文が示唆していることは「小・中・高校生は，インプット中心の学習だから蛍光ペンでも構いません」ということであろう。よって「大学生」は必要。また「読書」とした人も多かった。筆者が言っているのは，研究・勉強のために論文や本やレポートを読むことであって，余暇にするような読書のことを言っているのでは断じてない。

■ 生徒答案例

1 ▶Ⓐ余白にメモができる鉛筆やペンと違い蛍光ペンは要点をマークすると情報を鵜呑みにするだけになる。Ⓑ大半の大学生が蛍光ペンを使っている為，これは深刻な問題である。　　　　　　　　　　　　　　　　　　**8** / 10点

（A）OK だが，「要点をマークするだけなので，情報を鵜呑みにすることになる」としたい。

（B）1．抜けている。 **− 2**

2 ▶Ⓑ大学生の多くが使っているⒶ蛍光ペンは文中の大切な部分に単にマークするだけであり，鉛筆やペンとは違いメモを取ることができず文章への関わりをとても弱めるものである。　　　　　　　　　　　　　　　　　**6** / 10点

（B）1・3．抜けている。 **− 4**

3 ▶Ⓑ蛍光ペンの使用が大学生の読書に悪影響を及ぼしている。Ⓐ強調するところにマーカーすることで受動的な読書を促進し，大学生の読書力が低下することにもつながる。　　　　　　　　　　　　　　　　　　　　**6** / 10点

（A）2．抜けている。 **− 2**

（B）1．抜けている。「読書力」も不可。 **− 2**

4 ▶Ⓐ蛍光ペンでマークしながら本を読むと，頭を使わず言葉を鵜呑みにする癖をつけさせてしまい，Ⓑ読む力を低下させてしまうので，教科書を理解するのに蛍光ペンは不要である。　　　　　　　　　　　　　　　　**4** / 10点

（A）2．抜けている。 **− 2**

（B）1・2．抜けている。 **− 4**
　　　「教科書」は text の誤訳。また「蛍光ペンは不要だ」とは書いていないが，それぞれ減点はしない。

5 ▶Ⓑ蛍光ペンを使うと大学生の教育に影響が出る。Ⓐ確かに文章の要点を目立たせるのは害がないように思えるが，実際は受動的な読みを促している。これは鉛筆やペンでも同じだ。　　　　　　　　　　　　　　　　　**3** / 10点

（A）1．不可。末尾の「これは鉛筆やペンでも同じだ」は真逆のこと。 **− 2**
　　　2．抜けている。 **− 2**

（B）1．抜けている。 **− 2**
　　　3．不十分。「影響」は「悪影響」とすべき。 **− 1**

### 第 1 段落

　蛍光ペンは，透き通った目立つ色を塗って本に書かれた文章の一部を強調することを可能にするマーキングペンのことだが，この使用により，多くの大学生の本の読み方をゆがめ軽薄なものにすることによって，学生の教育に重大な影響を与えている。

- □　*l*.1　highlighters と those marking pens … が同格の関係。
- □　*l*.1　those … は先行詞を示す働き。通例，訳さない。
- □　*l*.1　モノ + allow O to *do*「モノは O が〜することを可能にする」
- □　*l*.2　transparent「透明な」　※ -parent［出現］［類］apparent「一見」
- □　*l*.4　read「（テキストや参考文献を）読む」

### 第 2 段落

　今でもマーカーの類を一切使わずに本を読む学生も中にはいるし，ペンや鉛筆を使い続けている者もいるにはいるが，大半の学生は蛍光ペンに切り替えている。蛍光ペンの最も一般的な使い方は，単語の上に色鮮やかな色を塗りつけることで，読まなくてはならない本文の主要点に単に印をつけるというものである。これは無害に思えるかもしれないが，蛍光ペンをそのように使うことによって実際には，受動的に読む習慣，つまり，言葉が目に入ってきても印象として残らず，それを読み手が頭を使わないで鵜呑みにしてしまう習慣が助長されている。大人になったばかりの若者たちは能動的，批判的，分析的な読み方を身につける必要性が極めて大きいのであるが，これは彼らに重大な影響を与えることになりうる。

- □　*l*.5　while S'V', SV「S'V' だが（一方）SV」
- □　*l*.6　The … use of *A* is for *doing*「*A* の使用は〜するためである」
- □　*l*.7　mark の目的語は the main points。
- □　*l*.9　passive reading habits と a mindless swallowing of … が同格の関係。
- □　*l*.11　young adults は university students の言い換え。

### 第 3 段落

　鉛筆とかペンを使っていても同じ結果になり得るという反論が出されるかもしれないし，これにもある程度の正当性はある。それでもやはり，読む力が実際低下しているのは蛍光ペンのせいであると考えるのが妥当である。鉛筆とかペンは強調のために，つまり，下線を引くために使われるが，同時に余白にメモを書き込む作業のためにも使われるのが普通であって，この作業によって本文との読み手の関わり合いは大いに強化される。蛍光ペンはこうした目的のためにはほとん

ど役に立たないのである。

---

- ☐ *l*.13　object that SV「SV という反対意見を述べる」
- ☐ *l*.13　with some justification「ある程度の正当性をもって」
- ☐ *l*.14　could ～「～かもしれない」
- ☐ *l*.14　bring about ～「～を引き起こす」
- ☐ *l*.14　hold ～ responsible for …「～に…に対する責任があると考える」
- ☐ *l*.16　that is (to say)「すなわち」
- ☐ *l*.17　writing notes in the margins と a process … が同格の関係。
- ☐ *l*.17　margin「余白」
- ☐ *l*.17　intensify ～「～を強化する」

---

## Column　bring about ～

　bring about ～「～を引き起こす」の about の品詞はわかりますか？　take は
〈take *A* to *B*〉で「*A* を *B* に持って行く」の意味で，bring は〈bring *A* to *B*〉「*A*
を *B* に持ってくる」の意味ですね。このように take や bring は通例，「どこへ」
運ぶのかを明示する副詞（句）を必要とします。辞書では SVOM という文型で
示されています。よって，bring about の about は「あたりに」の意味の副詞で，
先ほどの to *B* に対応しています。

　前置詞の about は，たとえば *A* is about *B*. で「*A* は *B* を中心としたその周辺
に存在する」の意味です。つまり，about は「何かを中心としてその周辺」をイ
メージさせる語なのです。a book on math といえば，数学の専門書ですが，a
book about math は，数学にまつわる四方山話を書いた本の可能性があります。
bring ～ about は，「～を（何かの）周辺に持ってくる」→「～をあたりに持っ
てくる」の意味となりますが，日本語では「～をもたらす」「～を引き起こす」
となり about の意味が消えてしまいます。また，目的語を強調するため，それ
を文末に置き，それによって about が前置され，bring about ～という語順にな
ります。

　こうした基本熟語は丸暗記するのではなく，しっかり成り立ちを押さえておく
ことが「東大的勉強法」だと思います。

やや難

# 46 現代の北米教育の問題点

## 文章の流れを確認する

| 第1文 | 北米の現代教育の欠陥は，万人平等の民主主義理念の誤用である。 |

| 第2・3文 | どんなことであれ万人平等など誰も信じていないが，教育においてのみ万人平等の理念がまかり通り，これが困難をもたらす。 |

| 第4・5文 | 万人平等の理念を実現するため，教育課程を優れていない者に合わせてしまい，優秀な才能を犠牲にしている。 |

| 第6・7文 | 私の時代からこういうことが行われていて，新たな理論が生み出され，教育制度を蝕んでいる。 |

| 第8～10文 | 出来ない子どもを学力で競わせるのは残酷だという意見があるが，そのように主張する人は優れた子どもを欲求不満にするのも同じように残酷であることに気づいていない。 |

## 答案を作成する

▶第1文に「北米の現代教育の欠陥は，人は皆平等に創られているという民主主義の理念が誤用されたために存在する」とあり，「どのような欠陥だろう？」「民主主義の理念の誤用とは何だろう？」という疑問をもちながら読み進めることになる。

▶第2・3文（Nobody believes this … alive can remember.）では「万人が平等などあり得ないが，教育においてはこれが信じられている」とある。

▶第4・5文（In order to … slow learners' pace.）から，「民主主義の理念の誤用」とは「人は皆平等に創られている」という理念を，拡大解釈して「教育においても人は皆平等に創られている＝皆同じ教育を受ける権利がある＝能力に差などない」としたことだとわかる。

▶第6・7文（This was already … of my day.）は特に大切な情報ではない。

▶第8〜10文（In some educational … the excellent boy.）には「欠陥」の現状として，「出来ない子どもを学力で競わせるのは残酷だという意見があるが，そのように主張する人は優れた子どもを欲求不満にするのも同じように残酷であることに気づいていない」ことが述べられている。

▶以上を考慮してまとめれば次のようになる。

北米の現代教育の欠陥は，人は皆平等に創られているという民主主義の理念を拡大解釈し，子どもには能力差などないから皆同じ教育を受ける権利があると思ったことである。出来ない子どもを学力で競わせるのは残酷だという意見があるが，そのように主張する人は，優れた子どもが能力を発揮できず欲求不満になってしまうのも同じように残酷であることに気づいていない。

▶これを指定字数（80〜100字）に収める。

**解答例**

北米の現代教育では，人は皆平等に創られているという民主主義の理念が誤用され，個人差を無視し，優秀でない子に合わせている。優劣をつけるのは残酷だという意見もあるが，優秀な子が犠牲になっているのが現状だ。

## 自分の答案を採点する

**採点基準**

✓ 各区分の抜けは **2 点減**。

✓ 不十分なら **1 点減**。

✓（A），（B）それぞれの満点を超えては減点しないものとする。

例：（A）の区分で 1・2 両方の抜けがあり，さらに誤訳と思われる箇所があった場合でも，最大 4 点減とする。

**（A）4 点満点**

1．北米の現代教育では　　※「現代」はなくても可とする。

2．人は皆平等に創られているという民主主義の理念が誤用され

※「皆平等」の抜けは **2 点減**。「誤用」の抜けは **2 点減**。

**（B）6 点満点**

1．個人差を無視し，優秀でない子に合わせている

※「最低の基準の教育課程を組み」でも可。

2．優劣をつけるのは残酷だという意見もあるが

3．優秀な子が犠牲になっているのが現状だ

※「優秀な子が能力を発揮できずにいるのが現状だ」でも可。

出来は良かった。ただ「優劣をつけるのは残酷だという意見がある」が抜けていた答案は多かった。この問題が出されて数十年してから，日本の小学校において「運動会で順位をつけるのは残酷だ」などの意見が出てきた。東大はどのように感じているのだろうか。

**生徒答案例**

1 ▶(A)北米では全ての人間は平等であるという民主主義的信念が教育に誤った形で適用されている。(B)カリキュラムがあまり優秀でない子供に合わせられ，競争をなくすため教育制度まで変えられ優秀な子供が犠牲になっている。　　7 / 10点

（B）1.「個人差を無視し」が抜けている。— 1

　　　2.抜けている。— 2

2 ▶(A)北アメリカの教育では，すべての人間は平等に創られているという民主主義的な信念を誤用してしまった。(B)だから，学校では学ぶのが遅い生徒に合わせてカリキュラムが作られ，賢い生徒は犠牲になってしまった。　　7 / 10点

（B）1.「個人差を無視し」が抜けている。— 1

　　　2.抜けている。— 2

3 ▶(A)北アメリカの近代教育の欠点は，すべての人間が平等であるという民主主義的信念を誤運用していることだ。(B)怠惰な子どもを競争にさらさないために能力で分けるのをやめたので，能力のある子どもが犠牲になっている。　　5 / 10点

（A）1.「近代教育」は「現代教育」の誤り。— 1

（B）1・2.抜けている。— 4

4 ▶(A)現実とはかけ離れているのに，都合のよさから現代の北米教育では平等理念が誤って応用され，(B)卓越した才能を持つ人が犠牲にされ，次に新しい学説が大量に流れたことで無気力な生徒が競争の中で落後していく。　　5 / 10点

（A）2.不十分。「平等理念」は「万人平等という民主主義の理念」とする。— 1

（B）1・2.抜けている。— 4

　　　また，「次に新しい学説…」以降は，「新しい学説」が，競争を否定するものであることがわかっていないことによる誤読。

5 ▶(A)北米の教育現場では民主主義の誤用により教育レベルが低下した。(B)教育哲学で，怠惰な生徒への競争の強制による悪影響が重視された結果だが優秀な生徒が欲求不満になり同様の影響をうけることは考慮されてない。　　3 / 10点

（A）2.「皆平等」が抜けている。— 2

（B）1.抜けている。— 2

　　　2.「悪影響が重視された」では曖昧。— 2

　　　3.「影響をうける」ではなく「影響をうけている」とすべき。— 1

**全訳**

　北アメリカの現代教育の大部分を無意味なものにしているのは，人は皆平等に創られているという民主主義的理念を単に誤用したことである。普通の人間にとって重要なことにおいてなら，いかなることでも，このようなことを信じるものはいない。普通の人なら誰であれ，訓練されていない消防士が訓練を受けた消防士と互角であるとか，運動神経が鈍い少年がベーブ=ルースやテッド=ウイリアムズのような野球選手になれるなどと一瞬でも思う者はいない。しかし，教育においては，すべての人間は平等に作られていると信じるのが都合がよいし，これこそ，今を生きる私たちの誰もが記憶にある限りで最も大きな問題なのである。そのような民主主義的な考えに忠実になるため，我々の学校は長年にわたり，優れた才能を犠牲にした制度を支えてきた。あまり賢くない者の知性の水準が文字通り学校の教育課程を左右している。そして能力のある生徒は理解が遅い者のペースに合わせて自分の課題をするように強制されている。これは私が学校へ行っていた頃すでに行われていたことである。それ以来，数多くの新たな理論が教育制度を蝕み，私の頃にいた自由主義の教員や保護者をも愕然とさせたであろうような結果になってしまっている。一部の教育哲学の考えでは，能力の低い，あるいは怠惰な子どもを，誰が優れた者であるかの競争にさらすのは事実上，一種の虐待であり，Ａ，Ｂ，Ｃなどの成績をつけることはやめるべきと主張する。その主張によると，失敗は能力の低い子どもを神経症患者にしてしまうということだ。このように考える人には，欲求不満は優れた少年にとって同じ結果をもたらすということなど思いつかない。

3

「教育・ことば」を味わう

- □ *l.*1　make nonsense of ～「～を無意味なものにする」
- □ *l.*2　misapplication of ～「～の誤用」
- □ *l.*2　all men are created equal「人は皆平等に創られている」
  ※エイブラハム=リンカンの演説「Gettysburg Address（ゲティスバーグ演説）」の冒頭部。1863 年 11 月 19 日に行われたゲティスバーグ国立戦没者墓地の奉献式でリンカンが行った米国で最も有名な演説である。
  Four score and seven years ago our fathers brought forth on this continent, a new nation, conceived in Liberty, and dedicated to the proposition that all men are created equal.「87 年前，父祖たちはこの大陸に新国家を築いた。自由を理念とし，人は皆平等に創られているという主張を貫く新国家を」
- □ *l.*3　this＝all men are created equal
- □ *l.*3　the common man「普通の人」
- □ *l.*4　not for an instant believe「一瞬たりとも信じない」
- □ *l.*4　the equal of ～「～と同等の者」
- □ *l.*5　a boy with slow reflexes「運動神経の鈍い少年」
- □ *l.*7　this＝to believe that all men are created equal
- □ *l.*7　the main difficulty S can remember　※ difficulty の後に関係代名詞 that が省かれている。
- □ *l.*7　ever since「それ以来ずっと」　※ since は副詞。
- □ *l.*8　be true to ～「～に忠実な」

- ☐ *l*.8 the democratic idea ＝ the idea that all men are created equal
- ☐ *l*.9 excellence「優れた才能」
- ☐ *l*.9 sacrifice ～「～を犠牲にする」
- ☐ *l*.10 the not too bright「あまり聡明ではない者たち」
- ☐ *l*.10 literally「文字通り」
- ☐ *l*.11 be compelled to *do*「～するように強いられる」
- ☐ *l*.11 This は「能力のある生徒は理解が遅い者のペースに合わせて自分の課題をするように強制されていること」。
- ☐ *l*.12 the case「実情」
- ☐ *l*.12 a flood of ～「とても多くの～」
- ☐ *l*.13 invade ～「～を侵害する，を蝕む」
- ☐ *l*.13 with results which ～「～のような結果になる」
- ☐ *l*.13 would have horrified ～「～を愕然とさせたであろう」 ※仮定法過去完了。
- ☐ *l*.13 liberal「自由主義の」
- ☐ *l*.15 practically「事実上」
- ☐ *l*.15 a form of cruelty「一種の虐待」
- ☐ *l*.15 expose *A* to *B*「*A* を *B* にさらす」
- ☐ *l*.15 the competition of excellence「誰が優れているかを競わせること」
- ☐ *l*.16 abolish ～「～を廃止する」
- ☐ *l*.17 turn *A* into *B*「*A* を *B* に変える」
- ☐ *l*.17 neurotic「神経症患者」
- ☐ *l*.17 It never occurs to ～ that …「…は～には思いつかない」
- ☐ *l*.18 do the same は「神経症患者に変える」こと。

# 47 詩の意味を決定するのは誰か

## 文章の流れを確認する

**第1段落**　一般に詩などの文学作品は作者がその意味を決めると思われがちだが，それらを解釈するのは読み手である。また，読むという行為は読み手に影響される創造的過程であるため，詩には複数の解釈が可能になる。

**第2段落**　読み手の解釈が妥当かどうかの判断は難しいため，読み手を重視しすぎても問題である。

**第3段落**　読むという行為が読み手と書き手の一種の相互作用である以上，詩などの文学作品の意味は書き手か読み手いずれか一方に決められるものではない。

## 答案を作成する

▶要するに「読むという行為が読み手と書き手の一種の相互作用である以上，詩などの文学作品の意味は書き手か読み手いずれか一方に決められるものではない」ということ。

▶本文では一貫して「詩」について論じられている。第1段落第1文に「——あるいはその他どんな文学作品であれ——」という但し書きが添えられてはいるが，それ以外の箇所がすべて「詩」について論じられている以上，「詩」がメインテーマであることに変わりはない。

▶では，この但し書きには何の意味があるのか。一つには，「筆者が言っていることは他のことにも言えるじゃないか」という，予想される反論について本文中で触れておくことによって，後から反論が湧くのを事前に阻止する意図があると言えるだろう。また，ある特殊な事例だけに注目しているのではなく，他の関連する事例にも考えを巡らせたうえで発言していることをさりげなくアピールすることによって，筆者の見識の広さと偏りのなさを印象づける意図があるのかもしれない。あるいは，

本文で扱うテーマが決して特殊（でマイナーで些末）なテーマではないことを読み手に印象づける意図があるのかもしれない。いずれにしても本文のメインテーマは「詩」に限定するのが適切。

▶以上を考慮してまとめると次のようになる。

> 詩は作者がその意味を決めると思われがちだが，それらを解釈するのは読み手である。また，読むという行為は読み手に影響される創造的過程であるため，詩には複数の解釈が可能になる。読み手の解釈が妥当かどうかの判断は難しいため，読み手を重視しすぎても問題である。読むという行為が読み手と書き手の一種の相互作用である以上，詩の意味は書き手か読み手のいずれか一方に決められるものではない。

▶これを指定字数（80〜100字）にまとめる。

**解答例**

> 詩の意味を決めるのは書き手だと思われがちだが，それを解釈するのは読み手である。ただ妥当な解釈かの判定は困難で，読む行為が書き手と読み手の相互作用である以上，詩の意味はいずれかに決められるものではない。

▶なお，「書き手と読み手の相互作用」という象徴的な表現を，文中の説明を踏まえて具体化して，次のようにまとめることもできる。

> 詩人が自らの考えや視点を表すために書いた言葉を，読み手が自身の視点や記憶や読書経験に基づいて解釈する。このように，それぞれにとっての意味や価値が詩に付与されるのであり，一方がそれを決めるのではない。

## 自分の答案を採点する

**採点基準**

✓各区分の抜けは **2 点減**。

✓不十分なら **1 点減**。

✓（A），（B）それぞれの満点を超えては減点しないものとする。

例：（A）の区分で 1 〜 3 すべての抜けがあり，さらに誤訳と思われる箇所があった場合でも，最大 6 点減とする。

---

**（A） 6 点満点**

1．詩の意味を決めるのは書き手だと思われがちだが

2．それを解釈するのは読み手である

3．ただ妥当な解釈かの判定は困難で

---

**（B） 4 点満点**

1．読む行為が書き手と読み手の相互作用である以上

2．詩の意味はいずれかに決められるものではない

---

大方の答案が，全体の方向性を掴んでいた。しかし「読み手の解釈が詩の意味を決めるわけではない」の理由が不十分なものが多かった。おそらく，不要な語句を切り詰めて情報を盛り込もうとする努力が足りなかったためであろう。スーパーの「詰め放題」と同様に，情報も詰め込めるだけ詰め込んでほしい。

**生徒答案例**

1 ▶(A)詩の意味は作者が創造すると思われているが解釈するのは読者でありその解釈は人によって違うので妥当かどうかの判断は難しい。(B)読書は相互作用であるから，作者と読者の一方が意味を決めるわけではない。　　　　　　**10**/10点

（Ａ）少々読みにくい文だが，減点はなしとする。

2 ▶(A)詩，また他の文学を読む行為は，単に作者の意図を追う作業ではなく自ら真意を見出す創造的行為である。(B)しかしその作品の真意を決定するのが読者という訳ではなく，それは著者と読者との相互作用で定まっていく。　　　　**7**/10点

（Ａ）１・２．OK。ただし「また他の文学を読む行為」は不要。「自ら真意を見出す」は「自分なりの意味を見出す」としたい。

　　　　３．抜けている。**－2**

（Ｂ）本文には「著者と読者のいずれか一方では決められない」としか書かれておらず，「相互作用で定まる」は言い過ぎ。**－1**

3 ▶(A)詩は読者の創造性により様々な解釈が可能になるが，その是非は区別が困難なため問題となりうる。(B)詩の解釈を決定するには，読者と書き手の片方ではなく両方の解釈を相互にやりとりする必要がある。　　　　　　　　　　　**7**/10点

（Ａ）１．抜けている。**－2**

（Ｂ）「読者と書き手のやりとりで解釈が決定できる」という記述は本文にない。

　　　　　　　　　　　　　　　　　　　　　　　　　　　　　　**－1**

4 ▶読者に筆者の言おうとしたことを決めることができようができまいが(B)読書は言葉のやり取りの一種だという事実は変わらず，文学作品の意味または価値が読者か筆者に排他的に掌握されていると考えるのは誤解を招く。　　　　**4**/10点

（Ａ）３点とも抜けている。**－6**

5 ▶(A)詩は作者の言わんとすることを読み取るのが理想だが，読者は好き勝手に解釈するので，作者と読者の解釈には大きなずれが生じる。(B)しかし，詩の解釈は誰か一人の解釈が絶対的に正しいと決めることはできない。　　　　　　　**2**/10点

（Ａ）１・２．抜けている。**－4**

　　　　３．不十分。「作者と読者の解釈に大きなずれが生じる」ではなく，「どの解釈が妥当なのかの判断が難しい」とする。**－1**

（Ｂ）１．抜けている。**－2**

　　　　２．「誰か一人」ではなく「作者と読者のいずれか一方」とすること。**－1**

### 全訳

#### 第1段落

　私たちは普通，詩の意味とは，（その他どんな文学作品の意味でも言えることだが，）その作家によって創造され決められたものと考えている。私たち読み手の側がしなければならないことといえば，作者が何を言おうとしたのかを探り出すことだけである，というわけだ。しかし，自らの考えやものの見方に言葉という形を与えるのは確かに詩人ではあるが，この言葉の形をとったものを意味に移し替え，個人としての反応に置き換えているのは読み手なのである。ものを読むという行為は，実際には一人一人の読み手の物事に対する姿勢や記憶，過去の読書経験に左右される，創造的な過程である。読むという行為にこのような特性があるからこそ，どんな詩でも複数の解釈ができる可能性が生まれるのだ。

- [ ] *l.*1　think of A as B「A を B だと考える」
- [ ] *l.*1　literary work「文学作品」
- [ ] *l.*2　all（that）we readers have to do is *do*「私たち読者がしなければいけないのは〜することだけだ」
- [ ] *l.*3　intend to *do*「〜しようと考える」
- [ ] *l.*3　it is indeed the poet who …「…するのは確かに詩人である」　※強調構文。the poet の the は「総称」を示す。
- [ ] *l.*4　give verbal form to 〜「〜に言葉という形を与える」
- [ ] *l.*4　vision「視野，ものの見方」
- [ ] *l.*4　it is the reader who …「…するのは読み手である」　※強調構文。the reader の the は「総称」を示す。
- [ ] *l.*5　translate A into B「A を B に変換する」
- [ ] *l.*7　It is this feature of reading which …「読むという行為はこのような特徴があるからこそ…」　※強調構文。
- [ ] *l.*7　allow for 〜「〜を許す，〜を可能にする」　※ allow *oneself* to go for 〜「自らが〜の方へ行くのを許す」と考えるとよい。
- [ ] *l.*8　the possibility of any poem having …「いかなる詩も…をもつという可能性」　※ any poem は，動名詞 having の意味上の主語。
- [ ] *l.*8　more than one 〜「複数の〜」　※ more than は＞であって≧ではない。
- [ ] *l.*8　interpretation「解釈」

#### 第2段落

　しかしながら，このように意味を生み出す源として読み手の側に重きを置くのは問題をはらむこともある。なぜなら，理にかなっていると皆が同意できる解釈と，的外れで道理に合わないと思える解釈との間に境界線を引くのが難しいことがあるからだ。読み手は往々にして，出会った詩から自分独自の意味を導き出したいと切に願うようなところもあるようだが，そのような意味は，読み手自身にとってどれほど理にかなっている，あるいは納得のいくものであっても，詩人が

意図したものではなく，他の読み手の共感も得られないかもしれないのである。

- ☐ *l*.9　emphasis on *A* as *B*「*B* として *A* に重きを置くこと」
- ☐ *l*.10　problematic「問題をはらんでいる」
- ☐ *l*.10　draw the line between *A* and *B*「*A* と *B* の境界線を引く，*A* と *B* をはっきり区別する」
- ☐ *l*.10　what we can all agree is a reasonable interpretation は「理にかなった解釈であると皆が同意できるもの」が直訳。we can all agree が挿入されていると考えればよい。
- ☐ *l*.11　wild「的外れで，荒っぽい」　※深く考えずに行動・発言するさまを示す。
- ☐ *l*.12　unjustifiable「道理に合わない，正当化できない」
- ☐ *l*.12　produce *A* out of *B*「*B* から *A* を生み出す」
- ☐ *l*.13　encounter with ～「～との出会い」
- ☐ *l*.13　meanings which … は，同文の their own meanings と同格の関係にあり，意味の補足をしている。

### 第3段落

　それならば，意味を決定する権限を握っているのは，実際のところ誰なのだろうか。意味の源泉として読み手と書き手との間に，どんな厳密な区別を設けたところで，それは役に立たない。もちろん，読み手と書き手の寄与の仕方の違いを考えたり議論したりすることは，有益な面もあるが，だからといって読むという行為がある種の相互作用であるという根本的な事実が変わるわけではない。詩のもつ意味や価値を，どちらか一方が独占的に掌握しているものだと考えるのは誤解を招くことになるだろう。

- ☐ *l*.18　in some ways「何らかの点で」
- ☐ *l*.20　interaction「相互作用」
- ☐ *l*.21　misleading「誤解を招く」
- ☐ *l*.21　under the exclusive control of ～「～が独占的に掌握している」

## 48 初等教育で歴史を教える意義

難

1984年度

### 文章の流れを確認する

**第1〜3文**
歴史が単なる過去の記録と見なされる場合，歴史は初等教育において大きな役割を果たすべきだという主張には根拠が見出しがたい。現在と未来のためにすべきことがあまりに多く，過ぎ去った事柄に子どもを深入りさせる余裕はないからだ。

**第4〜7文**
歴史が社会生活の力と形態の説明と見なされる場合，そうはならない。社会生活は時や場所の区別を重要とせず，人が集まったり離れたりする動機や，何が望ましく何が有害であるかを示す。

**第8〜10文**
教育者にとっては，歴史は社会がどのように生じ組織化されるかを明らかにする間接的な社会学でなければならない。現在の社会は，学習対象とするには，あまりに複雑で子どもに身近すぎる。

### 答案を作成する

▶筆者の主張は，第4〜7文（Not so … hurtful.）「歴史が社会生活の力と形態の説明と見なされる場合，歴史は初等教育において重要な役割を果たす。人間の離合集散の動機や，望ましい形態と望ましくない形態を示す」にある。

▶よって第1〜3文（If history … gone by.）は「歴史が単なる過去の記録だと見なされる場合，初等教育に大きな役割を果たすべきという主張は根拠が薄い。なぜなら，子どもたちは現在と未来のためにやるべきことが多くあり，過ぎ去った事柄に深く関わる余裕などないからである」は譲歩部分であることがわかる。この問題は「要旨を書け」なので，譲歩部分を詳しく書く必要はない。よって「歴史を過去の記録ではなく」ぐらいに留めておけばよいだろう。

▶第8〜10文（Whatever history … arrangement.）「教育者にとって，歴史は社会がどのようにして生じ，また組織化されていくかを示す間接的な社会学でなけ

ればならない。現在の社会は，学習対象とするには，あまりに複雑で子どもに身近すぎる」の前半は主張を肉付けした部分。後半は，予想される反論「なぜ現在の社会の学習ではいけないのか」に対する筆者の答えを述べた部分で必要である。

▶以上をまとめると次のようになる。

| 歴 | 史 | を | ， | 単 | な | る | 過 | 去 | の | 記 | 録 | で | は | な | く | ， | | 社 | 会 | 生 |
|---|---|---|---|---|---|---|---|---|---|---|---|---|---|---|---|---|---|---|---|---|
| 活 | の | 力 | と | 形 | 態 | ， | | 人 | 間 | の | 離 | 合 | 集 | 散 | の | 動 | 機 | や | ， | 望 |
| ま | し | い | 形 | 態 | と | 望 | ま | し | く | な | い | 形 | 態 | ， | | 社 | 会 | が | ど | の |
| よ | う | に | し | て | 生 | じ | ， | | ど | の | よ | う | な | 形 | 態 | で | 組 | 織 | 化 | さ |
| れ | て | い | く | か | を | 示 | す | 間 | 接 | 的 | な | 社 | 会 | 学 | と | 見 | な | せ | ば | |
| ， | | 歴 | 史 | は | 初 | 等 | 教 | 育 | に | お | い | て | 重 | 要 | な | 役 | 割 | を | 果 | た |
| す | 。 | 現 | 在 | の | 社 | 会 | は | ， | | 学 | 習 | 対 | 象 | と | す | る | に | は | ， | あ |
| ま | り | に | 複 | 雑 | で | 子 | ど | も | に | 身 | 近 | す | ぎ | て | 不 | 適 | 切 | だ | 。 | |

150　　　　　　　　　　　　　　　160

▶これを指定字数（80～100字）に収める。

▶まず，「社会生活の力と形態」は「人間の離合集散の動機，様々な社会形態」と同じとみなして省く。

▶「間接的な社会学」は抽象的表現なので，具体化した部分だけを残す。

**解答例**

| 歴 | 史 | を | 単 | な | る | 過 | 去 | の | 記 | 録 | で | は | な | く | ， | | 現 | 在 | の | 社 |
|---|---|---|---|---|---|---|---|---|---|---|---|---|---|---|---|---|---|---|---|---|
| 会 | で | は | 複 | 雑 | で | 子 | ど | も | に | 身 | 近 | す | ぎ | て | 教 | え | ら | れ | な | |
| い | よ | う | な | ， | | 人 | 間 | の | 離 | 合 | 集 | 散 | の | 動 | 機 | ， | | 社 | 会 | の | 様 |
| 々 | な | 形 | 態 | ， | | 誕 | 生 | 過 | 程 | ， | | 組 | 織 | 化 | の | 形 | 態 | を | 示 | す | も |
| の | と | 見 | な | せ | ば | ， | | 初 | 等 | 教 | 育 | に | お | い | て | は | 重 | 要 | だ | 。 | |

90　　　　　　　　　　　　　　　100

## 自分の答案を採点する

**採点基準**

✓各区分の抜けは **2 点減**。

✓不十分なら **1 点減**。

✓（A），（B）それぞれの満点を超えては減点しないものとする。

　例：（B）の区分で 1・2 両方の抜けがあった場合は，4 点減ではなく，3 点減とする。

---

**（A）7 点満点**

1．歴史を単なる過去の記録ではなく

2．〜を示すものと見なせば，初等教育においては重要だ

3．人間の離合集散の動機，社会の様々な形態，誕生過程，組織化の形態

---

**（B）3 点満点**

1．現在の社会では〜教えられないような

2．複雑で子どもに身近すぎて

筆者の言う「間接的な社会学」の意味すること（人間の離合集散の動機，社会の様々な形態，誕生過程，組織化の形態）を書けていない答案がほとんどであった（本番の採点では「社会の仕組み」ぐらいでも点が与えられたかもしれない）。また，6 行目の Not so が何のことかがわからずに全体として意味不明になってしまった答案も少なからずあった。

**生徒答案例**

■1 ▶(A)初等教育においては歴史は単なる過去の記憶ではなく，社会生活の力と社会形態の説明，誕生過程，組織化の形態と見なせば重要だ。(B)これらは複雑で子どもにとって身近すぎる現代社会からでは教えるのが難しいからだ。　9 / 10点

（A）3．「社会形態，誕生過程，組織化の形態の説明」とすべき。−1

■2 ▶(A)小学校教育における歴史とは，単なる過去の記録では無く，社会生活の形成の過程を明らかにする，間接的な社会学である。(B)実際の社会は複雑で身近すぎるので，歴史から，社会を見る視点を得るための基礎を学ぶ。　7 / 10点

（A）2．「（初等教育において歴史は）重要だ」が抜けている。−1
　　　3．「組織化の形態」が抜けている。−1
（B）1．「教えられない」が抜けている。−1

■3 ▶(A)歴史は単なる過去の記録ではなく，社会の仕組みと認識されることで小学校の教育課程において大きな役割を果たす。(B)子どもにとって現在の社会の仕組みは非常に複雑であるため，過去の歴史を学ぶのがよい。　5 / 10点

（A）2．「認識されることで」→「認識されれば」。−1
　　　3．「社会の仕組み」は曖昧すぎる。−2
（B）1．「教えられない」が抜けている。−1
　　　2．不十分。「身近すぎて」が抜けている。−1

■4 ▶(A)初等教育で歴史学は単なる記録ではなく，社会の形成と組織化の説明である。(B)現代社会は複雑で身近すぎて学ぶことが難しいが，(A)幼い子どもたちは歴史を学ぶことで，間接的な社会学を学ぶことができるのだ。　5 / 10点

（A）2．「説明である」→「説明であると考えれば重要だ」。−2
　　　3．抜けている。−2
　　　「歴史を学ぶことで，間接的な社会学を学ぶことができる」は「間接的な社会学として歴史を学ぶことができる」とする必要がある。−1

■5 ▶(B)現在の社会は複雑かつ身近すぎるために子どもたちにとって学ぶのは難しい。(A)しかし，小学校から歴史を学ぶことで，間接的な社会学を知り社会の影響力と形成の説明を知ることができるのだ。　4 / 10点

（A）1．抜けている。−2
　　　2．「（歴史は）重要だ」が抜けている。−1
　　　3．不十分。さらに「影響力」は誤読。−2

「歴史を学ぶことで，間接的な社会学を知り」は「間接的な社会学として歴史を学ぶことで」とする必要がある。**－1**

**全訳**　もし歴史を過去の記録にすぎないと見なすなら，歴史が初等教育の課程で，いかなる形であれ，大きな役割を果たすべきであるという主張に何らかの根拠を見つけることは難しい。過去は過去であり，死者の埋葬は死者に任せておくのが安全であるかもしれない。現在には緊急に対処せねばならないことがあまりに多くあり，将来に対してやるべき要請もあまりに多いため，子どもを永遠に過ぎ去ったことに深入りさせておくだけの余裕はない。歴史を社会生活の種々の力と形態の説明と考えるのなら，話は別だ。社会生活なら常に私たちと共にあり，過去と現在との違いは重要ではない。社会生活が送られる場所がいずれであるかもほとんど重要ではない。社会生活は，そうした時と場所とは無関係な生活なのである。それは，人々を集めたり，人々を引き離したりする様々な動機を示し，何が望ましく，何が有害な形態であるかを描く。歴史が歴史学者にとってどのようなものであれ，教育者にとっては歴史は間接的な社会学，つまり，社会が生じる過程と社会が組織化されるやり方を明らかにする社会研究でなければならない。現在の社会は子どもが学習するにはあまりに複雑すぎるのと同時に，あまりに子どもに身近すぎる。子どもが，社会の細部にわたる迷宮への手がかりを見つけることなどできず，また社会のあり方を一望におさめることのできる高みにまで登ることもできないのだ。

- [ ] *l.2* ground「根拠」
- [ ] *l.3* the dead may be safely left to bury their dead「死者の埋葬は死者に任せておくのが安全であるかもしれない」→「過去のことをほじくり返すのは止めた方がよい」
- [ ] *l.4* urgent demands「緊急に解決すべき要求」
- [ ] *l.5* calls「要請」
- [ ] *l.5* over the threshold of ～「（比喩的に）～の入り口を越えてやってくる」
- [ ] *l.6* be gone by「過ぎ去った」※昔は現在完了で〈be＋過去分詞形〉の形も存在しており，現在でも「往来発着」に関連する動詞には適用されることがある。
- [ ] *l.6* Not so＝It is <u>not so</u> hard to see any grounds for claiming that it should play any large role in the curriculum of elementary education.
- [ ] *l.6* an account of ～「～の説明」
- [ ] *l.7* forces「種々の力」※後で「人々を集めたり引き離したりする様々な動機」と言い換えられている。
- [ ] *l.7* forms「種々の形態」※後で「何が望ましいもので，何が有害な形態か」と言い換えられている。たとえば，民主主義や全体主義などの国家の体制のあり方などを指すと考えればよい。
- [ ] *l.7* social life we have ※OSV の目的語の前置。

- [ ] *l.*8　be indifferent to ～「～にとって重要ではない」
- [ ] *l.*8　it was lived　※ lived it (= a social life) を受動態にした形。
- [ ] *l.*9　of slight moment「ほとんど重要ではない」　※ of importance〔help / use〕と同系。
- [ ] *l.*9　for all that「そうしたことにもかかわらず」
- [ ] *l.*10　men「人々」　※古い英語では，現代では性差別とされる語が使われていることがある。
- [ ] *l.*11　the scientific historian「学問として歴史を研究する人」→「歴史学者」　※ the は「総称」を示す。scientific は in science「学問における」の意味。
- [ ] *l.*12　the educator「教育者」　※ the は「総称」を示す。
- [ ] *l.*12　sociology「社会学」　※ a study of society … と同格の関係。
- [ ] *l.*13　becoming「生じること」　※ become = come to be の原義から生じた意味。
- [ ] *l.*13　mode「方法」
- [ ] *l.*15　clue into ～「～に入るための手がかり」
- [ ] *l.*15　of detail「詳細にわたる」
- [ ] *l.*15　mount ～「～にまで登る」
- [ ] *l.*15　from which to *do* = from which he is to *do*
- [ ] *l.*16　a perspective of its arrangement「社会の配列の大局的な見方」

## Column　名詞＋前置詞＋関係代名詞＋ to *do*

　I do not know what to do. の what to do は，元は what I am to do「私は何をすべきか」から I am が省かれた形と考えればよいでしょう。これと同様に I have chosen the dress in which to go out today. の in which to go out today は，in which I am to go out today「それを着て今日私は外出することになる」から I am が省かれた形であると考えれば簡単ですね。たとえば，E-mail is the ideal platform from which ~~we are~~ to run a global project.「電子メールは地球規模の事業を遂行するための理想的な基盤だ」(*LOST IN THE E-MAIL*, TIME の一節を一部改変) は，E-mail is the ideal platform to run a global project from. と書いても同じ意味になりますが，その場合 from に重点が置かれてしまうので，不格好な文になってしまうのです。

---

**難** **49** 基礎科学における学際的教育の重要性 2011 年度

## 文章の流れを確認する

| 第 1 段落 | 知識が従来の学問分野の区切りに収まらなくなってきているので，大学の科学の基礎課程の授業は従来の学問分野でなく，内容に即したものにすべきだ。 |
|---|---|
| 第 2 段落 | 科学の基礎教育においては，知識が学生の頭の中で結びつけられ，体系化されるような方法が採られるべきだ。 |
| 第 3 段落 | たとえば，従来の学問領域の区分ではなく，時間の観点から授業を組み立てる。これによって，一般教養課程全体を統合することも可能となる。 |

## 答案を作成する

▶ 「従来の教育」と「新たな教育」を比較すると次のようになる。

|  | 分野 | 内容 | 学習能率 | 教育課程 | 授業の枠組み |
|---|---|---|---|---|---|
| 従来の教育 | 専門のみ | 学術的 | （低い） | バラバラ | 専門分野 |
| 新たな教育 | 学際的 | 現実的 | 高い | 統一される | 時間など |

▶ 「文章の流れ」と表の内容から以下のようにまとめられる。

| 従 | 来 | の | 学 | 問 | 領 | 域 | の | 区 | 分 | に | 収 | ま | ら | な | い | 知 | 識 | が | 増 |
|---|---|---|---|---|---|---|---|---|---|---|---|---|---|---|---|---|---|---|---|
| え | て | い | る | 現 | 在 | ， | 基 | 礎 | 科 | 学 | の | 授 | 業 | は | 既 | 成 | の | 領 | 域 |
| を | 越 | え | て | ， | た | と | え | ば | 時 | 間 | を | 軸 | に | 展 | 開 | す | る | な | ど |
| ， | 実 | 質 | 的 | な | 内 | 容 | に | 即 | し | た | も | の | に | し | ， | 科 | 目 | 横 | 断 |
| 的 | に | 教 | え | る | べ | き | で | あ | る | 。 | そ | の | 方 | が | 能 | 率 | が | い | い |
| し | ， | 一 | 般 | 教 | 養 | 課 | 程 | 全 | 体 | の | 統 | 合 | に | も | つ | な | が | る | 。 |

▶これを何とか指定字数（70～80字）に収める。

▶通例，具体例は問題文に指示がない限り要約に入れることはない。ただ，この問題の第3段落で取り上げられている，教授法の一案である「時間の枠組み」に関しては，筆者の提示する解決策の核となるべきものなので，必ず入れておくこと。

▶なお，筆者の主張の背景となっている「従来の学問領域を越えた知識の増加に伴い」の部分は，従来の教育が旧態依然とした古くさいものであることを印象づける役割があるものの，本文全体の主旨に照らせばそれほど重要性は高くないので，指定字数を考えると省略するしかない。

**解答例**

基礎科学教育は既成の学問領域ではなく，時間を枠組みに展開するなど内容別に体系化し科目横断的に教えれば，学生が能率よく学べ，一般教養課程全体の統合も促すであろう。

## 自分の答案を採点する

### 採点基準

✔各区分の抜けは **2 点減**。

✔不十分なら **1 点減**。

✔（A），（B）それぞれの満点を超えては減点しないものとする。

　例：（A）の区分で 1 ～ 4 すべての抜けがあった場合は，8 点減ではなく，6 点減とする。

**（A）6 点満点**

1．基礎科学教育は　　※「基礎」の抜けは **1 点減**。

2．既成の学問領域ではなく

3．時間を枠組みに展開するなど

4．内容別に体系化し科目横断的に教えれば

　※「科目横断的に教えれば」は「体系化」への言及があれば省略可。

**（B）4 点満点**

1．学生が能率よく学べ

2．一般教養課程全体の統合も促すであろう

### 生徒答案例

1 ▶(A)科学の流れは学問分野ではなく内容で体系化されるべきであり，(B)心理学的にも，その方が深く理解できるのだ。(A)その為に，時間軸を枠組みとして体系化するのも 1 つの方法だ。

　　　　　　　　　　　　　　　　　　　　　　　　　　**7** / 10点

（A）1．「科学の流れ」では不十分。「基礎」が抜けている。−**1**

（B）1．「能率」と「深く」は異なるが，本文 9 行目に best understands とあるので可。

　　　2．抜けている。−**2**

2 ▶(A)科学は学術分野より内容で系統分けされるべきだ。(B)それは生徒が一つの概念の中で知識を組織化できるようにするためだ。(A)それには時間軸を枠組みとして使えるだろう。

　　　　　　　　　　　　　　　　　　　　　　　　　**5** / 10点

（A）１．「基礎」が抜けている。－**1**
（B）１．不適切。－**2**
　　　２．抜けている。－**2**

**3** ▶︎Ⓐ教師はこれからの時代，科学を様々な分野の学問と関連付けて教えるべきだ。
Ⓑ心理学的にも体系的な教育は効果的だ。Ⓐその際，時間を枠組みとして利用する
のも１つの手だ。　　　　　　　　　　　　　　　　　　　　　**5** / 10点
（A）１．「基礎」が抜けている。－**1**
　　　２．抜けている。－**2**
（B）２．抜けている。－**2**

**4** ▶︎Ⓐ科学を学ぶのは，分野別ではなく事象ごとであるべきだが，Ⓑ物事は関連づ
けないと記憶に残らないので，Ⓐ歴史を追って教えることでⒷ全ての一般教養の分
野を統合するとよい。　　　　　　　　　　　　　　　　　　**3** / 10点
（A）１．「基礎」が抜けている。－**1**
　　　３．「歴史を追って教える」は誤読。－**2**
　　　４．「事象ごと」ではない。－**2**
（B）１．不正確。「物事は関連づけないと記憶に残らないので」は「物事は互いに
　　　　関連づけたときに最もよく理解できるので」とすべき。－**1**
　　　２．「統合するとよい」ではなく「統合できる可能性がある」。－**1**

**5** ▶︎Ⓐ知識が体系化される様に科学が教えられるためには，時間を，その枠組みと
して使うべきだ。Ⓑそれは，世界史や政治史，思想史を教えることになり，一つの
完全な教育課程が作れる。　　　　　　　　　　　　　　　　**3** / 10点
（A）１．「基礎」が抜けている。－**1**
　　　２・４．抜けている。－**4**
　　　３．「時間」が具体例の一部にすぎないので，不十分。－**1**
（B）１．抜けている。
　　　２．不十分。「一般教養課程の統合も促すであろう」とすべき。－**1**

**全訳**

**第1段落**

　基礎科学になじんでおくことが，これまで以上に重要になっている。しかし，従来の科学の基礎課程では，必要となる理解を得られるとは限らない。知識そのものは，様々な分野の境界の垣根を越えるようになっているが，教授たちが展開している授業が，世の中で話題になっていることよりも，自分たちの専門科目の方法論や歴史を中心としたものになりがちだ。科学の授業はそうしたことを止め，学問領域ではなく内容を中心に構成されたものにすべきである。物理学や天文学や化学ではなく物理的宇宙を，生物学ではなくて生き物を中心に扱うべきなのである。

- □ *l*.1　比較級＋than ever「従来よりも～」
- □ *l*.1　conventional introductory courses in science「従来の科学の基礎課程」
- □ *l*.3　ignore boundaries「境界を無視する」　※「体系的で実証的な学問」を英語では science と言う。science の分け方はいくつかあるが，1つの分け方として human science「人間科学（人間を扱う学問）」，social science「社会科学（社会を扱う学問）」，natural science「自然科学（自然現象を扱う学問）」がある。学問が専門分化するにつれて，それぞれの学問領域が扱う対象が非常に狭くなってしまった。工学と一口に言っても，「ワイヤーロープの非破壊検査」だけを専門にする者もいるぐらいだ。しかし，たとえば「人間」を研究する場合，従来の学問領域のどれか1つではとても対処できない。医学のみならず，心理学，生物学，社会学，場合によっては工学などが必要となるはずである。よって，様々な学問領域が協力して対処するしかない。これを「学際的な研究」という。
- □ *l*.4　organize *A* around *B*「*B* を中心に *A* を構成する」　※「*B* のまわりに *A* を構成する」が直訳。
- □ *l*.5　*A* rather than *B*「*B* ではなくて（むしろ）*A*」
- □ *l*.6　content「内容」　※コロンの後の内容から「現実に生じた具体例」の意味合い。

**第2段落**

　心理学が示すところでは，人間の頭脳が事実を最もよく理解できるのは，その事実が物語とか心象地図とか，もしくは何らかの理論といった，概念上の1つの織物に織り込まれた場合であるということだ。頭の中で相互に関連づけられていない諸事実は，リンクされていないウェブ上のページのようなもので，存在しないのと同じなのである。科学は学生たちの頭の中で知識が，できれば永久に，体系化されるような方法で教えられるべきなのである。

- □ *l*.9　the mind「（人間の）頭脳」
- □ *l*.9　be woven together into ～「織りなして～にされる」　※ weave ; wove ; woven

- ☐ *l.*10　a conceptual fabric「概念上の1つの織物」　※「個々バラバラの情報ではなく，その情報が互いに密接に結びついたカタマリ」の意味。
- ☐ *l.*12　might as well not exist「存在しないのと同様である」
- ☐ *l.*13　one hopes permanently は one hopes that knowledge is organized permanently in the minds of students を簡潔に表現したもの。

---

### 第3段落

　授業を組み立てる枠組みとして，時間を利用してみるというのも1つの手である。宇宙の始まりであるビッグ・バンは物理学の主題の起源と言えるものである。太陽系と地球の形成は，地質学などの様々な地球科学の始まりであった。生物学は生命の出現と共に生まれた。そして，もしこのように教えるようにすれば，時間という観点から組み立てられた科学の教育課程は，自ずと，世界史や文明史，思想史を教えることへとつながり，それによって，一般教養課程全体を統合する可能性も秘めているのだ。

---

- ☐ *l.*15　use time as a framework for organizing teaching　※「時間をその枠組みとした授業」とは，たとえば1時間目は「2万年前の地球」，2時間目は「1万年前の地球」などということになる。その場合には，様々な学問分野を横断して授業が進むことになる。
- ☐ *l.*16　subject matter「主題，中心的テーマ」
- ☐ *l.*18　come into being「生じる，現れる」
- ☐ *l.*19　in terms of ～「～の観点から」　※ terms「終わり，限界 → 枠」から「～の枠内で」が原義。
- ☐ *l.*21　a general education curriculum「一般教養課程」

---

## Column 「基礎」科学研究について

　専門的研究の場合，科目間をまたいだ学際的研究は難しい気がします。竹岡の工学部の時の卒業論文は「連続鋳造操業時のロールの温度管理」という題名でした。題名を聞いただけで何の分野かがわかった人はすごいと思います。これは，製鉄関連の研究なのです。専門は恐ろしく狭い範囲を徹底的に研究するので，「学際的」などということにはなりにくいのです。よって，本文の「基礎科学教育」の「基礎」という語は非常に重要だと思います。

# 第4章

## 「環境・生物」を味わう

# 50 環境保護の2つの立場とその考え方

## 文章の流れを確認する

| 第1段落 | 環境保護の立場には，環境を金銭換算可能かどうかに応じて2つの異なる立場がある。1つの立場は，自然は金銭換算はできないとし，自然を汚染させないような厳しい法律を成立させるというものだ。 |
| 第2段落 | もう1つの立場は，自然は金銭換算はできるとし，企業にその汚染に応じて，汚染税を払わせ，市場原理に委ねるというものである。 |

## 答案を作成する

▶「自然を金銭に換算できるかどうかに応じて」という箇所を抜かしてはいけない。

▶また後半の部分は「汚染に応じて税を課す」だけでは不十分で，「市場原理に委ねる」あるいは「市場の力により企業を淘汰する」までを含めることが必要。

▶なお，「市場原理に委ねる」では，やや抽象的なので，本当は「汚染量に応じて税を課せば，その分だけ商品の値段が上がり，結果的に消費者が買わなくなる」ぐらいにまで具体化したいところだが，字数の制限がありそれは難しい。

| | 1つのグループ | もう1つのグループ |
|---|---|---|
| 自然を金銭換算 | できない | できる |
| 手段 | 自然の使用を全面禁止する法律を通す | 企業に汚染に応じて課税し，市場原理に委ねる |

▶ 〔文章の流れ〕を頼りに解答を作成すると次のようになる。

| | | | | | | | | | | | | | | | |
|---|---|---|---|---|---|---|---|---|---|---|---|---|---|---|---|
| 環 | 境 | 保 | 護 | の | 立 | 場 | に | は | ， | 環 | 境 | を | 金 | 銭 | 換 | 算 | 可 | 能 | か |
| ど | う | か | に | 応 | じ | て | 2 | つ | の | 異 | な | る | 立 | 場 | が | あ | る | 。 | 1 |
| つ | の | 立 | 場 | は | ， | 自 | 然 | は | 金 | 銭 | 換 | 算 | は | で | き | な | い | と | し |
| ， | 自 | 然 | を | 汚 | 染 | さ | せ | な | い | よ | う | な | 厳 | し | い | 法 | 律 | を | 成 |
| 立 | さ | せ | る | と | い | う | も | の | だ | 。 | も | う | 1 | つ | の | 立 | 場 | は | ， |
| 自 | 然 | は | 金 | 銭 | 換 | 算 | は | で | き | る | と | し | ， | 企 | 業 | に | そ | の | 汚 |
| 染 | に | 応 | じ | て | ， | 汚 | 染 | 税 | を | 払 | わ | せ | ， | 市 | 場 | 原 | 理 | に | 委 |
| ね | る | と | い | う | も | の | で | あ | る | 。 | | | | | | | | | |

▶ ここから指定字数（80〜100 字）まで字数を切り詰めていく。

**解答例**

| | | | | | | | | | | | | | | | |
|---|---|---|---|---|---|---|---|---|---|---|---|---|---|---|---|
| 環 | 境 | 保 | 護 | の | 立 | 場 | は | 2 | つ | あ | り | ， | 1 | つ | は | 自 | 然 | は | 金 |
| 銭 | 換 | 算 | が | 不 | 可 | 能 | と | し | ， | そ | の | 利 | 用 | を | 禁 | 止 | す | る | 法 |
| 律 | を | 通 | す | べ | き | だ | と | す | る | も | の | で | ， | も | う | 1 | つ | は | 金 |
| 銭 | 換 | 算 | が | 可 | 能 | と | し | ， | 汚 | 染 | に | 応 | じ | て | 企 | 業 | に | 税 | を |
| 課 | し | ， | 市 | 場 | 原 | 理 | に | 委 | ね | る | と | い | う | も | の | で | あ | る | 。 |

▶ 「市場原理に委ねる」という表現をなるべく具体化すると，次のようなまとめ方も
考えられる。

| | | | | | | | | | | | | | | | |
|---|---|---|---|---|---|---|---|---|---|---|---|---|---|---|---|
| 環 | 境 | 保 | 護 | の | 立 | 場 | に | は | ， | 自 | 然 | は | 金 | 銭 | 換 | 算 | で | き | な |
| い | と | し | て | そ | の | 利 | 用 | を | 法 | 的 | に | 禁 | 止 | す | べ | き | と | す | る |
| も | の | と | ， | 自 | 然 | は | 金 | 銭 | に | 換 | 算 | 可 | 能 | と | し | ， | 汚 | 染 | の |
| 程 | 度 | に | 応 | じ | て | 企 | 業 | に | 課 | 税 | し | ， | 商 | 品 | の | 値 | 段 | を | 上 |
| げ | て | 市 | 場 | か | ら | 淘 | 汰 | す | べ | き | と | す | る | も | の | が | あ | る | 。 |

## 自分の答案を採点する

**採点基準**

✓ 各区分の抜けは **2 点減**。

✓ 不十分なら **1 点減**。

✓ （A），（B）それぞれの満点を超えては減点しないものとする。

例：（A）の区分で 1 ～ 3 すべての抜けがあった場合は，6 点減ではなく，5 点減とする。

---

**（A）5 点満点**

1. 環境保護の立場は 2 つあり

   ※明記していなくても，2 つあることがわかる答案なら可。

2. 1 つは自然を金銭換算が不可能とし

3. その利用を禁止する法律を通すべきだとするもの

---

**（B）5 点満点**

1. もう 1 つは金銭換算が可能とし

2. 汚染に応じて企業に税を課し

3. 市場原理に委ねるというものである

---

わかりやすい二項対立なので，かえって採点基準は厳しいはず。その部分で間違えた答案はほぼない。大半の答案に抜けていた要素は，「市場原理に委ねる」という部分である。

1 ▶Ⓐ最良の環境保護の手段には2つの意見がある。自然の価値は金銭では測れないので法律により自然の汚染と利用を防ぐものと，Ⓑ自然の価値は金銭で測れるので汚染原因の会社に課税し，市場原理によって制限するものだ。　**10**/10点

（A）（B）ともに OK！


2 ▶Ⓐ環境保護は自然の価値が，お金で計れると考える場合と考えない場合で最善策が異なる。Ⓑ前者では，汚染した当事者に汚染量に応じて税金を課し，Ⓐ後者では，環境の汚染や賢くない使用を防ぐための強力な法律を課す。　**7**/10点

（B）2．不十分。「当事者」は「企業」とすべき。－**1**
　　　3．抜けている。－**2**


3 ▶Ⓐ環境保護の方法には，環境は金に換算不可能という考えに基づいて人間は自然を汚さず不可侵であるべきとする考えと，Ⓑ市場的考えに基づいて自然を侵した分だけ商品に課税することによる環境の保護を唱える考えがある。　**6**/10点

（A）3．「人間は自然を汚さず不可侵であるべき」が不十分。－**1**
（B）1．抜けている。－**2**
　　　3．「市場的考え」が曖昧。－**1**


4 ▶Ⓐ環境保護の対策に対する意見は基本的に2つある。一方は，環境の価値はお金で表せないため汚染や自然の乱雑な使用に法を通すべきと考え，Ⓑ他方は，環境の価値をお金で表し，企業に税金を課すべきだと考えている。　**5**/10点

（A）3．「使用に法を通すべき」は「使用禁止とする（厳しい）法を通すべき」にする。－**2**
（B）2．不十分。「汚染に応じて」が抜けている。－**1**
　　　3．抜けている。－**2**


5 ▶Ⓐ環境を保護する最適な方法について，汚染や賢明でない自然の使用に対する強力な法律を制定する考え方と，Ⓑ企業に自身で引き起こした汚染の度合いに応じて税金を払わせるようにするという考え方の二つである。　**4**/10点

（A）2．抜けている。－**2**
（B）1・3．抜けている。－**4**

4

「環境・生物」を味わう

**全訳**

**第１段落**

　環境保護の最善の方法とは何か。基本的には，この問いに対してそれぞれ相異なる答えを出している２つの集団がある。その２つの集団の答えは，自然の価値をどのように定め得ると考えるかによって決まる。一方の集団の主張は，たとえば，未開の熱帯雨林とか，汚染されていない河川の価値は，金銭では決して測ることができないというものである。したがって，その主張によれば，そのようなものは工業的にであれ経済的にであれ，いかなる使用からも保護しなければならないというのだ。それゆえ，環境を保護する最善の方法は，環境汚染を防ぎ，愚かな自然利用を禁ずる厳しい法律を成立させることであると，彼らは考えるのである。

- □　*l.*1　basically「基本的には，大枠では」 ※文修飾語。
- □　*l.*5　simply not ～「決して～ない」 ※ simply は否定の強調。
- □　*l.*5　in terms of ～「～の観点から」 ※ terms「枠」より「～の枠内で」が原義。
- □　*l.*6　they therefore argue は，SV が主語の直後に挿入された形。
- □　*l.*7　laws against ～「～を禁止する法律」

**第２段落**

　しかしながら，もう一方の集団によれば，この同じ目的を達成するには市場原理に任せる方がよいということだ。彼らは，環境がどのくらいの価値をもっているのかを算出することは可能だと思っている。たとえば，彼らの計算によれば，汚染により，ヨーロッパには GNP（国民総生産）の５パーセントに相当する分の負担がかかる。この費用は汚染を引き起こしている当事者が支払うべきだと，彼らは考える。換言すれば，企業がどれほどの汚染を引き起こしているかに応じて，その企業に課税すべきだというのである。そうすれば企業側は，より汚染の少ない工業技術を使ってより汚染の少ない製品を作ることを促されるであろう。そのような対応をしなければ，企業は事業を続けていけなくなる。というのは，もし環境汚染につながる製品の方が高くつけば，人々はこれを買い控えるようになるからである。この種の汚染税は，企業経営者と消費者に対して，汚染は経済的に得策ではなく，汚染を予防することこそが得策だということを知らせることとなるであろう。

- □　*l.*9　market forces「市場原理，市場の圧力」 ※この段落の中で具体的に説明されている。
- □　*l.*10　the same goal「同じ目標」＝「環境を救済するという目標」
- □　*l.*10　it *is* possible ※ is がイタリックになっているのは強調のため。
- □　*l.*11　their figures「彼らの数字」＝「彼らの計算した数字」
- □　*l.*12　GNP（＝Gross National Product）「国民総生産」

☐ *l*.13　those who ～「～する者」　※ここでは「～する企業」の意味合い。

☐ *l*.14　so that S will V「SがVするために，そうすればSはVするだろう」

☐ *l*.15　do this＝use cleaner technologies and make cleaner products

☐ *l*.16　go out of business「事業を続けていけない，倒産する」

☐ *l*.17　would　※「もし汚染税が導入されれば」を条件とする仮定法。

☐ *l*.17　send a signal to ～ that SV「SVということを～に知らせる」

☐ *l*.18　make economic sense「経済的に賢明である」

☐ *l*.18　the prevention of pollution does　※ the prevention of pollution makes economic sense の省略形。

4

「環境・生物」を味わう

## Column　figure について

　現在の日本語で「フィギュア（figure）」と言うと，アニメなどのキャラクターの形をした人形などを指すのが普通ですが，これはラテン語 figura「形，姿」から来た単語です。プロレスの技で「4の字固め」は英語では a figure-four leg lock「4の形をした足固め」と言います。フィギュアスケート（figure skating）は，元々は「氷上にスケート靴で四角や丸などの図形を描く競技」だったそうですね。また figure の fig- は「でっちあげる」という意味で，fiction「作り話」や figment「作り事」も同語源です。figure は，ギリシア語で「形」を意味する schema の翻訳語で，英語の scheme「企画」とも同系語です。

1985 年度

**標準**

# 51 環境適応ゲームは動物にとって有利か

## 文章の流れを確認する

| 第 1 段落 | 動物と環境との間で繰り広げられるゲームは不公平だ（＝動物にとって有利だ）。 |
| --- | --- |
| 第 2 段落 | 人間の子どもは親によって長時間安全を確保してもらう間に経験により生存の方法を学習する。 |
| 第 3 段落 | イソギンチャクは経験ではなく，本能に危険を回避する対処法が組み込まれており，学習など必要とせずとも生き延びる。 |

## 答案を作成する

▶本文での「ゲーム」「不正」などの言葉は，筆者が自らの主張をユーモラスに表現したものにすぎない。よって，要約では，そのままの形で書くのではなく，「すべての生物には環境の中で生存の可能性を高める手段がある」というように具体化した方がよいだろう。

▶以上を考慮してまとめれば次のようになる。

| す | べ | て | の | 生 | 物 | に | は | 自 | ら | の | 環 | 境 | の | 中 | で | ， | | 環 | 境 | に |
| --- | --- | --- | --- | --- | --- | --- | --- | --- | --- | --- | --- | --- | --- | --- | --- | --- | --- | --- | --- | --- |
| 打 | ち | 勝 | ち | 生 | 存 | の | 可 | 能 | 性 | を | 高 | め | る | 手 | 段 | が | あ | る | 。 | |
| た | と | え | ば | ， | 人 | 間 | の | 子 | ど | も | は | 親 | に | よ | っ | て | 長 | 時 | 間 | |
| 安 | 全 | を | 確 | 保 | し | て | も | ら | う | 間 | に | 様 | 々 | な | こ | と | を | 経 | 験 | |
| し | ， | そ | れ | に | よ | り | 生 | 存 | の | 方 | 法 | を | 学 | 習 | す | る | 。 | | 一 | 方 |
| ， | イ | ソ | ギ | ン | チ | ャ | ク | は | 本 | 能 | の | 中 | に | 危 | 険 | を | 回 | 避 | す | |
| る | 対 | 処 | 法 | が | 組 | み | 込 | ま | れ | て | お | り | ， | | そ | の | よ | う | な | 学 |
| 習 | を | す | る | こ | と | は | な | く | て | も | 生 | き | 延 | び | る | 。 | | | |

▶これを指定字数（90〜110 字）に収める。

**解答例**

> すべての生物には自らの環境の中で生存の可能性を高める手段がある。例えば人間は親に長時間安全を確保してもらう間に経験から生存の方法を学ぶ。一方，イソギンチャクは本能の中に危険の対処法が組み込まれており学ばずとも生き延びる。

4
「環境・生物」を味わう

## Column　覚えておきたい生き物

以下に挙げる生き物については知っておくとよいでしょう。

1．donkey「ロバ」
2．hippopotamus「カバ」
3．goat「ヤギ」
4．deer「シカ」
5．wild boar「イノシシ」
6．giraffe「キリン」
7．rhinoceros「サイ」
8．polar bear「シロクマ」
9．reindeer「トナカイ」
10．camel「ラクダ」
11．anteater「アリクイ」
12．dolphin「イルカ」
13．seal「アザラシ」
14．sea lion「アシカ」
15．sea otter「ラッコ」
16．squirrel「リス」
17．racoon「アライグマ」
18．racoon dog「タヌキ」
19．mole「モグラ」
20．crow「カラス」
21．sparrow「スズメ」
22．swallow「ツバメ」
23．parrot「オウム」
24．parakeet「インコ」
25．eagle「ワシ」
26．bat「コウモリ」
27．owl「フクロウ」
28．seagull「カモメ」
29．crane「ツル」
30．ostrich「ダチョウ」
31．peacock「クジャク」
32．albatross「アホウドリ」

## 自分の答案を採点する

**採点基準**

✓（A）：抜けは **4 点減**。
✓（B）：各区分の抜けは **3 点減**。
✓不十分なら **1 ～ 2 点減**。
✓（A），（B）それぞれの満点を超えては減点しないものとする。
　例：（A）の区分が抜けており，さらに誤訳と思われる箇所があった場合でも，最大 4 点減とする。

**（A）　4 点満点**

　すべての生物には自らの環境の中で生存の可能性を高める手段がある

**（B）　6 点満点**

1．例えば人間は親に長時間安全を確保してもらう間に経験から生存の
　方法を学ぶ
　　※「学習する」は必要だが，2 で「学習せずとも」が書けていれば減点はしない。

2．一方，イソギンチャクは本能の中に危険の対処法が組み込まれてお
　り学ばずとも生き延びる

　※「人間」「イソギンチャク」という名詞はなくても可とする。

（A）では「動物は環境と戦っている」とだけ述べ，「動物にと
って有利にできている」という点が抜けている答案が多かった。
（B）では「学習する（長時間守られ後天的に生き延び方を学
ぶ）」と「学習しない（危険回避の方法が本能的に備えられて
いる）」の二項対立が明確に見えていないものが多かった。

### 生徒答案例

1 ▶(A)すべての動物は生存をかけた潜在的な危険なゲームを乗り切るため自身の都合の良いようにずるをする。(B)人間のように親による重度の保護下で個の経験から学ぶ動物もいればイソギンチャクのように学習せず本能的に危険に反応する動物もいる。　　　　　　　　　　　　　　　　　　　　　　　　　7 / 10点

（A）不十分。「環境」が抜けている。 − 1
　　　また「潜在的な」は「潜在的に」の誤読。 − 1
（B）1．不十分。「生存の方法」がない。 − 1

2 ▶(A)動物は皆，生きていくためには環境と戦う。しかし(B)成長するまで周りから保護を受けて学ぶ動物と適切な反応が先天的に埋め込まれている動物がいる。(A)この2種類の方法によって，どちらの場合も公平な勝負にはならない。　　6 / 10点

（A）「どちらの場合も公平な勝負にならない」ではどちらが有利なのかがわからない。 − 2
（B）1．不十分。「生存の方法」がない。 − 1
　　　2．「適切な反応」は「危険を避けるための適切な反応」とすべきであろう。
　　　　　　　　　　　　　　　　　　　　　　　　　　　　　　　　　　− 1

3 ▶(A)全ての動物は環境と危険と戦っている。しかし，それは公平な戦いではない。(B)子供の危険を親が制限することによって生きる生物と，危険な事態に対する対処の仕方を生まれたときから知っている生物がこの世の中にはいるからだ。5 / 10点

（A）「公平な戦いではない」ではどちらが有利なのかがわからない。動物が有利であることがわかるようにすべき。 − 2
　　　「動物」「環境」「危険」の3者の関係が見えにくい。「危険と」は削除し「環境と戦っている」とする。 − 1
（B）1．「経験から生存の方法を学ぶ」が抜けている。 − 2

4 ▶(A)あらゆる動物は生き残るために不正をする。(B)2つの極端な例は，人間のように個々の経験によって行動する動物と，イソギンチャクのように初めから潜在的に全ての災難を招く出来事に対する正しい答えを持っている動物である。4 / 10点

（A）「環境」が抜けている。 − 1
（B）1．不十分。「親に長時間安全を確保してもらう」が抜けている。 − 2
　　　「生存の方法」がない。 − 1
　　　2．不十分。「学ばず」が抜けている。 − 2

4

環境・生物を味わう

5 ▶(A)動物は皆危険な生存競争をしているが自分に都合の良いよう種に固有の手直しをする。(B)一つ目は経験から判断することであり幼児を育てる時が好例。二つ目は個体が学ばなくても習得するため外界への適切な反応を本能として持つことである。

**3** / 10点

（A）不十分。「環境」が抜けている。「手直し」は文脈に合わない。**－2**

（B）1．不十分。「親に長時間安全を確保してもらう」が抜けている。**－2**
　　　「生存の方法」も抜けている。**－1**

　　　2．不十分。「危険の対処法」が抜けている。「習得する」は「学ぶ」と同じ意味なので，「学ばなくても習得するため」は不適切。**－2**

---

**全訳**

### 第1段落

　すべての動物は，自然環境を敵にまわして潜在的には極めて危険なゲームをしている。それは，報酬として得られる生存か，しくじった罰として与えられる不快か，さらには死をかけて判断を下さなくてはならないゲームなのである。しかしこのゲームではフェアプレーは期待できない。というのも，実は常に何らかの不正がなされており，すべての種が何らかの方法でごまかしをしているのである。

- □　*l.*1　potentially「潜在的には」
- □　*l.*4　be not to be expected「予想されることにはならない」が直訳。
- □　*l.*5　rig ～「～を不正に操作する，～の支度をする」
- □　*l.*5　in one way or another「何らかの方法で」

### 第2段落

　2つの極端な事例を考えてみよう。最初に，反応が個々の経験によってほぼ完全に決定される動物の例として，人間を取り上げてみよう。私にはまだ幼い息子がいる。この子が2歳まで生き延びてきたのは，主に普段はだらしない両親がしっかり面倒を見てきたおかげだと言える。この子が偶然私たちの元に産まれて来て以来，私たちはきっちり片付けるということを覚えた。鋸やノミは隠している。梯子は何かに立てかけておいたりせず，横に寝かしている。庭木戸も閉めている。簡単に言えば，この子の色々なことを試してみる機会はほどほどに抑えられているので，息子は体験によって自由に学ぶことができるが，ひどいけがをしたりすることはないだろうと，私たちはそれなりに安心していられる。周囲の世界についての子どもの知識が増えるにつれ，制限は緩めていける。常識的に言って，子どもを完全に一人前にするには約20年の年月が必要であり，私たちにはまだ18年も残っているのである。

□ *l*.9 considerable care「かなりの世話」
□ *l*.9 on the part of ～ ※名詞構文の主語を表す形式。
□ *l*.9 normally untidy「普段はだらしない」
□ *l*.10 lay ～ flat「～を横に倒して置く」
□ *l*.11 prop ～「(倒れそうなもの) を支える」
□ *l*.12 garden gate「庭園入り口門, 庭木戸」
□ *l*.13 fairly「ほどほどに」

### 第 3 段落

これは, 生存というゲームにおける不正の一例である。もう１つの極端な例は, 大きな危険をはらむあらゆる行為に対する正解を, 最初から組み込んでおく方法である。たとえばイソギンチャクはすべて, 食べられるものとそうでないものを区別する。食べられるものなら触手で包み, 口の中に押し込むが, 食べられないものだと払いのけ, つつかれると口を閉ざす。イソギンチャクはこうしたことを学習によって知るのではない。このような反応は最初から組み込まれているのであって, 個体の経験によって変わるものではない。あなたは, イソギンチャクには何一つ教えることはできない。イソギンチャクが学習することは決してないのである。

□ *l*.18 at the outset「最初から」

4

「環境・生物」を味わう

## Column  be to be＋過去分詞形

be to *do* は「～することになる」という意味ですが, 否定文になり, be to be＋過去分詞形の場合でも同様です。昭和の参考書では, この場合の be to *do* は「可能」と分類しています。よく見かける例文は Not a soul was to be seen on the street.「通りには誰一人いなかった」というものです。そもそも「可能」であることを示したいなら could を用いて, Not a soul could be seen on the street. と言った方がすっきりします。ですから, 先の文は「可能」を意味するだけではなく「誰一人, 人が見えることにはならなかった」というような運命的な意味合いを含意しているのです。

標準

# 52 地球環境への人間の影響

## 文章の流れを確認する

| 第 1 段落 | 私の住むアパートの砂岩でできた階段が摩耗しつつある。 |
| --- | --- |
| 第 2 段落 | 摩耗の原因は，多くの人間の長期にわたる使用である。 |
| 第 3 段落 | 小さな力でも「期間」と「数」によって大きな影響をもつ可能性がある。 |
| 第 4 段落 | 〈筆者の想像〉人数が増えれば摩耗も速いだろう。 |
| 第 5 段落 | 地球の全人口でやれば，もっと短時間に摩耗し規模も大きくなる。 |
| 第 6 段落 | 人間 1 人の二酸化炭素排出量が地球環境に及ぼす影響は微々たるものかもしれないが，地球上の全人口による影響は大きなものになるので，地球が疲弊しているのは当然だ。これが地球環境に起きていることなのだ。 |

## 答案を作成する

▶筆者の主張は「小さな力でも数が集まれば大きな影響を及ぼし得る」である。

| | | |
|---|---|---|
| 第3段落 | 35人が100年で1000万回踏む | → 階段が摩耗 |
| 第4段落 | 1000万人が踏む | → 8カ月で1センチ摩耗 |
| 第5段落 | 70億人が踏む | → ごく短時間で何メートルも摩耗 |
| | さらに反復 | → 数時間で谷ができるほど摩耗 |
| | (70億人を2倍, 3倍, …) | |
| 第6段落 | 70億人が$CO_2$を排出 | → 大きな影響 |

**↓**            **↓**

膨大な数の小さな力       (短期間で) 大きな影響

▶このように,第3～6段落の内容を並べてみると,筆者は,(「数」が集まったことによる)短期間での大きな影響に注目している。本文中で短期間であることに3度にわたって触れているのは,「数」が及ぼす影響の大きさをイメージしやすくするためだと思われる。

▶以上のことを考慮した上で,第3段落に戻ってみる。筆者が「100年」という期間を持ち出したのは,「1000万回踏む」という膨大な「数」を算出するためであったと考えられる。つまり,1回踏む力は小さいが,(100年かけて)1000万回踏んだ結果,砂岩の階段が摩耗するほどの大きな影響が出たことに,筆者の問題意識が置かれていると思われる。よって,「長期にわたり」という記述を要約文に入れるべきではないことがわかる。さらに,第6段落第2文で When it comes to our carbon footprints, the entire planet is the staircase と述べて,階段の例から二酸化炭素排出の問題に話をつなげる意図が明言されている。

▶第6段落をまとめると「人間1人が排出する二酸化炭素が地球環境に及ぼす影響力は微々たるものかもしれないが,排出が地球の全人口によってなされれば,大きなものになる」となる。この問題は「要旨をまとめよ」ではなく「要約せよ」なので第1～5段落の「砂岩でできた階段」の例は,第6段落の主張を,読者が納得できる形で導くために不可欠な要素であると判断して,答えに織り込んだ方がよいだろう。

▶第6段落最終文の「地球がすり減っているのも不思議ではない」は,「話のオチ」としては秀逸だが,特に必要な情報ではないだろう。

▶以上より次のようにまとめられる。

私の住むアパートの砂岩でできた階段が摩耗しつつある。これは多くの人間の使用によるものである。これと同様に，人間1人が排出する二酸化炭素が地球環境に及ぼす影響力は微々たるものかもしれないが，排出が地球の全人口によってなされれば，大きなものになる。

▶これを指定字数（80〜100字）に収める。

**解答例**

アパートの砂岩の階段が，多くの人が歩くことにより摩耗しているのと同様に，二酸化炭素排出の問題でも，個々人の影響は小さくても，地球の全人口による影響となるとそれは大きなものになる。

## 自分の答案を採点する

### 採点基準

✓各区分の抜けは **2 点減**。

✓不十分なら **1 点減**。

✓（A），（B）それぞれの満点を超えては減点しないものとする。

例：（A）の区分で 1 ～ 3 すべての抜けがあった場合は，6 点減ではなく，4 点減とする。

---

**（A）4 点満点**

1．アパートの砂岩の階段が　※「砂岩」は必要。

2．多くの人が歩くことによって摩耗している

※「多くの人が」は「何度も歩くことで」でも可。

3．（砂岩の階段の例）と同様に

---

**（B）6 点満点**

1．二酸化炭素排出の問題でも

※「廃棄物」に触れても OK だが，「二酸化炭素」への言及は必要。

2．個々人の影響は小さくても

3．地球の全人口による影響となるとそれは大きなものになる

※「地球の全人口」は「70 億人」でも可。

---

### 生徒答案例

1 ▶ ⒜アパートの砂岩の階段は人間の繰り返しの往来によりすり減っている。⒝人間が排出する二酸化炭素も同様で，個人が環境に与える影響も 70 億倍になれば地球に大きなダメージを与える。　　　　**10** / 10点

（A）（B）ともに OK ！

2 ▶ ⒜砂岩の階段を何度も使えば削れるように，小さな力も積み重なれば大きな結果を生む。⒝個人が消費するエネルギーや生む消費は小さく思えるが，70 億人分が積み重なれば環境に大きな影響を与え，地球は壊れていく。　　**7** / 10点

（Ａ）OK。「小さな力も積み重なれば大きな結果を生む」は不要。

（Ｂ）１．抜けている。**－2**

　　　「生む消費」は「生むごみ」の間違いだが減点なし。

　　　２・３．「70億人分が積みかさなり，環境に大きな影響を与えているので，地球は壊れていっている」というように仮定ではなく現実として書くべき。**－1**

**3** ▶ ⒜私の住むアパートの砂岩の階段は１世紀にわたる人々の使用で，少しすり減っている。小さな力でも十分繰り返されれば大きな影響を及ぼすのだ。同様に⒝人間の活動による少しの影響が地球の破壊に繋がるといえるだろう。　**4** **/10点**

（Ａ）OK。「小さな力でも十分繰り返されれば大きな影響を及ぼすのだ」は不要。

（Ｂ）１．抜けている。**－2**

　　　２．不十分。「人間」だけでは個人を指すのか人間全体を指すのか曖昧。**－1**

　　　３．抜けている。**－2**

　　　また「繋がる」は「繋がっている」とする。**－1**

**4** ▶ ⒜マンションの階段が少なくとも１世紀に渡る人々の使用ですり減っている。少しの力でも積み重なれば大きくなる。⒝これは人間の行動が原因の地球環境への影響にも同じことが言え，各人の力が確かに蓄積する。　**4** **/10点**

（Ａ）１．「砂岩の」が抜けている。**－1**

　　　「少しの力でも積み重なれば大きくなる」は不要。

（Ｂ）１．抜けている。**－2**

　　　２・３．「各人の力が確かに蓄積する」が不十分。**－3**

**5** ▶ ⒜何度も，長期間繰り返されると小さな力でも大きな影響力を持つように，⒝地球に影響を与えているとも思われない個人の行動も影響力を持つのであり，地球が使い古されていくのも驚くべきことではない。　**2** **/10点**

（Ａ）１・２．抜けている。**－4**

（Ｂ）１・３．抜けている。「個人の行動も人間全体となると影響力を持つ」とする。

　　　　　　　　　　　　　　　　　　　　　　　　　　　　　　　　**－4**

**全訳**

### 第1段落

　私が住んでいるのは，エディンバラにある洒落た古いアパートである。いくつかの独立した部屋がある各階はすべて，砂岩でできた内階段でつながっている。この建物は少なくとも築100年ぐらいで，今ではこの砂岩の階段の一段一段が少しずつすり減っているように見える。

- □　*l.2*　flat「アパートの一室」　※同一階の数室を一家族が住めるように設備した住居。
- □　*l.2*　all connected = and they are all connected を分詞構文にした形。
- □　*l.2*　staircase「階段全体」　※手すりや階段などをあわせた構造全体。

### 第2段落

　この摩耗は，100年にわたって住人たちが自分たちの部屋から歩いて上り下りした結果である。出勤したり帰宅したり，買い物に出かけたり，食事に出かけたりして，1日に何回も住人の足が一段一段の上に下ろされてきた。

### 第3段落

　地質学者なら誰でも知っていることだが，ほんの小さな力でも，長い期間にわたって繰り返されれば，それらが足し合わされ，実に大きな何らかの影響をもつようになり得る。1世紀に及ぶ歩数はかなりのものだ。もし35人の住人の各々が，1日に平均4回その階段を上り下りしたとすると，階段のそれぞれの段は，それが造られてから，少なくとも1000万回足で踏まれてきたことになる。

- □　*l.9*　over a large enough stretch of time「十分な時間の広がりにわたり」

### 第4段落

　私がこの階段を上がって自分の部屋へ向かうとき，毎日決まって思い出し楽しんでいるのは，人間は地質学的な力なのだということだ。仮に，1000万人の人が1人ずつみんなこの階段を上がって行くことになったとすると，彼らの足によって砂岩が1センチ摩耗するのに8カ月もかからないだろう。

- □　*l.14*　reminder that SV「SVということを思い出させてくれるもの」　※ここでは筆者のアパートの階段を指す。
- □　*l.16*　wear away 〜 / wear 〜 away「〜をすり減らす」

**第5段落**

そして次に，1000万人の人間というのは，現在世界にいる70億人の中のほんの一握りにすぎないということを考えてみよう。もし何らかの方法でこれらの70億人全員の足を一度に使えるとしたら，ごく短時間で岩を何メートルもすり減らすことができるかもしれない。さらにそれを何度か繰り返せば，かなり大きな穴があくことだろう。数時間続ければ，新しい谷をつくることもできるだろう。

- [ ] *l*.18　but a small fraction of ～「～の一部にすぎない」　※ but = only
- [ ] *l*.20　grind ～ away「～を摩耗させる」
- [ ] *l*.21　〈命令文，and SV〉「～すれば SV となる」　※命令文の部分は名詞でも可。
  *e.g.* Another step forward, you will fall.「もう一歩前に出ると落ちるよ」

**第6段落**

これは，かなり現実離れした思考実験のように思えるかもしれないが，人間の行動が環境に及ぼす影響を計る1つの尺度であるカーボン・フットプリント（二酸化炭素の足跡）という考え方を，まさに文字通りに際立たせてくれる。人間のカーボン・フットプリントに関して言えば，この惑星全体が階段に相当する。私たち1人1人の関与，つまり，私たちが消費するエネルギーや私たちが生み出す廃棄物は，取るに足らないもので，地球に影響を及ぼすものではないように思えるかもしれない。しかし，それを70億倍してみれば，誰であれ1人の人間が環境に及ぼす小さな影響も，実は重大な足跡となる。地球が，私のアパートの古い階段同様，すり減っているのも不思議ではない。

- [ ] *l*.23　does highlight ～「実際に～を目立たせる」　※ does は強調の助動詞。
- [ ] *l*.24　in a rather literal way「まさに文字通りに」　※ highlight を修飾する副詞句。carbon <u>foot</u>print の概念を「私たちの足」を用いて説明しているから。
- [ ] *l*.24　carbon footprint「カーボン・フットプリント：（二酸化）炭素排出量」　※「商品の生産から流通，廃棄までの過程で，その商品が排出する温室効果ガスの総量を，二酸化炭素に換算した指標」が定義。本文では「人間の生活全般での二酸化炭素排出量」の意味。
- [ ] *l*.30　Earth「地球」　※惑星としての「地球」は通例頭文字を大文字にする。

# 53 買い物袋をめぐる競争の茶番劇

## 文章の流れを確認する

| 第 1 段落 | 紙製とビニール製の買い物袋のどちらが優れているかという地元紙の特集記事を筆者は面白いと思った。記事では，多くの客や食料品店が一方を好む理由や，袋の製造業者の経済競争が論じられていた。 |
|---|---|
| 第 2 段落 | アメリカの食料品店では以前は紙袋が一般的だったが，80 年代初めにビニール袋が使われ始め，筆者が本文を書く頃には，両者は同じくらい使われていた。 |
| 第 3 段落 | 記事は総合的な優劣について明確な結論を出さなかったものの，どちらの袋も環境問題の一因だと明言した。環境への影響という点で両者に大差はない。皮肉にも，両者よりはるかに優れた選択肢が記事では触れられていなかった。 |

4

「環境・生物」を味わう

## 答案を作成する

▶中心となるのは「地元の新聞に掲載されていた～が滑稽だった」である。

▶記事の内容は「紙製の袋とビニール製の袋ではどちらの方が優れているかというもの」で，具体的には「多くの客や食料品店がそのどちらかを好む理由や，袋の製造業者の経済競争」である。

▶滑稽であった原因は「総合的な優劣について明確な結論を出さなかったものの，どちらの袋も環境問題の一因だと明言していたのに，両者よりはるかに優れた選択肢が記事では触れられていなかった」こと。

▶以上をまとめれば次のようになる。

地元の新聞に紙製の袋とビニール製の袋ではどちらの方が優れているかという記事があった。両者の総合的な優劣について明確な結論を出さなかったものの，どちらの袋も環境問題の一因だと明言していたのに，両者よりはるかに優れた選択肢が記事では触れられていなかったのが滑稽であった。

▶これを指定字数（60〜80字）まで削る。

▶なお，「はるかに優れた選択肢」とは「紙袋もビニール袋も使わない → マイバッグを使う」ということであると思われるが，そこまでは明示されていないので解答では書かない方がよかろう。

---

**解答例**

新聞が紙袋とビニール袋の優劣を論じたが，明確な結論には至らなかった。どちらも環境に悪いと指摘しながら，ずっと優れた第3の選択肢に触れていないことが滑稽であった。

---

## Column　レジ袋について

　この問題が出題されたのは1991年なので，もう随分昔ですね。日本でレジ袋が有料化されたのは2020年7月でした。よって，東大がこの問題を出して30年も経って，ようやくこの英文の筆者の思いが実現されたことになります。しかし，レジ袋の削減は確かに望ましいのですが，食品を小分けにした際に用いるトレーやそれを包むビニール，あるいはパンやおにぎりを包むビニール，さらにはナノプラスチックの問題など，取り組むべき箇所は山ほどあるでしょう。レジ袋有料化だけで終わらせてはいけません。

## 自分の答案を採点する

**採点基準**

✓各区分の抜けは **2 点減**。

✓不十分なら **1 点減**。

✓（A），（B）それぞれの満点を超えては減点しないものとする。

　例：（A）の区分で 1 ～ 3 すべての抜けがあった場合は，6 点減ではなく，5 点減とする。

**（A） 5 点満点**

1．新聞が紙袋とビニール袋の優劣を論じたが

2．明確な結論には至らなかった

3．どちらも環境に悪いと指摘しながら

---

**（B） 5 点満点**

1．ずっと優れた

2．第 3 の選択肢に触れていないこと

3．が滑稽だった　※「がおかしかった」でも可。

この英文の主張は，「紙袋とビニール袋はどちらも環境に悪いとしながら，第 3 の選択肢（たとえばマイバッグを用いるなどそもそも使い捨ての袋を使わずに済ませること）を示していないことを，私は滑稽に感じた」ということ。普通，真面目な記事を読んで amusing だという感想はもたないはずである。だからこそ「滑稽に感じた」という部分は重要なのだが，それを抜かしている答案が多かった。筆者の気持ちを口語的に代弁すれば「ほんと，この記事は笑わせてくれるよ」という感じだろうか。

4

「環境・生物」を味わう

**生徒答案例**

1 ▶Ⓐ紙の袋かビニール袋どちらの方が良いかという記事を見た。両者とも資源の浪費を招いているが，Ⓑ結局，環境をとても改善する代用は皮肉にも記事の筆者も思いついていない。　　　　　　　　　　　　　　　　　　　**5** /10点

（A）2．抜けている。−**2**

　　　3．「…を招いている」の部分は，「（記事で）指摘されていた」という点が抜けている。−**1**

（B）2．「記事の筆者も思いついていない」は憶測にすぎない。「触れられていなかった」とすべき。−**2**

2 ▶Ⓐ紙袋とビニール袋は優劣つけがたいものでどちらも環境に悪影響を与えていると述べられているがⒷそれ以上にそれらよりも有益な代物については何ら述べられていないのだ。　　　　　　　　　　　　　　　　　　　　　　**4** /10点

（A）1．「…と述べられているが」では曖昧。「…という新聞記事を読んだ」としたい。−**1**

　　　2．抜けている。−**2**

（B）1．「それ以上に」は不要。−**1**

　　　3．抜けている。−**2**

3 ▶Ⓐ筆者は新聞の買い物袋についての記事をⒷおもしろく感じた。Ⓐそれはビニール袋も紙の袋もほとんど自然への影響は同じでⒷそれらよりも良い案を出していなかったからだ。　　　　　　　　　　　　　　　　　　　　　**3** /10点

（A）1．「買い物袋についての記事」では曖昧。比較記事であることを明確にしたい。−**1**

　　　2．抜けている。−**2**

　　　3．「影響は同じで」は「影響は同じぐらいよくないとして」の間違い。−**2**

（B）2．「（良い）案」では不十分。−**1**

　　　3．「おもしろく」では曖昧。−**1**

4 ▶Ⓐ米国では，紙袋かビニール袋のどちらを使うかという論争が起きている。しかし，どちらも資源の消費などの問題があり，環境に対する影響の違いはあまりない。　　　　　　　　　　　　　　　　　　　　　　　　　　**1** /10点

（A）1．「論争が起きている」は「記事を見た」に変更。−**1**

　　　2．抜けている。−**2**

　　　3．「（記事で）指摘されていた」が抜けている。−**1**

（B）抜けている。−**5**

5 ▶Ⓐ買い物袋には紙製のものとプラスチック製のものがあり，両者とも資源を浪費し無駄使いになっている。Ⓑそれらに取って代わる他の袋，つまり，エコバッグが必要とされている。

1 / 10点

（A） 1．不十分。「記事が比較していた」がない。— 1

　　 2．抜けている。— 2

　　 3．「（…になっている）と指摘されていた」が抜けている。— 1

（B）まったくのデタラメ。— 5

---

**全 訳**

**第 1 段落**

私の住んでいる地元の新聞に最近，「アメリカの熾烈な袋競争」と題した特集記事が掲載された。おそらくその記事を書いた記者も編集者も考えていなかった所で，私はそれに興味をもつと同時に笑ってしまった。その記事のテーマは紙とビニールの買い物袋のどちらが優れているかというものだった。議論の中では，多くの消費者や食料品販売者がどちらかを熱烈に支持する理由や，双方の製造者の激しい経済競争について論じられていた。

□ *l*.1 run a feature article「特集記事を出す」

□ *l*.2 amusing＝funny and entertaining（『ロングマン現代英英辞典』より）
　　　　※真面目な記事を読んでいる筆者が「滑稽で笑ってしまう」と書いていることに注目すること。

□ *l*.4 relative merits of ～「～の相対的な利点」

□ *l*.5 vehemently「激しく」　※ vehicle などと同様に carry が原義。つまり「心を動かす」イメージ。

□ *l*.6 fierce competition「激しい競争」

**第 2 段落**

ほんの数年前は，客の買った食料品は紙袋に詰めるというのが，この国のほとんどすべての食料品店で日常的に行われていた。80 年代の初め，一部の地域で，紙袋の代わりにビニール袋が使われ始めた。私がこの文章を書いている時点では，この 2 つの勢力は拮抗しており，同じくらいの数の紙袋とビニール袋が使われていた。

□ *l*.7 practically all ～「ほとんどすべての～」

□ *l*.8 stuff *A* into *B*「*A* を *B* に詰める」

□ *l*.10 run neck and neck「拮抗する」

□ *l*.10 with ～ in use「～が使われて」　※〈付帯状況〉の with。

4

環境・生物」を味わう

#### 第 3 段落

　上述の記事では，総合的にどちらの袋が優れているのかについて，明確な結論を出さなかったものの，両者とも資源の消費と固形ゴミ処分という問題の一因となっている，ということは明らかにしていた。環境への影響という観点における両者の違いは，程度の問題なのだ。あえて言うならば，その程度の差はほんの些細なものにすぎないのである。皮肉なことに，記者も，記事に引用されている他のどんな人も，どちらの袋よりもはるかに大きな利点をもつ，もう 1 つの選択肢があるかもしれないということについては，触れさえしていなかったのである。

- [ ] *l*.13　overall「全体的に見て」
- [ ] *l*.13　contribute to ～「～の原因となる」
- [ ] *l*.14　waste disposal「廃棄物処理」
- [ ] *l*.15　in terms of ～「～の観点から」
- [ ] *l*.15　one of degree＝a difference of degree「程度の違い」
- [ ] *l*.17　another option「他の選択肢」　※両者とも使わないということ。

## Column　contribute について

　「ローマの三頭政治」というのを聞いたことはありますか？　実はこの時代のローマを語源にもつ単語がいくつかあります。まずは trial「裁判」。この単語は tri-「3」で始まっていますね。これは「裁判」が三頭政治で行われていたことを物語っています。さらに tribe「部族」。これもその当時のローマの 3 部族が語源だと言われています。さらに tribute「貢ぎ物」，これは「三頭政治を司る者への貢ぎ物」という意味がその語源と考えられています。よく CD のラベルなどに「トリビュート」というのを目にしますが，これは「誰かに捧げるアルバム」という意味で用いられています。contribute は，con-（＝together）が強調の働きをします。ですから，「一緒に」「与える（＝tribute）」となり，contribute の本来の意味は give となります。つまり，contribute to は，contribute ＋ A ＋ to ～ の，A の省略形だとわかればよいわけです。あとは文脈から判断して訳を作ります。たとえば「原稿を出版社に与える」→「寄稿する，提出する」，「図書館に多くの本を与える」→「寄贈する」，「物理学の分野に自らを与える」→「貢献する」といった具合です。要するに「contribute は，give よりも制限された文脈で用いるのだな」と暗記しておけばいいのです。

# 54 イングランドの自然の原初の姿への復元

難

## 文章の流れを確認する

**第 1 〜 4 文**　イングランドにおいて，まったくの手つかずと言える自然は少ない。歴史家は人為が加わる前の景色を正確に想像しようとするが，その作業の難しさをある程度は理解している。

**第 5 〜 7 文**　事実に基づき景色の細部を想像するためには，歴史だけでなく，植物学，地理学，博物学の知識が必要である。あらゆることを考慮し何かを補ったり取り除いたりすれば，景色はその純粋さと新鮮さを取り戻すかもしれない。

4

「環境・生物」を味わう

## 答案を作成する

▶「イングランドの風景は，人間の手が入ることでそのほとんどが原形をとどめておらず，歴史家が原初の姿を復元するのは骨の折れる仕事だ」が主張。

▶「どれ程骨が折れる仕事か」を具体化して答案とする。

▶このことを考慮してまとめれば次のようになる。

| イ | ン | グ | ラ | ン | ド | に | お | い | て | ， | ま | っ | た | く | の | 手 | つ | か | ず |
|---|---|---|---|---|---|---|---|---|---|---|---|---|---|---|---|---|---|---|---|
| と | 言 | え | る | 自 | 然 | は | 少 | な | い | 。 | よ | っ | て | ， | 歴 | 史 | 家 | が | 人 |
| 為 | が | 加 | わ | る | 前 | の | 景 | 色 | を | 正 | 確 | に | 復 | 元 | す | る | た | め | に |
| は | ， | 歴 | 史 | だ | け | で | な | く | ， | 植 | 物 | 学 | ， | 地 | 理 | 学 | ， | 博 | 物 |
| 学 | の | 知 | 識 | が | 必 | 要 | で | あ | る | 。 | そ | し | て | ， | あ | ら | ゆ | る | こ |
| と | を | 考 | 慮 | し | て | 何 | か | を | 補 | っ | た | り | 取 | り | 除 | い | た | り | す |
| る | 必 | 要 | も | あ | る | 。 | | | | | | | | | | | | | |

130　　　　　　　　　　　　　　　　　140

▶これを指定字数（60〜80 字）に収める。

▶なお England は「イングランド」だが，「イギリス」，「英国」も認めることにする。また，問題文に「英国の自然について述べたものである」とあるので，「イングランド」「英国」の文言はなくても問題ないだろう。

---

**解答例**

イングランドの自然はほぼ人間の手が入って
いるので，歴史家がその原初の姿を復元する
には，歴史のほか植物学，地理学などを駆使
して，今の形から差し引きする必要がある。

70　　　　　　　　　　　　　　　　　　　80

## 自分の答案を採点する

**採点基準**

✓各区分の抜けは **2点減**。

✓不十分なら **1点減**。

✓（A），（B）それぞれの満点を超えては減点しないものとする。

　例：（A）の区分で1・2両方の抜けがあり，さらに誤訳と思われる箇所が複数あった場合でも，最大5点減とする。

**（A）5点満点**

1. **イングランドの自然はほぼ人間の手が入っているので**
   ※「イングランド」はなくても可。

2. **歴史家がその原初の姿を復元するには**

---

**（B）5点満点**

1. **歴史のほか，植物学，地理学などを駆使して**
   ※「歴史，植物学などを駆使して」などでも可。

2. **今の形から差し引きする必要がある**

1 ▶(A)全く手つかずの地はほとんどないため，それらを知りたい歴史家は(B)多方面の知識を以て誤った想像をしないように気をつけつつ自分の脳内で組み換え想像する必要がある。　　　　　　　　　　　　　　　　　　　　　**7** / 10点

（B）　1．「多方面」では不十分。− **2**

　　　2．「今の形から」が抜けている。− **1**

2 ▶(A)イギリスでは何も手を加えられてない場所は辺鄙な所でさえなく，歴史家は手を加えられていない状態を想像するために(B)植物学や地理学も踏まえた上で想像する必要がある。　　　　　　　　　　　　　　　　　　　　**7** / 10点

（B）　1．不十分。「歴史」が必要。− **1**

　　　2．抜けている。− **2**

3 ▶(A)英国の自然はほとんど人間の手が加えられているので，(B)歴史学だけではなく様々な分野の知識を身につけ，(A)元の風景を考え，(B)想像するべきだ。　**6** / 10点

（A）　2．不可。「歴史家が（元の風景を…）」とする。また，「元の風景を考え」は「元の風景を考えるためには」と目的として示さなければ，本文の趣旨からずれた主張となる。− **2**

（B）　2．抜けている。− **2**

4 ▶(A)英国には全く手のついていない土地は多くない。土地の本当に手のついていない時の姿を知るのは困難であり，(B)人は歴史だけでなくあらゆる変化の可能性を考えるべきである。　　　　　　　　　　　　　　　　　　　**6** / 10点

（A）　2．不十分。「（歴史家が）復元するには」が必要。− **1**

（B）　1．「歴史だけでなく」は「歴史や博物学などの知識を駆使して」とすべき。

　　　　　　　　　　　　　　　　　　　　　　　　　　　　　　　　− **2**

　　　「人は」は「歴史家は」の間違い。− **1**

5 ▶(A)現在イングランドで人間と関わっていない自然はほとんどない。その地に真に始めに踏み入ることを想像するのは難しく，自然を完全に純粋に戻すには相当な時間が必要だ。　　　　　　　　　　　　　　　　　　　　　　**3** / 10点

（A）　2．「真に始めに踏み入る」が意味不明。− **2**

（B）　抜けている。− **5**

4

「環境・生物」を味わう

**全訳**

　完全な確信をもって，これは最初の住人が「原初の世界の新鮮さ」の中で見たのとまったく同じ状態だと感じ取ることのできる場所は多くない。イングランドではより辺鄙な場所でさえ，一見すると，どれほど手つかずに思えたとしても，何らかのわずかな点において，人の手によって変えられることを回避した所は多くはない。シャーウッドの森やウィッケン・フェンも思われているような姿ではない。歴史家は，手つかずの景観を最初に見た人々の頭の中に入ることを試み，彼らが見たものだけを正確に想像しようとするのだが，その仕事がいかに困難であるかを，すべてではないにせよ，ある程度は理解しているものだ。景観の細部に想像力を巡らせる前に，すべての事実を手にしたと確信するためには，歴史家であると同時に，植物学者，地理学者，博物学者である必要がある。私たちは細心の注意を払って，景観に間違った種類の木々を加えたり，最近の何らかの変化の結果にすぎない植物や鳥を入れたり，川がその流れを変えたのが，歴史が始まってかなり時間が経ってからのことであるということを見落としたりする，ということがないようにしなければならない。自然の景観が，いまだ手つかずの状態で，その純粋で新鮮な姿を取り戻すためには，私たちはあるところでは引き，またあるところでは足すといった，あらゆる種類の斟酌（しんしゃく）をする必要があるかもしれない。

- [ ] *l.*1　feel with complete assurance that SV「完全な確信を持って SV であると感じる」
- [ ] *l.*2　be as 〜「〜のようなものである」
- [ ] *l.*2　the freshness of the early world「初期の世界の新鮮さ」　※人間が手を加える前の，世界の様子。
- [ ] *l.*3　not much of 〜「〜は多くない」　※ not は much を修飾する。
- [ ] *l.*3　its more remote places「イングランドのより辺鄙な場所」
- [ ] *l.*4　in some subtle way or other「何らかの些細な方法で」　※ other subtle ways から subtle ways が省略された形。
- [ ] *l.*4　however untouched we may fancy it is「それがどれほど手つかずであると想像しようとも」　※ fancy は imagine の意味。
- [ ] *l.*5　not quite 〜「まったく〜というわけではない」　※部分否定。
- [ ] *l.*6　behold 〜「〜を見る」
- [ ] *l.*8　some of 〜, if not all「〜のすべてではないとしてもある程度」
- [ ] *l.*8　one needs to be 〜 to *do*「…するためには〜である必要がある」　※ one は一般論を示す代名詞。
- [ ] *l.*11　clothe A with B「A に B を着せる」
- [ ] *l.*12　allow in it 〜 / allow 〜 in it「その中に〜を許す」
- [ ] *l.*14　well within 〜「十分に〜の内部に」　※「有史時代（historic times）に入って（within）かなり（well）経つ」ということ。
- [ ] *l.*14　make all sorts of allowance「あらゆる種類の斟酌をする」

# 第5章

# 「科学」を味わう

<br />

# 55　農耕の起源についての考え方の変化

<br />

1997年度

## 文章の流れを確認する

| 第1段落 | 従来の説では，農耕の営みの始まりは，人口増加のため，痩せた土地に追いやられた狩猟採集の人々がやむなく始めたというものであった。 |
|---|---|
| 第2段落 | その説では，痩せた土地で，野生植物の種子が育つのを偶然に発見して，農耕が始まったとされていたが，最近の研究はそれは違うと示唆している。 |
| 第3段落 | 現在の考古学では，農耕はそうした偶然ではなく，食糧難を経験した人間が食糧の安定確保を目指して，創造性を駆使し最適な植物を探すための科学的実験をおこなったことから始まったと考えられている。 |

## 答案を作成する

▶従来の考古学の説は「農耕は偶然に始まった」というもの。現在の説は「農耕は人間が積極的に始めた」というもの。これに肉付けをすればよい。「創造性」「実験」という単語を入れることが望ましい。

| | 従来の説 | 新たな説 |
|---|---|---|
| 誰が行ったか | 痩せた土地に追いやられた狩猟採集の古代人 | 食糧難を経験した古代人 |
| 始まった原因 | 偶然発見 | 人間の創造性：食糧の安定確保を目指して開始 |
| 始まるまでの過程 | 偶然 | 最適な植物を探すための科学的実験 |

▶以上のことを考慮してまとめると次のようになる。

従来の説では，農耕の営みの始まりは，人口増加のため，痩せた土地に追いやられた狩猟採集の人々が，野生植物の種子が育つのを偶然に発見したことによるというものであった。現在の考古学では，食糧難を経験した人間が食糧の安定確保を目指して，創造性を駆使し最適な植物を探すための科学的実験を通して始まったと考えられている。

150　160

▶これを指定字数（100〜130字）まで削る。

**解答例**

農耕は，人口増加により狩猟採集に不適な土然食地に追いやられた古代人が種子の成長に偶気づいて始まったとされていたが，今では指糧難を経験する中で食糧の安定確保を目選ぶと，特定の植物を実験して最適なものを選ぶという人間の創造力に富む科学的研究から始った，とされている。

120　130

## 自分の答案を採点する

**採点基準**

✓（A）：各区分の抜けは **2点減**。不十分なら **1点減**。

✓（B）：各区分の抜けは **1点減**。不十分なら **1点減**。

✓（A），（B）それぞれの満点を超えては減点しないものとする。

　例：（A）の区分で1～3すべての抜けがあった場合は，6点減ではなく，5点減とする。

---

**（A）5点満点**

　1．農耕は～とされていたが

　　　※「以前は」「従来の説によると」などを加えても可。

　2．人口増加により狩猟採集に不適な土地に追いやられた古代人が

　3．種子の成長に偶然気づいて始まった

　　　※「種子の成長」は「植物の成長」などでも可。

---

**（B）5点満点**

　1．今では～とされている　※「現代の説」でも可。

　2．食糧難を経験する中で

　3．食糧の安定確保を目指し

　4．特定の植物を実験して最適なものを選ぶという

　5．人間の創造力に富む科学的研究から始まった

---

農耕の始まりについての，従来の説と新しい説という二項対立については大半の者が理解していた。ただ，盛り込むべき要素が多いので，それらを十分に盛り込めた答案は少ない。「情報を削らず言葉を削る」ということを徹底したい。たとえば「人口増加により狩猟採集に不適な土地に追いやられた古代人」を，「痩せた土地にいた古代人」としたのでは情報不足となるのは明白であろう。

生徒答案例

1 ▶(A)農業の起源について，人口増加で集団から追いやられた初期人類が作物の植林などで食糧確保できると気づいたのが始まりとされていたが(B)現在では，古代人が食糧難を経験し様々な経験の後に生まれたもので，この発明の源は必ずしも必要性ではなく人間の創造的能力だったと考えている。　**7**／10点

（Ａ）２．不十分。「集団から」ではなく「狩猟採集に適した土地から」とする。ー**1**

（Ｂ）３・４．抜けている。ー**2**

2 ▶(A)以前の考古学者の考えでは，たまたま植物が育っていくのを見て古代人は植物を栽培するようになったとしていたが，(B)今の考えでは，古代の人が十分に食べ物を得られなかったときに生きて行くために，創造し，実験を重ね，植物を栽培するようになったとしている。　**7**／10点

（Ａ）２．抜けている。ー**2**

（Ｂ）２．抜けている。ー**1**

　　　４．やや不十分だがよしとする。

3 ▶(A)数年前まで考古学者の間では，原始時代の人間は人口増加により農業をせざるを得なくなったため農業を始めたと考えられていた。(B)しかし，最近の研究によると人間は食糧を確実に手に入れるために科学的研究を行い農業を始めたのであり，農業の生みの親は人間の創造力だと分かった。　**5**／10点

（Ａ）２．不十分。「狩猟採集に不適な土地に追いやられた」がない。ー**1**

　　　３．抜けている。ー**2**

（Ｂ）２・４．抜けている。ー**2**

4 ▶(A)近年まで考古学の一般的な考えによると，原始の人間が偶然植物の種が育つのを発見したことから農業が始まったとされていた。(B)しかし今日，考古学者たちは原始の人間たちが何かしらの科学的検証を行い，植物を得られると確信した上で農業を始めたと考えている。　**4**／10点

（Ａ）２．抜けている。ー**2**

（Ｂ）２～４．抜けている。ー**3**

　　　５．不十分。「創造力」がない。ー**1**

5 ▶(A)農業は偶然だけで始まったのではなく(B)昔の人間が科学的な実験を行ったから始まったのかもしれない。人々は特定の植物で実験をして，最終的に一番よいと思われるものを育てることを選んだ。人間の創造力は農業の発明の母だった。　**2**／10点

（A）1・2．抜けている。— 4

3．不十分。「偶然」何があって農業が始まったのかも書くこと。— 1

（B）1〜3．抜けている。— 3

**全訳**

## 第 1 段落

　数年前まで，考古学者の通説では，初期の人類が農耕を営み始めたのはやむを得ない事情によるものだったというものであった。専門家の主張するところでは，人口が増えたことで，集団内の一部の者が，最も豊かな地域 —— 狩猟をしたり，大地から多量の食物を採集したりすることが容易な地域 —— から排除されたということだ。

- ☐ *l*.1 an archaeologist「考古学者」
- ☐ *l*.2 practice farming「農耕を行う」 *cf*. practice medicine「開業医をしている」 ※この practice は「〜を実際に行う」の意。
- ☐ *l*.2 had no choice「選択肢がなかった」→「やむを得なかった」
- ☐ *l*.3 S lead O to *do*「Sのため O は〜する」
- ☐ *l*.3 push *A* out of *B*「*A* を *B* から外へ追いやる」
- ☐ *l*.5 the wild「(自然の) 大地，大自然」

## 第 2 段落

　その旧来の考え方によると，こうして追いやられた人々は，豊かな環境の外れにある恵みの少ない所で暮らしているうちに，採集された野生植物の種子が，捨てられたり偶然落ちたりすると，その場所で育ち始めることがよくあることに気づいた。そうして，彼らは，そのような痩せた土地であっても農作物を意図的に栽培した方が，狩猟したり食用の野生の植物を採集したりするよりも，もっと豊富で確実な食糧源が得られることを知った。伝統的な考え方によると，その結果，不毛の土地にあった仮の住み家が恒久的な居住地へと発展していったというわけである。ところが，最近の研究によると，どうもそうではなかったとのことである。

- ☐ *l*.6 Living … ※文頭に置かれた分詞構文。
- ☐ *l*.6 the rich environments は the most productive areas の言い換え。
- ☐ *l*.8 accidentally「偶然に」
- ☐ *l*.9 intentionally「意図的に」
- ☐ *l*.12 develop into 〜「発展して〜になる」
- ☐ *l*.13 it didn't happen ※ it は，農業の始まりに関わる状況を指す。

□ *l*.13 quite that way＝in quite that way

---

**第3段落**

　現在の考古学者たちの考えでは，農耕はまったくの偶然により始まったわけではないかもしれないということだ。農耕が始まったのは偶然ではなくて，初期の人類が何らかの科学的な調査を行ったためである可能性があるというのだ。彼らの意見では，野生の食物が簡単には手に入らない不運の年に時折見舞われたため，古代の諸民族は十分な食糧を常に確実に手に入れる方法を見つけなくてはならないと考えたのだという。そこで，古代人たちはある特定の野生植物で実験を行い，最終的に最適と思われるものを選んで栽培するようになったのである。今では考古学者たちは，農耕において，必要性は必ずしも発明の母ではなかったと言い，それどころか，人間の創造的能力こそが農耕を生み出した，と考えている。

---

□ *l*.14　might not have *done*「～しなかったかもしれない」
□ *l*.15　do some scientific research「何らかの科学的研究を行う」
□ *l*.18　make sure（that）SV「必ず SV するようにする」　※ that 節には未来のことでも will は入れない。
□ *l*.19　experiment with ～「～で実験する」
□ *l*.20　necessity was not … of the invention　※ Necessity is the mother of invention.「必要は発明の母」が元の諺。

---

## Column　「農業」の語源

　昔，漢字好きのイギリス人に「農業の農が理解できない。君は語源に詳しいから，知っているか？」と言われました。そもそも僕は英語の語源には興味がありますが，日本語の方はあまり興味がなく，「農」の意味なんて考えたこともありませんでした。彼が言うには「『辰 (dragon)』が『曲 (twist)』して，どうして agriculture になるの？」ということでした。そこで漢和辞典で調べると，「農」の「曲」は，本来は「林」だったものが変形された形だとわかりました。そして「辰」は，「2枚貝がカラから足を出している」象形から石や貝製の農具を表すそう。つまり，「貝製の道具を用いて，林を切り開く」という意味だったのです。母国語の語源は意外と難しいですね。

やや難

# 56 クモの巣の強靭性とその応用

2013年度

## 文章の流れを確認する

| 第1段落 | クモの巣の強靭さは素材の強さだけによるのではない。 |
| --- | --- |
| 第2段落 | クモの巣の強靭さは，糸が外部からの力に対して柔軟な反応をすることによって得られる。 |
| 第3段落 | 〈クモの巣の分析〉単純な反応を示す素材では働きが悪い。 |
| 第4段落 | クモの巣は損傷を局所化し，全体の構造や機能を維持できる。 |
| 第5段落 | 「損傷の局所化」のフィールドワークでの検証。 |
| 第6段落 | クモの巣の特性は応用できる。*e.g.* 構造工学 |
| 第7段落 | クモの巣の特性は応用できる。*e.g.* 情報通信網の安全性向上 |

## 答案を作成する

▶第1〜3段落のポイントは「クモの巣は複雑で，糸が柔軟な反応を示すことによって強度を得る」ということ。第4・5段落のポイントは「損傷を局所化できる」ということ。この2つの事柄を入れる。

▶第6・7段落では，クモの巣の特性の応用の可能性について述べている。それぞれの段落にある構造工学と情報通信網もまとめに入れておくこと。

▶以上のことを考慮してまとめれば次のようになる。

| ク | モ | の | 巣 | の | 強 | 靱 | さ | は | 素 | 材 | の | 強 | さ | だ | け | に | よ | る | の |
|---|---|---|---|---|---|---|---|---|---|---|---|---|---|---|---|---|---|---|---|
| で | は | な | く | ， | 糸 | が | 外 | 部 | か | ら | の | 力 | に | 対 | し | て | 柔 | 軟 | な |
| 反 | 応 | を | す | る | こ | と | に | よ | っ | て | 得 | ら | れ | る | 。 | そ | の | た | め |
| ク | モ | の | 巣 | は | 損 | 傷 | を | 局 | 所 | 化 | で | き | る | 。 | こ | の | 特 | 性 | は |
| 構 | 造 | 工 | 学 | や | 情 | 報 | 通 | 信 | 網 | の | 安 | 全 | 性 | 向 | 上 | に | も | 応 | 用 |
| で | き | る | か | も | し | れ | な | い | 。 | | | | | | | | | | |

110          120

▶譲歩部分である「素材の強さだけによるのではなく」は省略して，あとは情報を削らずに文字数を削って，指定字数（70〜80字）に収まるよう完成させる。

**解答例**

| ク | モ | の | 巣 | は | ， | そ | の | 糸 | が | 外 | 部 | か | ら | の | 力 | に | 強 | 度 | を |
|---|---|---|---|---|---|---|---|---|---|---|---|---|---|---|---|---|---|---|---|
| 変 | え | て | 反 | 応 | す | る | た | め | ， | 損 | 傷 | を | 局 | 所 | 化 | で | き | る | 。 |
| こ | の | 特 | 性 | は | 構 | 造 | 工 | 学 | や | ， | 情 | 報 | 通 | 信 | 網 | の | 安 | 全 | 性 |
| 向 | 上 | に | も | 応 | 用 | で | き | る | か | も | し | れ | な | い | 。 | | | | |

70          80

▶「損傷を局所化」した結果＝「全体の構造や機能を維持できる」ことまで明示する場合は，次のようにまとめることができる。

| ク | モ | の | 巣 | は | ， | 外 | 部 | か | ら | の | 力 | に | 強 | 度 | を | 変 | え | て | 反 |
|---|---|---|---|---|---|---|---|---|---|---|---|---|---|---|---|---|---|---|---|
| 応 | し | ， | 損 | 傷 | を | 局 | 所 | 化 | し | て | 全 | 体 | の | 構 | 造 | や | 機 | 能 | を |
| 維 | 持 | で | き | る | 。 | こ | の | 特 | 性 | は | ， | 構 | 造 | 工 | 学 | や | ， | 情 | 報 |
| 通 | 信 | 網 | の | 安 | 全 | 性 | 向 | 上 | へ | の | 応 | 用 | が | 見 | 込 | ま | れ | る | 。 |

70          80

5

「科学」を味わう

## 自分の答案を採点する

**採点基準**

✓（A）：各区分の抜けは **3点減**。不十分なら **1～2点減**。
✓（B）：各区分の抜けは **2点減**。不十分なら **1点減**。
✓（A），（B）それぞれの満点を超えては減点しないものとする。

例：（A）の区分で1・2両方の抜けがあり，さらに誤訳と思われる箇所があった場合でも，最大6点減とする。

---

**（A）6点満点**
1．クモの巣は，その糸が外部からの力に強度を変えて反応するため
2．損傷を局所化できる

---

**（B）4点満点**
1．この特性は構造工学や，情報通信網の安全性向上にも
2．応用できるかもしれない

---

「クモの巣は外部からの力に柔軟に反応する」という部分の記述が不十分な答案が多かった。あと23行目のcouldや27行目のmightを読み飛ばし，「～に応用されている」という書き方をした答案も多かった。「可能性」と「現実」との識別は重要であろう。多くの答案がこのポイントを見逃していた。

## 生徒答案例

**1** ▶Ⓐクモの巣は引っ張られると柔らかくなり，その力が増すと固くなり，また損傷を特定の場所に集中させる特徴がある。Ⓑこれは構造工学や安全なネットワークシステムにも使える。　**9** /10点

（B）2．「使える」ではなく，「使えるかもしれない」と断定を避けること。**−1**

**2** ▶Ⓐクモの巣の素材は力をかけられた時に複雑な反応をし，それが巣の損傷を部分的なものに抑え，全体の構造を守ることにつながる。Ⓑこの仕組みは様々な面で応用されうる。　**6** /10点

（A）1．「複雑な反応」は不十分。**−2**

（B）1．「様々な面」ではダメ。具体的に記述すること。**−2**

**3** ▶Ⓐクモの巣は多くの素材から成ることで，被害を局所に抑え，巣全体を守ることが明らかになった。Ⓑこの原理を応用することでインターネットはより安全になるかもしれない。　**6** /10点

（A）1．不可。「クモの巣は多くの素材から成ることで」は誤読。**−3**

（B）1．不十分。「構造工学」がない。**−1**

**4** ▶Ⓐクモの巣の強さは強い力をもった素材によるだけでなく，一部が壊れても大丈夫な複雑な構造による。Ⓑこのことは耐震性の建造物や情報網にも利用されている。　**4** /10点

（A）1．抜けている。**−3**

　　　2．不十分。「一部が壊れても大丈夫な複雑な構造」は「損傷を一部に留める複雑な構造」としたい。**−1**

（B）2．「利用されている」は不可。**−2**

**5** ▶Ⓐ被害を部分的に抑えることで蜘蛛の巣が長持ちするのと同様に，Ⓑコンピュータネットワークも，ウィルスを広げないことで，全体に悪影響を与えずに済むことができる。　**4** /10点

（A）1．抜けている。**−3**

（B）1．不十分。「構造工学」がない。**−1**

　　　2．不可。**−2**

5 「科学」を味わう

**全訳**

　クモが巣を張り，獲物を捕らえ，天井からぶら下がるために使う糸は，現在知られている中で最も丈夫な素材の 1 つである。しかし，実際には，クモの巣にそれほどの耐久性をもたらしているのは，この素材の並外れた強靭さだけではないことがわかっている。

- [ ] *l.*1　build their web「巣を張る」　※ build は「一層一層作る」イメージ。
- [ ] *l.*1　trap their prey「獲物をワナにはめて捕らえる」
- [ ] *l.*2　the ＋最上級＋名詞＋known「今まで知られている中で一番〜なもの」
- [ ] *l.*2　it turns out (that) SV「SV と判明する」
- [ ] *l.*2　it's not just … that makes …　※強調構文で書かれている。
- [ ] *l.*3　exceptional「例外的な，並外れた」　※ここではプラスイメージ。
- [ ] *l.*3　durable「耐久性のある」

　土木・環境工学の准教授，マーカス=ビューラーは以前，段階ごとに変化する分子間の相互作用で強度を得ているクモの糸の複合構造を分析した。巣を強靭にする鍵となる素材の特性は，引っ張られると，最初は柔らかくなり，その力が強まると再び硬くなるというところにある，と現在彼は述べている。力がかかると柔らかくなる特性は，以前には弱点だと考えられていたのである。

- [ ] *l.*4　an associate professor「准教授」
- [ ] *l.*6　molecular interactions「分子間の相互作用」
- [ ] *l.*7　key property「鍵となる特性」
- [ ] *l.*8　soften「柔らかくなる」
- [ ] *l.*8　stiffen「硬くなる」

　ビューラーと彼の率いる研究チームは，異なる特性を持つ素材が，（クモの）巣と同じ模様に編み込まれた場合，局所化された力にどのように反応するのかを分析した。彼らは，単純な反応しかしない素材の方が，はるかに働きが悪いことを発見した。

- [ ] *l.*11　arranged …「配置されれば」　※受動態の分詞構文。「異なる素材を（クモの）巣と同じ模様に配置する」とは，「それぞれの素材で（クモの）巣と同じ模様を作って比較実験した」ということ。
- [ ] *l.*11　localized「局所化された」

第4段落

　クモの巣には，加えられる損傷が局所化されるという性質があり，影響がほんの数本の糸（たとえば虫が引っかかって，もがき回った部分）にしか及ばない。このように局所化された損傷は，簡単に修繕できるし，クモの巣が十分な機能を維持しているのであればそのまま放っておいてもかまわない。「たとえ損傷箇所がたくさんあっても，クモの巣は機能の面では事実上変わりない働きをします」とビューラーは言う。

□ *l*.13　affecting …「そして…に影響を及ぼす」　※文末に置かれた分詞構文。
□ *l*.14　struggle around「もがき回る」　※ around は「あちこち」の意味の副詞。
□ *l*.15　or は repaired easily と just left alone if … をつないでいる。
□ *l*.16　even if …, still「たとえ…でも，それでもなお」は相関表現。
□ *l*.16　defects「欠陥」　※しばしば放置されていることを示唆する語。
□ *l*.16　mechanically「機械的には，力学的には」が直訳。

第5段落

　これらの発見を検証するために，ビューラーとそのチームは文字どおり野原に出て，クモの巣を押したり引っ張ったりしてみた。どの場合でも，損傷は彼らが直接触った部分以上には広がらなかった。

□ *l*.18　literally go into the field「文字どおり野原に出る」　※「フィールドワーク」とは，「野外あるいは実験室外の作業，仕事，研究」のことだが，彼らは，文字どおり「フィールド＝野原」に出たということ。
□ *l*.19　immediate area「すぐ近くの範囲」
□ *l*.20　disturb ～「～を乱す」　※ここでは配置や形状などを変えることを意味する。

第6段落

　このことが示唆しているのは，反応が複合的な素材には重要な利点があり得るということである。ビューラーによると，構造全体を維持できるようにするために，局所的な損傷に目をつぶるという原理は，ゆくゆくは構造工学の専門家に示唆を与え得るということだ。たとえば耐震建造物も，ある程度まではしなるが，揺れが続くか強くなった場合には，損傷が広がるのを抑えるために，まず特定の構造部材が壊れるようにするということもあり得るだろう。

□ *l*.21　could「～かもしれない」
□ *l*.22　complex「複合的な」

☐ *l.*22　permit localized damage「局所的な損傷を許す」

☐ *l.*23　end up *doing*「最終的には〜する」→「ゆくゆくは〜する」

☐ *l.*24　earthquake-resistant「耐震の」

☐ *l.*24　bend up to a point「ある程度まではしなる」

☐ *l.*26　contain 〜「(災害の広がり，病気の蔓延など) を防ぐ」

---

### 第7段落

　そうした原理は，もしかしたら情報通信網の設計にも使用できるかもしれない。たとえば，ウイルスの攻撃を受けたコンピューターが，問題が広がらないうちに即座にシャットダウンするといったことである。したがって，その名を生むきっかけとなったクモの巣状の構造から得た教訓のおかげで，いつか，ワールド・ワイド・ウェブの安全性も高まっていくかもしれない。

---

☐ *l.*27　design「設計」

☐ *l.*29　grow more secure「より安全になる」

☐ *l.*30　inspire *one's* name「名前のヒントになる」

2005 年度

難

# 57 身体のリズム感や調和力の維持の仕方

## 文章の流れを確認する

**第 1 段落** 生まれもったリズム感や調和力には限りがあるので，それらを維持する方法を探し開発しなければならない。

**第 2 段落** 優れたスポーツ選手のように，自らの身体に対して高次の意識を向けることが大切。

**第 3 段落** 高次の意識（空間における身体全体の位置に対して敏感になること）を中心に据えた生活をすることが，動きの悪さや失敗を防ぐ。

## 答案を作成する

**立場①：一般の人向けとする立場**

▶ 文章の冒頭で，人間一般の話として「生まれもった rhythm と harmony は限られたものであるので，維持する方法を探し開発するべき」と述べている。また第 3 段落では，日常生活の中で誰でも実践できる鍛錬法が紹介されている。このことから，筆者は広く一般の人に向けて rhythm と harmony を維持開発する方法を提案していると解釈できる。

▶ この立場に立てば，第 2 段落で紹介されている一流スポーツ選手の例は，rhythm と harmony を極限まで開発してきた「極端な例」として紹介されていると捉えることができる。

**立場②：「プロスポーツ選手」向けとする立場**

▶ 筆者は一流のスポーツ選手を 50 年にわたって育ててきた，プロスポーツ選手専門の指導者である。また，第 2 段落で挙がっている例は，すべて世界レベルの超一流の選手ばかりである。さらに，第 3 段落で提案されている鍛錬法は，確かに日常生活の中でも実践できるものだが，身体の一つ一つの部位の空間上の位置を常時意識する鍛錬など，一般の人にはそもそも必要ない（そんなことを意識すると，日常生

5

「科学」を味わう

活にも少なからず支障をきたす可能性があり，こんなことを真顔で一般の人に提案したところで，広く受け入れられる可能性は非常に低いと思われる）。

▶したがって，文章の冒頭での人間一般の話を受けて「だからこそ，一流のプロスポーツ選手になるためには，一般の人々がわずかしか備えていないような rhythm と harmony を維持開発しよう。一般の人がやらないような厳しく極端な精神的鍛練を，プロスポーツ選手を目指す人たちはやるべきだ」という解釈も可能。

▶解答は上記の2つの立場をそれぞれ用意している。いずれの場合も，第1段落第1文の読解が鍵となる。ここで読み間違えると悲惨。筆者の主張は「生まれもったリズム感や調和力には限りがある」「それらを維持する方法は，自らの身体に対して高次の意識を日頃から向けることだ」ということ。また，「高次の意識を向ける」という表現のままでは抽象度が高く，よくわからないので，「空間における身体全体の位置に対して敏感でなければならない」ぐらいに具体化しておきたい。

▶以上のことを考慮してまとめれば，それぞれ次のようになる。

立場①

| 生 | ま | れ | も | っ | た | リ | ズ | ム | 感 | や | 調 | 和 | 力 | に | は | 限 | り | が | あ |
|---|---|---|---|---|---|---|---|---|---|---|---|---|---|---|---|---|---|---|---|
| る | の | で | ， | そ | れ | ら | を | 維 | 持 | す | る | 方 | 法 | を | 探 | し | 開 | 発 | し |
| な | け | れ | ば | な | ら | な | い | 。 | 優 | れ | た | ス | ポ | ー | ツ | 選 | 手 | の | よ |
| う | に | ， | 日 | 々 | の | 生 | 活 | の | 中 | で | ， | 自 | ら | の | 全 | 身 | の | 空 | 間 |
| に | お | け | る | 位 | 置 | に | 対 | し | て | 敏 | 感 | に | な | る | こ | と | で | ， | 優 |
| れ | た | 運 | 動 | 能 | 力 | を | 発 | 揮 | す | る | こ | と | が | で | き | る | 。 | | |

立場②

| 生 | ま | れ | も | っ | た | リ | ズ | ム | 感 | や | 調 | 和 | 力 | に | は | 限 | り | が | あ |
|---|---|---|---|---|---|---|---|---|---|---|---|---|---|---|---|---|---|---|---|
| る | の | で | ， | そ | れ | ら | を | 維 | 持 | す | る | 方 | 法 | を | 探 | し | 開 | 発 | し |
| な | け | れ | ば | な | ら | な | い | 。 | 優 | れ | た | 運 | 動 | 能 | 力 | を | 発 | 揮 | す |
| る | 一 | 流 | の | ス | ポ | ー | ツ | 選 | 手 | に | な | る | に | は | ， | 日 | 々 | の | 生 |
| 活 | の | 中 | で | ， | 自 | ら | の | 全 | 身 | の | 空 | 間 | に | お | け | る | 位 | 置 | に |
| 対 | し | て | 敏 | 感 | に | な | る | こ | と | が | 必 | 要 | で | あ | る | 。 | | | |

▶これを指定字数（60〜70字）にまとめる。

解答例

立場①

| 人 | 間 | が | 生 | ま | れ | も | つ | リ | ズ | ム | 感 | や | 調 | 和 | 力 | に | は | 限 | り |
|---|---|---|---|---|---|---|---|---|---|---|---|---|---|---|---|---|---|---|---|
| が | あ | る | 。 | 日 | 頃 | か | ら | 全 | 身 | の | 空 | 間 | 上 | の | 位 | 置 | を | 意 | 識 |
| す | る | こ | と | で | 両 | 者 | を | 維 | 持 | し | 優 | れ | た | 運 | 動 | 能 | 力 | を | 発 |
| 揮 | す | る | こ | と | が | で | き | る | 。 |   |   |   |   |   |   |   |   |   |   |

立場②

| 人 | 間 | が | 生 | ま | れ | も | つ | 、 | 躍 | 動 | 的 | で | 滑 | ら | か | に | 動 | く | 能 |
|---|---|---|---|---|---|---|---|---|---|---|---|---|---|---|---|---|---|---|---|
| 力 | は | わ | ず | か | な | の | で | 、 | 一 | 流 | の | 運 | 動 | 選 | 手 | に | な | る | に |
| は | 、 | 日 | 頃 | か | ら | 全 | 身 | の | 空 | 間 | 上 | の | 位 | 置 | を | 意 | 識 | す | る |
| 鍛 | 錬 | が | 必 | 要 | で | あ | る | 。 |   |   |   |   |   |   |   |   |   |   |   |

## 自分の答案を採点する

採点基準

✓（A）：抜けは **5点減**。不十分なら **3～4点減**。

✓（B）：各区分の抜けは **3点減**。不十分なら **1～2点減**。

✓（A），（B）それぞれの満点を超えては減点しないものとする。

例：（B）の区分で1・2両方の抜けがあった場合は，6点減ではなく，5点減とする。

### （A）5点満点

**人間が生まれもつリズム感や調和力には限りがある**

※「躍動的で滑らかに動く能力」でも可。

### （B）5点満点

1．**日頃から全身の空間上の位置を意識することで両者を維持し**

2．**優れた運動能力を発揮することができる**

※「一流の運動選手になるには，日頃から…を意識する必要がある」などでも可。

**生徒答案例**

**1** ▶ Ⓑ人の動きは魚と似ており，その生まれ持った自然なリズムと調和を高いレベルで意識することが，トップレベルを目指す運動選手に必要なのだ。　**3** / 10点

（A）抜けている。**− 5**

（B）1．不十分。意識するのは「全身の空間上の位置」。**− 2**

**2** ▶ Ⓐ人は生まれつきリズムと調和をもっている。Ⓑこの2つを維持する方法を探し，発達させねばならない。そうすれば，最小限の努力で，最高の結果を得る。

**1** / 10点

（A）不十分。「（生まれもつリズム感や調和力には）限りがある」がない。**− 4**

（B）1．不十分。維持する方法の説明が抜けている。**− 2**

　　2．抜けている。**− 3**

**3** ▶ Ⓑ私達は，緩やかに動き，集中力を高めることで，生来の体のリズムと調和を保てば，最小の動きで最大の働きを生む，効果的な動きができる。　**1** / 10点

（A）抜けている。**− 5**

（B）1．不可。**− 3**

　　2．不十分。「効果的な動き」では曖昧。**− 1**

**4** ▶ Ⓐ私達は生来のリズムと調和を持って生まれ，Ⓑそれを維持する優れた方法を身につける必要がある。そうした高い意識を持つ人は優良で堅実な結果を残す。

**1** / 10点

（A）不十分。「（生まれもつリズム感や調和力には）限りがある」がない。**− 4**

（B）1．不十分。維持する方法の説明が抜けている。**− 2**

　　2．不可。**− 3**

5 ▶Ⓐ我々は生まれながらにリズムと調和を持っている。Ⓑ細部に渡った意識を持って生活することでそれらを維持でき，無駄な動きを抑えることができる。

**1** / 10点

（Ａ）不十分。「（生まれもつリズム感や調和力には）限りがある」がない。 — **4**
（Ｂ） 1．不十分。「細部に渡った意識」では曖昧。 — **2**
　　　 2．不可。 — **3**

---

**全訳**

**第 1 段落**

　私たちが生まれもったリズム感と調和力は限られたものなので，その両者を維持する方法を探求し開発しなければならない。一流のスポーツ選手を教え励ましてきた私の 50 年の経験でわかったことは，全体的に調和のとれた動きは，水中の魚に似ているということである。魚は尾をひと振りしてさっと動き，進みながら速度と方向を容易に変える。使う労力は最小だが，得られる結果は最大なのである。

□ *l.*1　We are only born with so much 〜「生まれたときにはある一定量の〜しかない」 ※ so much 〜 は「（読者も知っている）それほどの量の〜」の意味。よって「それほどの量の〜しかない」→「〜は限られている」となる。so much を「かくも多くの」とするのは間違い。
　　*e.g.* One brain can only digest so much information.「1 人の脳では 1 人分の情報しか消化できない」

□ *l.*4　one shake of its tail and off it goes「尾をひと振りすれば，さっと動く」 ※〈名詞＋and SV〉は〈命令文＋and SV〉の変形で，前半の名詞が条件となっていることに注意。off は「さっと離れて」という動きが機敏であることを示唆する副詞。強調のため主語の前に置かれていると考えればよい。

□ *l.*6　apply 〜「〜を適用する」

**第 2 段落**

　ペレ，モハメド=アリ，ビヨン=ボルグといった，スポーツ史に残る偉大な英雄たちは例外なく，身体を始動するときにはリズム感のあるなめらかな動きをしていた。これらの選手は，完全に静止した状態からいきなり動き出すなどということはなかった。いきなり動いて走り出すのではなく，ゆらゆらと身体を揺らし流れるように動きながら考えていたのである。こうした選手が身につけていたのは，いわば高次の意識とでもいえるものであったが，これこそ，その世界で頂点を目指すスポーツ選手ならどんな選手でも絶対に必要なものなのだ。

5

「科学」を味わう

- [ ] *l.*7　Pele　※本名 Edson Arantes do Nascimento。Pele は幼い頃からの愛称。ブラジルの元サッカー選手。3 度の FIFA ワールドカップ優勝を経験。通算 1281 得点を挙げ「サッカーの王様」と呼ばれている。
- [ ] *l.*7　Muhammad Ali　※1960 年ローマオリンピックボクシングライトヘビー級で金メダルに輝いた後プロに転向し，ヘビー級王座を獲得。プロボクシング戦績は 61 戦 56 勝（37KO）。
- [ ] *l.*7　Bjorn Borg　※スウェーデン出身の男子テニスの黄金時代を築いた選手の一人。全仏オープンは 4 連覇を含む 6 勝，ウィンブルドン選手権では 5 連覇を成し遂げた。
- [ ] *l.*9　a dead stop「完全な停止状態」
- [ ] *l.*9　sway-and-flow「揺れて流れる」

**第 3 段落**

　不安や緊張が原因となって動きが悪くなりミスをしてしまうというのは誰もが知っていることだが，この高次の意識を中心に据えた生活をすれば，それらのミスを最小限に抑えることができる。何かをつまみ上げようとする指に意識を向けて感覚を呼び起こすときと同様に，自らの身体に意識を集中して感覚を呼び起こさなくてはならない。身体全体が，指と同じように，空間におけるその位置に対して敏感でなければならないのだ。徐々に，自分なりのリズム感を培えるようになり，その結果，より優れた，より安定した動きとなって現れてくるようになるのである。

- [ ] *l.*13　nerves「神経過敏，不安」
- [ ] *l.*13　bad movements and errors「動きが悪くなりミスをすること」
- [ ] *l.*14　around 〜「〜を中心として」　※「〜の周りに」が直訳。
- [ ] *l.*15　as you would your fingers は，as you would focus your fingers and make them aware を省略した形。ここで使われているのは「同時期，同条件の仮定法」（p.266 参照）。
- [ ] *l.*18　consistent「安定した，一貫した」

難

# 58 相関する SF と科学

## 文章の流れを確認する

**第 1 段落** SF には人間の想像力を広げるという真摯な役割がある。

**第 2 段落** SF と科学の間には双方向のやりとりがある。
〈科学 →SF の例〉ブラックホール

**第 3 段落** 〈SF→ 科学の例〉超光速移動

**第 4 段落** 〈SF→ 科学の例〉時間旅行
実現の可能性があるため，SF で取り上げられるこれらのテーマには
研究の価値がある。

## 答案を作成する

▶ 第 2 段落の第 1 文「SF と科学は相互に影響する」がこの文章の主張。「挙げられた例にも触れながら」という指示がなければ，「SF と科学は互いに影響する。（14字）」で終わってしまう。この主張に「科学 →SF」「SF→ 科学」の例を加えればよい。

| 「科学→SF」の例 | 「SF→科学」の例 |
|---|---|
| ブラックホール | 超光速移動，時間旅行 |

▶ この文が「SF の意義」について述べられていることを考慮して，第 4 段落の最後の 2 文，Nevertheless 以下の「今日の SF が明日の科学的事実になるということ

5

「科学」を味わう

はよくある。SFの背後にある科学は間違いなく研究に値するものなのである」は解答に盛り込むべきであろう。

▶以上のことを考慮してまとめれば次のようになる。

| | | | | | | | | | | | | | | | | | | | |
|---|---|---|---|---|---|---|---|---|---|---|---|---|---|---|---|---|---|---|---|
|Ｓ|Ｆ|は|単|な|る|娯|楽|で|は|な|く|,|人|間|の|想|像|力|を|
|広|げ|,|科|学|と|相|互|に|影|響|す|る|。|元|は|科|学|の|概|
|念|で|あ|る|ブ|ラ|ッ|ク|ホ|ー|ル|と|い|う|魅|力|溢|れ|た|名|
|前|の|お|か|げ|で|,|そ|の|概|念|が|Ｓ|Ｆ|で|取|り|上|げ|ら|
|れ|多|く|の|書|物|が|発|売|さ|れ|た|。|Ｓ|Ｆ|に|端|を|発|す|
|る|超|光|速|移|動|や|時|間|旅|行|は|,|科|学|で|は|「|時|間|
|的|閉|曲|線|」|と|い|う|専|門|用|語|に|置|き|換|え|ら|れ|取|
|り|上|げ|ら|れ|て|い|る|が|,|こ|れ|は|将|来|実|現|す|る|可|
|能|性|が|あ|り|,|科|学|で|研|究|す|る|価|値|が|あ|る|も|の|
|だ|。| | | | | | | | | | | | | | | | | | |

190　　　　　　200

▶これを指定字数（90〜100字）内に収める。

---

**解答例**

| | | | | | | | | | | | | | | | | | | | |
|---|---|---|---|---|---|---|---|---|---|---|---|---|---|---|---|---|---|---|---|
|Ｓ|Ｆ|は|人|間|の|想|像|力|を|広|げ|科|学|と|相|互|に|影|響|
|す|る|。|元|は|科|学|の|概|念|で|あ|る|ブ|ラ|ッ|ク|ホ|ー|ル|
|は|Ｓ|Ｆ|で|取|り|上|げ|ら|れ|た|。|一|方|,|Ｓ|Ｆ|に|端|を|
|発|す|る|超|光|速|移|動|や|時|間|旅|行|は|将|来|実|現|す|る|
|可|能|性|が|あ|り|,|科|学|で|研|究|す|る|価|値|が|あ|る|。|

90　　　　　　100

## 自分の答案を採点する

### 採点基準

✓ 各区分の抜けは **2 点減**。
✓ 不十分なら **1 点減**。
✓（A） 2 が書けていなければ **0 点** とする。
✓（A），（B）それぞれの満点を超えては減点しないものとする。
　例：（B）の区分で 1 ～ 3 すべての抜けがあり，さらに誤訳と思われる箇所があった場合でも，最大 6 点減とする。

---

**（A） 4 点満点**
　1．SF は人間の想像力を広げ
　2．科学と相互に影響する

---

**（B） 6 点満点**
　1．元は科学の概念であるブラックホールは SF で取り上げられた
　2．一方，SF に端を発する超光速移動（や時間旅行）は
　　　※「超光速移動」の結果の 1 つが「時間旅行」なので，どちらか一方が書いていればよい。
　3．将来実現する可能性があり，科学で研究する価値がある

「SF と科学は相互に影響する」というこの文章の主張をつかめていない答案が多い。「主張は第 1 段落にある」といった「ステレオタイプ」は東京大学が最も嫌う類いだと思われる。とにかく「最後まで文を読む」→「筆者の言いたいことを表現してみる」→「指定字数内に収める」ということ以外に要約問題攻略の方法はない。

5

「科学」を味わう

**生徒答案例**

1 ▶(A) SF は人間の想像力を広げ，科学と双方向のやり取りをしている。(B) SF が着目した光より速く移動することや時間旅行は研究されており，SF が科学的事実になることはよくあるので背後の科学は研究に値する。　8 /10点

（B）1 が抜けている。**− 2**

2 ▶(A)科学と相互に啓発しあうものである SF は，人の想像を膨らまし，未来の科学の発展に関わる。(B)今日の SF は明日には現実ともなりうるのであり，時間旅行などでの SF じみた事も研究に値するのだ。　7 /10点

（B）1．抜けている。**− 2**
　　　3．「科学で研究するに値するのだ」とする。**− 1**

3 ▶(A) SF と科学には相関関係がある。(B) SF は科学で研究されるものに注目を引く名前をつけ，科学は，大衆から批判を受けないために，研究したいものが SF に関する場合，SF で使われる名前を使わない。　2 /10点

（A）1．抜けている。**− 2**
（B）具体例になっていない。**− 6**

4 ▶(A) SF は人間の想像を広げる。(B) SF が，ブラックホールや光速より速い移動のように科学で認められた事実を語り，また科学はそれを超える新発見をする。だから悪事につながりうる SF 世界も，研究の価値があるのだ。　0 /10点

全体的に本文を正確に読めておらず，「SF と科学は相互に影響する」という本文の主張とずれたものになってしまっている。

5 ▶(A) SF は未来の科学とその人間との関わりについて想像を広げるが，(B)逆に科学は相対性理論のように SF より奇妙なこともあり，SF は未来の科学的事実になりえるし，その背景にある科学を研究する価値はある。　0 /10点

一番大事な「SF と科学は相互に影響する」が抜けているので0点。

**全訳**

　SF は大変楽しいものだが，それだけではなく人間の想像力を広げるという真摯な目的にも役立つ。人間の精神が科学の将来の発展にどのように反応するのかを探ることができるし，そうした発展がどのようなものなのかを想像することもできるのだ。

- [ ] *l.*1　that of 〜 = the purpose of 〜
- [ ] *l.*2　explore 〜「〜を探る」

　SF と科学の間には双方向のやりとりがある。SF は，科学者たちが自らの理論に取り込むような発想を示唆するが，ときには科学がどんな SF よりも奇抜な概念を提示することがある。ブラックホールがその一例で，それは物理学者ジョン=アーチボルト=ホイーラーが付けた魅力溢れる名前が，その発想を大いに後押しすることになった。仮にもし「凍結した恒星」とか「重力によって完全に押しつぶされた天体」といったもともとの呼び名のままだったとしたら，ブラックホール関連の書籍の数は実際の半分にも満たなかったことだろう。

- [ ] *l.*5　a two-way trade「双方向のやりとり」
- [ ] *l.*6　include *A* in *B*「*A* を *B* の中に含める」
- [ ] *l.*7　turn up 〜 / turn 〜 up「（徹底的に調べて）〜を見つけ出す」
- [ ] *l.*7　notion「概念」　※普通は「（あやしげな）考え」を指すことが多いが，学術的な文では「概念，観念」の意味。
- [ ] *l.*8　inspired「傑出した」
- [ ] *l.*9　Had they continued … = If they had continued …　※言葉を縮めるための変形。
- [ ] *l.*10　gravitationally「重力で」
- [ ] *l.*10　collapse 〜「〜を崩壊させる」
- [ ] *l.*11　half so much written about them は「それら（＝ブラックホール）について書かれたあれほどの量の半分」が直訳。「ネーミングが悪ければ，実際の『半分』も書かれなかっただろう」＝「実際にはネーミングがよく，多くのことが書かれてきた」ということ。

　SF が着目してきたことの 1 つが，光よりも速く移動することである。仮に宇宙船を亜光速（＝光速をちょっと下回る速度）でしか飛べないとすると，銀河の中心まで往復するのに，乗組員にはほんの数年しかかからないように思えるが，地球上では宇宙船の帰還まで 8 万年が経っていることになる。これでは帰還して

家族の顔を見るなど不可能だ！

---

- □ *l.*12　focus attention on ～「～に注目する」
- □ *l.*13　be restricted to ～「～に制限されている」
- □ *l.*14　crew「(集合的に) 乗組員」
- □ *l.*14　the round trip to ～「～への往復の旅」
- □ *l.*14　the galaxy「銀河」
- □ *l.*16　so much for ～「～はこれまでだ，～はおしまいだ」

---

### 第4段落

　幸いにも，アインシュタインの一般相対性理論では，こうした問題を回避できる可能性が示されている。空間と時間を曲げる，つまり歪ませることで，行きたい場所への近道を作れるかもしれないのだ。このように時空を歪ませることが，将来私たちの能力の範囲内に入るかもしれない。しかし，こうした方面での本格的な科学研究は，これまであまり行われてこなかった。それは1つには，そのような考え方があまりにもSF的に聞こえるからだと私は思う。高速宇宙移動が可能になれば，その帰結の1つとして，時間を過去に遡ることができるということになるかもしれない。政府が時間旅行に関する研究に資金援助をしていることが公になった場合，税金の無駄遣いだとして出てくる不平不満を想像してみるとよい。こうした理由で，この分野で研究している科学者たちは，実際には時間旅行を意味する「時間的閉曲線」といった専門用語を使って，自分たちの真の関心を隠さざるを得ないのだ。しかしそれでも，今日のSFが明日の科学的事実になるということはよくある。SFの背後にある科学は間違いなく研究に値するものなのである。

---

- □ *l.*17　theory of relativity「相対性理論」
- □ *l.*17　a way around ～「～を回避する方法」
- □ *l.*18　one　※人間一般を示す代名詞。you より硬い言い方。
- □ *l.*18　warp ～「～を歪める，ワープする」
- □ *l.*19　a shortcut「近道」　※a shortcut between the places one wanted to visit は，本来ならば a shortcut between the places one wanted to visit and the places one was in「行きたい場所と今いる場所との間の近道」とすべきところが，and 以降は自明であると判断した結果，表現そのものが shortcut されていると考えられる。なお，wanted が過去形になっているのは仮定法の影響である。
- □ *l.*21　along these lines「このような線に沿った」→「こうした方面での」
- □ *l.*22　consequence「結論，帰結」
- □ *l.*26　technical terms「専門用語」
- □ *l.*27　nevertheless「にもかかわらず」
- □ *l.*29　investigate ～「～を調査する」

難関校過去問シリーズ

# 東大の英語

## 要約問題
### UNLIMITED

別冊 問題編

# の英語　要約問題　UNLIMITED

# 別冊　問題編

解答欄

# 1

The great majority of mankind are not dominated by self-interest. Of they want a decent living for themselves and their families; they want reasonable security and a quiet life. But they are not driven on by a greedy appetite for power or even for great wealth. Therefore, when the people are
5　called upon to sacrifice their quiet life for an active foreign policy or, still more, in war<sup>イ</sup>, it is useless appealing to them on grounds of self-interest. <u>This<sup>ロ</sup> is the very cause which they have rejected unconsciously as the motive for their private lives; they will reject it equally when it is put forward as the basis for foreign policy.</u> A democratic foreign policy has got to be idealistic; or at the
10　very least it has to be justified in terms of great general principles. If the people are to exert themselves they must be convinced that what they are doing is for the good of mankind and that a better world will come out of it<sup>ハ</sup>. The 'realists' smiled at 'the war to end war' (First World War) and at the hopes for a lasting peace in the Second World War; but these wars could not have been kept
15　going without these appeals<sup>ニ</sup>. Once tell people that they are fighting only for their properties or their lives, and they will discover that there is an easier way to do it<sup>ホ</sup>—to surrender.

上の文を読んで,

a　全文の大意を 50 字から 150 字までの範囲の日本文で書け。ただし句読点は字数
　　にかぞえないでよい。

b　下線を施した部分を日本語に訳せ。

c　文中イ, ロ, ハ, ニ, ホと印をつけてある部分につき次の各問に答えよ（イ, ロ,
　　ハ, ニは可能なかぎり文中の語句を用いて答えること）。

　イ　in war という句は文中のどの部分にかかるか。

　ロ　This は何を受けるか。

　ハ　it は何を受けるか。

　ニ　these appeals とは何をさすか。

　ホ　to do it とは何をすることか, この項にかぎり日本語で説明せよ。

次の英文を 60〜80 字の日本語に要約せよ。ただし，句読点も字数に数える。

It is significant that the scenery which the amateur painter finds most attractive as a subject for painting is the scenery most often avoided by the serious professional artist. Very few of the great landscape artists of the past or present have ever chosen to paint naturally dramatic or beautiful subjects. A landscape which is naturally beautiful or otherwise attractive to the human eye  5 leaves the artist with little to do except faithfully copy what he sees before him. This is all very well for the amateur because it means he does not need to compose the picture he paints, rearranging the details of the natural scene. The scenery has already composed itself for him. The serious artist, however, does not want this. He prefers scenery the amateur painter would reject as plain or  10 uninteresting. The professional prefers this type of scenery because of the challenge it offers to his skills as a painter ; to see beauty where it is not easy to see, to create order where the natural elements are confused, in short, to make art from nature.

## 3

次の英文を 70〜90 字の日本語に要約せよ。ただし，句読点も字数に数える。

　　Some years ago, on a journey to America, I passed the time by asking my fellow passengers to answer some rather strange questions. The first was: 'Which seems to you the larger, an elephant or a second?' After explaining that I meant a second of time and not a second elephant, I then tried to find out
5　what sort of length of time people would consider equal to the size of an elephant.

　　One man was a physicist. He insisted that the second must be equal to the distance travelled by light during that interval of time—which is much larger than an elephant, of course. But most other people voted for the elephant,
10　though there were wide differences in the selection of a time suitable to compare with it.

　　Why would most people feel sure that an elephant is larger than a second? Presumably because we think of an elephant as larger than most animals we know, and seconds are smaller than most of the time intervals with which we
15　are concerned. What we are really saying is that an elephant is large for an animal and a second is small as time goes. So we instinctively compare unlike objects by relating them to the average size of their kin.

# 4

次の英文を読み，全文を 80〜100 字の日本語に要約せよ。ただし，句読点も字数に数える。

Eight, five, seven, three, one, two. If I asked you now to repeat these numbers, no doubt most of you could. If I asked you again after a long talk, you probably couldn't—you will keep the memory for a short time only.

It seems to be the case that two quite different processes are involved in the brain in memory storage, one for the short-term—that is about fifteen minutes 5 to an hour—and one for long-term memory. Many items of information find their way briefly into our short-term stores ; most are discarded, and only a few find their way into the long-term store. While memories are in this short-term store, they are easily destroyed : by distraction, for instance—do you remember the number sequence we started with?—or by interference with the brain : by 10 an epileptic fit, or concussion, for example. The film hero who wakes up after having been knocked out in a fight and asks "Where am I?" isn't joking ; if the blow that knocked him out had been real it would have affected the electrical processes in his brain and so destroyed his store of short-term memories. But he will not have lost his store of permanent, long-term memories—indeed, it is 15 extraordinarily difficult to erase them. Quite often in psychiatric treatment the psychologist tries to remove them by drugs, with electrical shock treatment, with insulin therapy, or psychoanalytic techniques, but usually with a very limited amount of success.

Indeed, when one comes to think about it, memory is perhaps one's most 20 durable characteristic as an individual. I can lose limbs, have real organs replaced by plastic ones, alter my facial appearance with plastic surgery, but I am still "myself"—a complex of past experience, past memories, held tight and firm within my brain ; only when I lose these do I cease to be myself.

(注) epileptic ← epilepsy：てんかん
concussion：脳震盪（のうしんとう）
psychiatric：精神医学の
insulin therapy：インシュリン療法
plastic surgery：形成外科

# 5

1980 年度

次の文の要旨を 50 字から 70 字の日本文で書け。ただし句読点も字数に数える。

A child is most intelligent when the reality before him arouses in him a high degree of attention, interest, concentration, involvement—in short, when he cares most about what he is doing. This is why we should make schoolrooms and schoolwork as interesting and exciting as possible, not just so that school will be a pleasant place, but so that children in school will act intelligently and get into the habit of acting intelligently. The case against boredom in school is the same as the case against fear ; it makes children behave stupidly, some of them on purpose, most of them because they cannot help it. If this goes on long enough, as it does in school, they forget what it is like to grasp at something, as they once grasped at everything, with all their minds and senses ; they forget how to deal positively and aggressively with life and experience, to think and say, "I see it! I get it! I can do it!"

From *How Children Fail* by John Holt, copyright © 1995. Reprinted by permission of Da Capo Lifelong Books, an imprint of Hachette Book Group, Inc.

# 6

次の文の要旨を日本文で，100 字から 150 字までの範囲で書け。ただし句読点は字数にかぞえないでよい。

A person who is called upon to act is more likely to act fortunately if he has previously meditated upon actions of a similar kind. If we wish to play an effective part as members of a community, we must avoid two opposed dangers. On the one hand there is the danger of rushing into action without thinking about what we are doing, or—which in practice comes to the same thing—by 5 taking it for granted that it is 'all right' to do as others do, although we don't in the least know why they act thus. On the other hand, there is the danger of indulging in an academic detachment from life. This is the peculiar temptation of those who are inclined to see both sides of a question and are content to enjoy an argument for its own sake. But thinking is primarily for the sake of 10 action. No one can avoid the responsibility of acting in accordance with his mode of thinking. No one can act wisely who has never paused to think about how he is going to act and why he decides to act as he does.

# 7

次の英文の内容を 30〜40 字の日本語に要約せよ。句読点も字数に含める。

　The other day I happened to become aware for the first time that my electric toothbrush was white with two upright blue stripes of rubber to hold the handle. The button to turn the toothbrush on and off was made of the same blue rubber. There was even a matching blue section of the brush itself, and a
5　colored ring of rubber at the base of the brush handle. This was a far more carefully thought-out design than I had ever imagined. The same was true of my plastic throwaway razor with its graceful bend that made it seem as if the head was eagerly reaching out to do its job. If either my toothbrush or razor had been mounted on a base, it might well have qualified as a sculpture. Had
10　they been presented as works of art, I would have seen something more than an object, something deeper in the way forms can take on a life of their own and create enduring values. "Rightly viewed," Thomas Carlyle wrote in his book *Sartor Resartus*, "no meanest object is insignificant ; all objects are as windows, through which the philosophic eye looks into Infinitude itself."

**8** 〈1987 年度〉

次の文を読み，その要旨を 80 字から 100 字までの日本文で書け。ただし，句読点も字数に数える。

The best thing about a small town is the people who live in it. I say this boldly, knowing how often that element is seized upon as a subject for ridicule —their dullness, narrow lives and interests. The point is that the charge is simply not true. There are such people and such conditions in small towns, just as there are in large cities, for the human race is plentifully supplied with all 5 kinds; they average about the same everywhere. The inhabitants of the small town are no worse and no better than people everywhere, but in the small town you know them, as friends, neighbors, acquaintances, over a long span of years, lifetimes often, and they know you for what you are—a sobering but an inspiring thought. In the small town you do not need to pretend; you can be 10 yourself. This may annoy some, who will prefer the impersonality of the big city, but to a normal person there is something heartening in being an integral part of a community. Be sure of this: if you find the small town dull, the lack is in you. You no doubt bore the people.

# 9

次の英文の内容を 40〜50 字の日本語に要約せよ。句読点も字数に含める。

What makes us specifically human? The complexity of our language? Our problem-solving strategies? You may be shocked by my suggestion that, in some very deep sense, language and some aspects of human problem solving are no more or less complex than the behaviors of other species. Complexity as
5　such is not the issue. Spiders weave complex webs, bees transmit complex information about sources and quality of nectar, ants interact in complex colonies, beavers build complex dams, chimpanzees have complex problem-solving strategies, just as humans use complex language. Nor are our problem-solving skills so remarkable : there are human beings who have perfectly
10　normal human mental abilities, but who nevertheless are unable to solve certain problems that a chimpanzee can solve. There is, however, one extremely important difference between human and non-human intelligence, a difference which distinguishes us from all other species. Unlike the spider, which stops at web weaving, the human child—and, I maintain, only the human child—has the
15　potential to take its own representations as objects of cognitive attention. Normally, human children not only become efficient users of language ; they also have the capacity to become little grammarians. By contrast, spiders, ants, beavers, and probably even chimpanzees do not have the potential to analyze their own knowledge.

Karmiloff-Smith, Annette., *Beyond Modularity : A Developmental Perspective on Cognitive Science*, 220 words excerpt from page 31, © 1992 Massachusetts Institute of Technology, by permission of The MIT Press.

# 10 1986 年度

次の文を読み，その要旨を 80 字から 100 字の日本文で書け。ただし，句読点も字数に数える。

Our early ancestors had little conception of the difference between human beings and the animal creation. To them all that had life was animated by a spirit, and the form of the enclosing body made little difference. Primitive man sees nothing impossible in the story that his tribe is descended from a beast or a bird ; the lady in the fairy-tale who married a bear or a snake was doing 5 nothing particularly improbable. As knowledge advanced, these animal husbands became enchanted men who regained their true shape at last, but this is a later modification to suit later ideas. The conception of "lower animals" is a modern notion based on the gradual recognition of the essential difference between man and the other inhabitants of this world. Early man saw them as 10 creatures endowed with special gifts and obeying their own laws ; often they appeared to him not less but more intelligent than himself. Our fairy-tales, with their helpful animals, talking-birds and wise reptiles, are fossilized remains of a period when animals took equal place with man and were sometimes messengers or servants of the hidden gods. So today it may be seen that a 15 great many of our superstitions about birds and animals are based on their supposed wisdom, cunning or magical powers rather than their inferiority in the scheme of things.

# 11

次の文の要旨を 100 字から 120 字までの範囲の日本文で書け。ただし句読点も字数にかぞえる。

In our strange era some of our wealthiest men plot and plan and toil, probably ruining their health both physically and mentally, so that once or twice a year they can, as they say, "get away from it all", going into what is left of the wilderness, often at enormous expense, to hunt game, to fish, to cook on a
5 camp fire, in fact, to live for a while as their remote ancestors lived all the year round. But I do not suppose they leave their watches at home. They have only to glance at their wrists to know the hours, the minutes, the seconds. The men whose lives they are imitating, at such trouble and expense, knew nothing about hours, minutes, seconds. Sunrise and high noon and sunset would be
10 enough for them, these hunting ancestors of ours, living in family groups or small tribes, and for the most part, we imagine, in caves. It is surprising that, as yet, no top travel agency, the kind that organizes expensive safaris, has arranged to let genuine prehistoric cave dwellings to millionaire sportsmen. But what could not be rented out with the cave is their original occupants' notion of
15 time. The new tenants would still be looking, often anxiously, at their watches. Although, down the centuries, we have arrived at some fairly convenient arrangement for the hours, the days, the years, we shall go badly wrong if we imagine that we have now tamed and domesticated Time itself. It may be taming us.

(注) safari：hunting expedition.　domesticate：tame (animals).

　次の英文中で論じられている事例から一般的にどのようなことが言えるか。60〜70字の日本語で記せ。句読点も字数に含める。

Chess masters can exhibit remarkable memory for the location of chess pieces on a board. After just a single five-second exposure to a board from an actual game, international masters in one study remembered the locations of nearly all twenty-five pieces, whereas beginners could remember the locations of only about four pieces. Moreover, it did not matter whether the masters knew that their memory for the board would be tested later ; they performed just as well when they glanced at a board with no intention to remember it. But when the masters were shown a board consisting of randomly arranged pieces that did not represent a meaningful game situation, they could remember no more than the beginners.

Experienced actors, too, have extraordinary memory within their field of specialized knowledge ; they can remember lengthy scripts with relative ease, and the explanation for this is much the same as in the case of the chess masters. Recent studies have shown that rather than attempting word-by-word memorization, actors analyze scripts for clues to the motivations and goals of their characters, unconsciously relating the words in them to the whole of their knowledge, built up over many years of experience ; memorization is a natural by-product of this process of searching for meaning. As one actor put it, "I don't really memorize. There's no effort involved... it just happens. One day early on, I know the lines." An actor's attempt to make sense of a script often involves extended technical analyses of the exact words used by a character, which in turn encourages precise recall of what was said, not just the general sense of it.

From *Searching for Memory: the Brain, the Mind, and the Past* by Daniel L. Schacter, Basic Books

# 13

次の文の要旨を 60～80 字の日本文で書け。ただし句読点も字数に数える。

One lesson that life teaches as we grow older is that both our fears and our hopes are mostly illusions and are not to be taken too seriously. Time after time we learn that that which we fear most in life never happens, or never happens exactly as we had dreaded. We also learn that if our fears come to pass, the
5 actuality is never quite as bad as the fear we had in the first place. In addition, we have undreamed-of strength to bear the difficulty.

On the other hand, our specific hopes usually prove to be poor traveling companions too. We must be optimistic about life and what the future holds, but so often, even when our specific dreams come true, we find that we are happy
10 for only a brief period. We must still live with the same discontents and frustrations we had before.

Many of our hopes do not center on what will bring us real peace of mind, but rather what others tell us will make us rich or beautiful. Conversely, we must not take our fears so seriously that they prevent us from taking any risks.
15 Just living is a risky business; and often, by taking well-thought-out risks, we run a lesser danger than if we always try to play it safe.

The best path lies in the middle course. We should have enough concern about the future that we prepare fot it as best we can. We should have hope and optimism, for these attributes are essential to a constructive, happy life
20 with peace of mind; but we must remember that our hopes and fears are often illusions promising to change our way of life but leaving us exactly as we were before.

## 14

次の英文の趣旨を，70〜80 字の日本語でまとめよ。句読点も字数に含める。

When I was six or seven years old, I used to take a small coin of my own, usually a penny, and hide it for someone else to find. For some reason I always "hid" the penny along the same stretch of sidewalk. I would place it at the roots of a huge tree, say, or in a hole in the sidewalk. Then I would take a piece of chalk, and, starting at either end of the block, draw huge arrows leading up to 5 the penny from both directions. After I learned to write I labeled the arrows : SURPRISE AHEAD or MONEY THIS WAY. I was greatly excited, during all this arrow-drawing, at the thought of the first lucky passer-by who would receive in this way, regardless of merit, a free gift from the universe.

Now, as an adult, I recall these memories because I've been thinking recently 10 about seeing. There are lots of things to see, there are many free surprises : the world is full of pennies thrown here and there by a generous hand. But—and this is the point—what grown-up gets excited over a mere penny? If you follow one arrow, if you crouch motionless at a roadside to watch a moving branch and are rewarded by the sight of a deer shyly looking out, will you count that 15 sight something cheap, and continue on your way? It is dreadful poverty indeed to be too tired or busy to stop and pick up a penny. But if you cultivate a healthy poverty and simplicity of mind, so that finding a penny will have real meaning for you, then, since the world is in fact planted with pennies, you have with your poverty bought a lifetime of discoveries. 20

# 15

次の文章はある煉瓦（れんが）職人の手記である。筆者の仕事に対する態度の推移を 100 字から 120 字の日本文で書け。ただし句読点も字数に数える。

When I was younger, I considered myself fortunate to be a bricklayer. It was a skilled occupation from which I derived much artistic pleasure. There were two reasons for this. I found the job itself pleasurable and I felt I was performing a social service. The latter aspect was more evident when I was
5  engaged on housing, especially working-class housing. Slum dwellers, I thought, ought to be served first and these were mainly working-class people. At the time I felt this the government had a housing plan that was supposed to help the worst off first.

As I've grown older, the job has become more monotonous, owing partly to
10  new building techniques and partly to years of repetition. Perhaps age has something to do with it. I am becoming increasingly aware of aches and pains that were not present when I was younger. Perhaps disillusionment comes because of the way my employers and society treat me as a bricklayer. The employers treat me as a means to an end, seldom as a person. Something to be
15  thrown away like an old boot when no longer required.

I am now a better bricklayer than I was. I now feel no sense of artistic pleasure in my job. I keep laying bricks because this is the way to make the maximum of money. I feel no sense of being socially useful. Society does not seem to appreciate my efforts nor can I get any pleasure from working on these
20  monstrous structures we call office buildings and homes. My job could quite easily be done by machines and often is by concreting techniques. For a good many years now I have sold my skill, if it can still be called that, to whoever pays highest.

（注）　disillusionment：loss of idealistic hopes；disappointment

# 16　　　　　　　　　　　　　　　　　　　　　　2015 年度

次の英文の内容を，70〜80 字の日本語に要約せよ。句読点も字数に含める。

We like to think that humans are supremely logical, making decisions on the basis of hard data and not on impulse. But this vision of *homo economicus*—a person who acts in his or her best interest when given accurate information—has been shaken, especially by discoveries in the emerging field of risk perception. It has been found that humans have great difficulty in accurately 5 gauging risk. We have a system that gives us conflicting advice from two powerful sources—logic and instinct, or the head and the gut.

Our instinctive gut reactions developed in a world full of hungry wild animals and warring tribes, where they served important functions. Letting the amygdala (in the brain's emotional core) take over at the first sign of danger, 10 milliseconds before the neo-cortex (the thinking part of the brain) was aware that a spear was headed for our chest, was probably a very useful adaptation. Even today those gut responses save us from getting flattened by buses or dropping a brick on our toes. But our amygdala is not suited for a world where risks are measured by clicks on a radiation detector. 15

A risk-perception apparatus designed for avoiding wild animals makes it unlikely that we will ever run screaming from fatty food. "People are likely to react with little fear to certain types of objectively dangerous risk that evolution has not prepared them for, such as hamburgers, automobiles, and smoking, even when they recognize the threat at a conscious level," says one 20 researcher. Even Charles Darwin failed to break the amygdala's iron grip on risk perception. As an experiment, he placed his face up against the rattlesnake cage at the London Zoo and tried to keep himself calm and unmoved when the snake struck the plate glass. He failed.

A whole industry has developed around conquering the fear of flying, but 25 while we pray not to be one of the roughly five hundred annual airline casualties around the world, we give little thought to driving to the grocery store, even though more than one million people die in automobile accidents each year.

From *Discover*, October 3 © 2011 Kalmbach Publishing Co..

次の文の要旨を 50 字から 70 字の日本文で書け。ただし句読点も字数に数える。

No one can write a man's life but himself. The character of his inner being, his real life, is known only to himself, but in writing it he disguises it. Under the name of his life he makes an apology. He shows himself as he wishes to be seen, but not at all as he is. The sincerest persons are truthful at most in what they
5 say, but they lie by their silences. Things of which they say nothing so change what they pretend to confess that in uttering only a part of the truth they say nothing. A man may show himself with his faults but he is certain to give himself none but amiable ones, and there is no man who has not odious ones. He may paint his likeness but it is a profile. Who knows whether some ugly scar on
10 the cheek or an eye put out on the side which he conceals from us would not have totally changed the appearance of his face?

# 18

次の文を読み，その要旨を 80 字から 100 字までの日本語でしるせ。ただし句読点は字数にかぞえないでよい。

Human beings are born into the world as physically helpless creatures, who obviously require to be fed, kept warm and protected from danger. There is an increasing body of evidence that the mere physical care of infants is not enough. From birth onwards, a baby needs a relationship with a mother who will cuddle it, play with it and talk to it, if it is to develop satisfactorily : 5 disastrous consequences may result if a baby is deprived of adequate mothering. The baby's need for other people is absolute ; and it is probable that his experience of other people in the first few years of life is crucial in determining what kind of relationship he is able to make with others when he finally reaches adult status. If his early experience is predominantly good, he 10 will store within himself an image of human beings as potentially loving and friendly ; and this image will colour every subsequent intimate encounter which he makes with other persons. If his early experience is predominantly bad, the image formed will be of human beings as potentially hostile and damaging ; and he will have difficulty in making any intimate relationship for fear of being hurt 15 or rejected.

 （注） cuddle＝embrace warmly

    crucial＝very important ; decisive

# 19

　次の文の要旨を 100 字から 150 字までの範囲の日本文で書け。ただし句読点は字数にかぞえないでよい。

It is, and has been for a long time, the most prized of our national possessions : a sense of humour. How much and how often we congratulate ourselves upon it : what a moral support it has been to us throughout two wars, how it made us less worried by the coming of rationing and the dropping of
5　bombs, how since the war it has enabled us to look with tolerance on the diminishing of the Empire. A modern educated Briton will be ready to smile at the description of him as a communist or a reactionary, and he is likely to remain self-satisfied under the suggestion that the nation he belongs to is a second-class power : but it will be unwise to suggest to him that he lacks a
10　sense of humour. Those are fighting words. Such a national characteristic is bound to spill over into literature, and the most striking difference between the British and the American novel over the past half-century is the comic approach made by British novelists, compared with American novelists. It is through humour, using the word in the broad sense that we employ when
15　congratulating ourselves on the depth and variety of our own sense of humour, that the British imagination has found its characteristic form in modern novel.

　　*The British Imagination: A Critical Survey from The Times Literary Supplement* by Arthur Crook

# 20

次の(A)～(D)を読み，以下の設問に答えよ。

(A)  And it was an odd thing that whenever one of the employees was in trouble or needed advice, of all the people working in the place on whom he or she could have unburdened themselves it was invariably Robert who was singled out. Perhaps the secret lay in his ability to listen with his complete attention, as though your trouble was actually his, and the most important 5 thing in the world at that very moment was for him to help you in your struggle against it.

(B)  The tailor had two men and four women in his pay. The job was not a difficult one and I enjoyed (1)the mixed company. Soon I found that Robert was almost a necessity to the smooth running of the business. 10

(C)  As often as not the complainer would leave without waiting for Robert's comments—almost as though it had been enough to be allowed to talk without interruption, and the answer to one's problem had come easily and unhurriedly from within oneself, merely through the effort of expressing it to Robert. 15

(D)  At that time I lived next door to Robert Furbank, and it was he who came to my rescue when the rent was too overdue to be comfortable. Robert worked for a tailor, and (2)he put in a good word to his employer who gave me a part-time and very welcome job.

a ．(A)の部分に述べられていることの大要を，60 字から 80 字の範囲の日本文でしるせ。ただし句読点も字数にかぞえる。

b ．(A)，(B)，(C)，(D)が一貫した内容の文章になるためには，これらをどのような順序に配列すればよいか。次の中からもっとも適当なものを選び，イ，ロ，ハなどでしるせ。

イ．(A) (C) (B) (D)  　　ロ．(A) (D) (B) (C)  　　ハ．(B) (D) (C) (A)

ニ．(C) (A) (D) (B)  　　ホ．(D) (B) (A) (C)  　　ヘ．(D) (C) (B) (A)

c ．下線部(1)，(2)の意味を日本語で簡単に説明せよ。

# 21

次の文の大意を 100 字から 120 字の範囲の日本文でしるせ。ただし句読点も字数に
かぞえる。

The revivals of memory are rarely literal. We naturally remember what
interests us and because it interests us. The past is recalled not because of itself
but because of what it adds to the present. Thus the primary life of memory is
emotional rather than intellectual and practical. Savage man recalled
5 yesterday's struggle with an animal not in order to study in a scientific way the
qualities of the animal or for the sake of calculating how better to fight
tomorrow, but to escape from the dullness of today by regaining the thrill of
yesterday. The memory has all the excitement of the combat without its danger
and anxiety. To revive it and revel in it is to enhance the present moment with
10 a new meaning, a meaning different from that which actually belongs either to
it or to the past. Memory is vicarious experience in which there are all the
emotional values of actual experience without its strains and troubles. The
triumph of battle is even more vividly felt in the memorial war dance than at
the moment of victory ; the conscious and truly human experience of the chase
15 comes when it is talked over and re-enacted by the camp fire. At the time of
practical experience man exists from moment to moment, preoccupied with the
task of the moment. As he re-surveys all the moments in thought, a drama
emerges with a beginning, a middle and a movement toward the climax of
achievement or defeat.

（注）　vicarious experience：実際の経験のかわりになるもの

*Reconstruction in Philosophy* by John Dewey, Anodos Books

# 22

次の英文の要旨を 70〜80 字の日本語にまとめよ。句読点も字数に含める。

Rumours spread by two different but overlapping processes : popular confirmation and in-group momentum. The first occurs because each of us tends to rely on what others think and do. Once a certain number of people appear to believe a rumour, others will believe it too, unless they have good reason to think it is false. Most rumours involve topics on which people lack 5 direct or personal knowledge, and so most of us often simply trust the crowd. As more people accept the crowd view, the crowd grows larger, creating a real risk that large groups of people will believe rumours even though they are completely false.

In-group momentum refers to the fact that when like-minded people get 10 together, they often end up believing a more extreme version of what they thought before. Suppose that members of a certain group are inclined to accept a rumour about, say, the evil intentions of a certain nation. In all likelihood, they will become more committed to that rumour after they have spoken to each other. Indeed, they may move from being tentative believers to being absolutely 15 certain, even though their only new evidence is what other members of the group believe. Consider the role of the internet here : when people see many tweets or posts from like-minded people, they are strongly inclined to accept a rumour as true.

What can be done to reduce the risk that these two processes will lead us to 20 accept false rumours? The most obvious answer, and the standard one, involves the system of free expression : people should be exposed to balanced information and to corrections from those who know the truth. Freedom usually works, but in some contexts it is an incomplete remedy. People do not process information in a neutral way, and emotions often get in the way of truth. People 25 take in new information in a very uneven way, and those who have accepted false rumours do not easily give up their beliefs, especially when there are strong emotional commitments involved. It can be extremely hard to change what people think, even by presenting them with facts.

# 23

次の英文を読み，全文を 80 字～100 字の日本語に要約せよ。要約にあたっては，解答欄の書き出し（Self-handicapping とは）に従って "self-handicapping" を定義し，それについての筆者の見方をまとめること。ただし，句読点も字数に数える。

Bad luck always seems to strike at the worst possible moment. A man about to interview for his dream job gets stuck in traffic. A law student taking her final exam wakes up with a blinding headache. A runner twists his ankle minutes before a big race. Perfect examples of cruel fate.

5　Or are they? Psychologists who study unfortunate incidents like these now believe that in many instances, they may be carefully arranged schemes of the subconscious mind. People often engage in a form of self-defeating behaviour known as self-handicapping—or, in simple terms, excuse-making. It's a simple process : by taking on a heavy handicap, a person makes it more likely that he or she will fail at an endeavour. Though it seems like a crazy thing to do, it is actually a clever trick of the mind, one that sets up a difficult situation which allows a person to save face when he or she does fail.

A classic self-handicapper was the French chess champion Deschapelles, who lived during the 18th century. Deschapelles was a distinguished player who quickly became champion of his region. But when competition grew tougher, he adopted a new condition for all matches : he would compete only if his opponent would accept a certain advantage, increasing the chances that Deschapelles would lose. If he did lose, he could blame it on the other player's advantage and no one would know the true limits of his ability ; but if he won against such odds, he would be all the more respected for his amazing talents.

Not surprisingly, the people most likely to become habitual excuse-makers are those too eager for success. Such people are so afraid of being labeled a failure at anything that they constantly develop one handicap or another in order to explain away failure. True, self-handicapping can be an effective way of coping with anxiety for success now and then, but, as researchers say, it makes you lose in the end. Over the long run, excuse-makers fail to live up to their true potential and lose the status they care so much about. And despite their protests to the contrary, they have only themselves to blame.

Copyrighted 1993. *U.S. News & World Report.* 2183162:1220JG

# 24

次の文章を読み，第二節（Now what … the rules of football.）の大意を 100 字〜120 字の日本文で書け。ただし句読点も字数にかぞえる。

Every one has heard people quarrelling. Sometimes it sounds funny and sometimes it sounds merely unpleasant; but however it sounds, I believe we can learn something very important from listening to the kind of things they say. They say things like this: "How'd you like it if anyone did the same to you?"—"That's my seat, I was there first"—"Leave him alone, he isn't doing you any harm"—"Why should you shove in first?"—"Give me a bit of your orange, I gave you a bit of mine"—"Come on, you promised." People say things like that every day, educated people as well as uneducated, and children as well as grown-ups.

Now what interests me about all these remarks is that the man who makes them is not merely saying that the other man's behaviour does not happen to please him. He is appealing to some kind of standard of behaviour which he expects the other man to know about. And the other man very seldom replies: "To hell with your standard." Nearly always he tries to make out that what he has been doing does not really go against the standard, or that if it does there is some special excuse. He pretends there is some special reason in this particular case why the person who took the seat first should not keep it, or that things were quite different when he was given the bit of orange, or that something has turned up which lets him off keeping his promise. It looks, in fact, very much as if both parties had in mind some kind of Law or Rule of fair play or decent behaviour or morality or whatever you like to call it, about which they really agreed. And they have. If they had not, they might, of course, fight like animals, but they could not quarrel in the human sense of the word. Quarrelling means trying to show that the other man is in the wrong. And there would be no sense in trying to do that unless you and he had some sort of agreement as to what Right and Wrong are; just as there would be no sense in saying that a footballer had committed a foul unless there was some agreement about the rules of football.

*Mere Christianity* by C. S. Lewis, HarperCollins Publishers

## 25

2008 年度

次の英文の内容を，70～80 字の日本語に要約せよ。句読点も字数に含める。

One serious question about faces is whether we can find attractive or even pleasant-looking someone of whom we cannot approve. We generally give more weight to moral judgments than to judgments about how people look, or at least most of us do most of the time. So when confronted by a person one has a
5 low moral opinion of, perhaps the best that one can say is that he or she *looks* nice—and one is likely to add that this is only a surface impression. What we in fact seem to be doing is reading backward, from knowledge of a person's past behavior to evidence of that behavior in his or her face.

We need to be cautious in assuming that outer appearance and inner self
10 have any immediate relation to each other. It is in fact extremely difficult to draw any conclusions we can trust from our judgments of a person's appearance alone, and often, as we gain more knowledge of the person, we can discover how wrong our initial judgments were. During Hitler's rise and early years in power, hardly anyone detected the inhumanity that we now see so
15 clearly in his face. There is nothing necessarily evil about the appearance of a small man with a mustache and exaggerated bodily movements. The description would apply equally well to the famous comedian Charlie Chaplin, whose gestures and mustache provoke laughter and sympathy. Indeed, in a well-known film Chaplin plays the roles of both ordinary man and wicked
20 political leader in so similar a way that it is impossible to tell them apart.

"About Face" from *The Middle of My Tether: Familiar Essays* by Joseph Epstein, W. W. Norton & Company Inc.

# 26

次の英文の要旨を，100〜120字の日本語にまとめよ。句読点も字数に含める。

The notion of "imagined family" helps us to understand how group feelings can be extended beyond real family. Because humans evolved in small groups whose members were closely related, evolution favored a psychology designed to help out members of our close families. However, as human societies developed, cooperation between different groups became more important. By 5 extending the language and sentiments of family to non-family, humans were able to create "imagined families"—political and social communities able to undertake large-scale projects such as trade, self-government, and defense.

By itself, though, this concept still can't explain why we consider all members of such a community to be equal. Imagined family differs from real family not 10 only by the lack of genetic ties, but also by the lack of distinction between near and distant relatives. In general, all members of a brotherhood or motherland have equal status, at least in terms of group membership, whereas real family members have different degrees of relatedness and there is no fixed or firm way of defining family membership or boundaries. We need to search for a 15 more fundamental factor that unites people and creates a strong bond among them.

At a deeper level, human communities are united by a well-known psychological bias which is believed to be universal. Studies of childhood development across cultures indicate that people everywhere tend to attribute 20 certain essential qualities to human social categories such as race, ethnicity, or dress. This mental attitude has been used to generate notions of "in-group" versus "out-group," and to give coherence to a group where initially there was none, dramatically enhancing the group's chance of survival. However, this can also lead us to see an "out-group" as a different biological species, increasing the 25 risk of hostility and conflict. Throughout history, and likely through human prehistory, people have routinely organized themselves to fight or dominate others by seeing them as belonging to a different species.

## 27

次の英文の内容を，65〜75 字の日本語に要約せよ。句読点も字数に含める。

Democracy is unthinkable without the ability of citizens to participate freely in the governing process. Through their activity citizens in a democracy seek to control who will hold public office and to influence what the government does. Political participation provides the mechanism by which citizens can
5 communicate information about their interests, goals, and needs, and create pressure to respond.

Voice and equality are central to democratic participation. In a meaningful democracy, the people's voice must be clear and loud—clear so that policymakers understand citizen concerns and loud so that they have to pay
10 attention to what is said. Since democracy implies not only governmental action in response to citizen interests but also equal consideration of the interests of each citizen, democratic participation also must be equal.

No democratic nation—certainly not the United States—lives up to the ideal of participatory equality. Some citizens vote or engage in more active forms of
15 participation. Others do not. In fact, a majority of Americans undertake no other political activity aside from voting. In addition, those who do take part are in important ways not representative of the citizenry as a whole. They differ in their social characteristics and in their needs and goals. Citizen activists tend to be drawn more from more advantaged groups—to be well-educated and
20 wealthy and to be white and male. The voice of the people as expressed through participation thus comes from a limited and unrepresentative set of citizens.

# 28

次の英文は，日本のニュース番組についての，ある外国人の評論である。これを読んで下の設問に答えよ。

In Japanese television programs, we see a commentator at one side of the small screen and an assistant at the other. The commentator is usually male and middle-aged. The assistant is usually female, young and often pretty. He comments on various topics, and she assists. However, she assists so little that, to our eyes, she might as well not be there at all. She only nods at the camera 5 when he makes his various statements, and says *So desu ne* when he makes an important point. She never presents an idea of her own. To many Americans watching these two, the situation might seem quite strange indeed. We are certainly used to double commentators, but usually each commentator really comments and both are equals. In this common style of Japanese television, 10 (1)the pretty girl seems absolutely unnecessary. We fail to understand her role. Yet (2)she has a very important one.

A commentator is, by definition, giving his opinion. In the West this is quite enough. In Japan, however, to give an opinion in public is to appear too self-centered, and this is a fault in a society where unity of opinion is an important 15 value. The attractive, nearly silent, young assistant emphasizes this value. Her nods and expressions of agreement indicate that he is not alone in his opinion and that therefore he is not merely self-centered. Rather, he is stating a truth, since at least one person agrees with what he says. At the same time she introduces harmony by indicating that we all agree—after all, it is to us that she 20 is nodding—and the desired unity of opinion has already been reached.

From *The Donald Richie reader: 50 years of writing on Japan* by Donald Richie, Stone Bridge Press

(1) 下線部(1)の理由を 5 ～15 字の日本語で記せ。

(2) 下線部(2)の「重要な役割」とはどのような役割であると述べられているか。日本の文化の特質という観点から 40～50 字の日本語で記せ。

## 29                                                           ◀ 1965 年度 ▶

　次の文を読み，'Industrial Revolution' という用語が必ずしも適当と考えられてい
ない理由を 60 字から 80 字までの字数で書け。ただし句読点は字数にかぞえないでよ
い。

　　The term 'Industrial Revolution' has been a little disparaged lately by
historians. When using it, it is prudent to add the qualifying 'so-called'. And
though it would clearly be impossible to overrate the coming of industrialism
which has transformed the country and moulded the lives of its inhabitants, we
5　know now that the changes were gradual—they had been coming for centuries.
Evolution, perhaps, would be a better word than revolution. It is quite
impossible to take a date, say 1760, and say 'here begins the Industrial
Revolution'—and equally unsound to make it end somewhere about 1830 or
even 1850. The process of industrialization began before the eighteenth century,
10　and has been going on at an increasing rate ever since. And why industrial, it is
even asked, since it is impossible to separate changes in industry from changes
in population, in transport, in agriculture, and in social structure. Each acted
and reacted on the other. Again, though the inter-relation is less direct, the
changes in the spirit of the age and in literary fashion are all connected with
15　the growth of an urban civilization and the increasing command over Nature.

　　（注）　disparage＝throw doubt and discredit on
　　　　　　overrate＝put too high a value on
　　　　　　urban＝of cities

# 30

次の英文の内容を 80 字〜100 字の日本語に要約せよ。ただし，句読点も字数に含める。

From the outset, our civilisation has been structured in large part around the concept of work. But now, for the first time in history, human labour is being systematically eliminated from the economic process, and, in the coming century, employment as we have come to know it is likely to disappear. The introduction of a new generation of advanced information and communication 5 technologies, together with new forms of business organisation and management, is forcing millions of workers into temporary jobs and unemployment lines. While unemployment is still relatively low, it can be expected to climb continuously over the coming decades as the global economy fully enters the Information Age. We are in the early stages of a long-term shift 10 from mass labour to highly skilled "elite labour", accompanied by increasing automation in the production of goods and the delivery of services. Factories and companies without a workforce are beginning to appear. These developments, however, do not necessarily mean a dark future. The gains from this new technological revolution could be shared broadly among all the people, 15 by greatly reducing the working week and creating new opportunities to work on socially useful projects outside the market economy.

# 31

次の英文の内容を，70〜80 字の日本語に要約せよ。句読点も字数に含める。

As many developed countries become the destination for immigrants—people coming from other lands in search of better opportunities—the ethnic mix is changing and with this has come the fear of the loss of national identity as represented in a shared national language and common values. Anxiety is
5 growing about what appears to be the increasing separateness of some ethnic communities. Surveys in the USA, for example, have found that immigrants who have little or no mastery of English and who primarily rely on Spanish in their homes and work lives have strikingly different opinions from English speakers about controversial social issues such as divorce and homosexuality.

10 There is, however, another side to such separate, parallel lives. We now live in a world in which immigrants do not have to break connections with friends and family to begin the generations-long process of adopting a new identity. Not only is it possible to retain close contact with the 'home' community on a daily basis via email and telephone, but it is also possible for people to read the same
15 newspapers as those being read in the community they have left, watch the same television programmes on satellite television, or borrow the same films on DVD.

Social network ties which were broken in previous generations are everywhere becoming reconnected. Families and communities which were
20 separated generations ago are finding each other once again. Ties are being reconnected, helping to create a different type of society: one which is more spread out and less dependent on geographic closeness.

From *English Next* by David Graddol, British Council

# 32

以下の英文は，高齢者にやさしい（age-friendly）町づくりを促進するための世界的な取り組みについて論じたものである。この文章の内容を 70〜80 字の日本語で要約せよ。句読点も字数に含める。

The age-friendly community movement has emerged as a powerful response to the rapidly growing aging population. Although definitions of "age-friendly community" vary, reflecting multiple approaches and methods, many models highlight the importance of strengthening social ties and promote a vision that takes into account all ages. For example, Kofi Annan, who served as the seventh Secretary-General of the United Nations, declared in the opening speech at the UN International Conference on Aging in 1999, "A Society for All Ages embraces every generation. It is not fragmented, with youths, adults, and older persons going their separate ways. Rather, it is age-inclusive, with different generations recognizing and acting upon their common interests."

The World Health Organization and other international organizations further articulate this premise by defining aging as a lifelong process: "We are all aging at any moment in our life and we should all have the opportunity to do so in a healthy and active way. To safeguard the highest possible quality of life in older age, WHO endorses the approach of investing in factors which influence health throughout the life course."

In practice, however, the age-friendly community movement has focused primarily upon the needs and interests of older adults and their caregivers and service providers. In doing so, it has failed to gather enough data from youth and families about what produces good living conditions in a city or about opportunities for and barriers against working together with older adults.

What accounts for this gap between vision and practice? One answer may lie in the common assumption of the age-friendly community movement that what is good for older adults is good for everyone. In other words, if the age-friendly movement succeeds in making communities suitable for older adults, those communities will then be suitable for all generations. While there are many shared interests among different generations, recent studies in the United

States and Europe indicate that young adults and older adults differ in their voting patterns and attitudes more than at any time since the 1970s. These
30 studies suggest that in order to fully understand what constitutes a city that is friendly to people at different stages of the aging process, it is critical to gather data from multiple generations about what makes a city good for both growing up and growing older.

From The Global Age-Friendly Community Movement: A Critical Appraisal by Corita Brown and Nancy Henkin, Berghahn Books

# 33

　次の文は英国の物理学者が米国の科学界を視察した際の感想である。その主旨を80字から100字までの範囲の日本文で書け。ただし句読点も字数にかぞえる。

　What the American scientist has, above all, is energy and activity. He is not a shy and unsociable person hidden in the dim corners of a dusty cellar. Not infrequently you will find him crossing the continent by jet plane, giving lectures 1,000 miles from home, or meeting hundreds of others at a conference. There are always people coming and going, ceaselessly discussing the latest experiment or theory, arguing in front of a blackboard or over cups of coffee. There is a thick web of communication so that everyone knows what everyone else is doing, and every bit of scientific knowledge spreads rapidly from one laboratory to another. Of course, all this is extremely valuable, and some people, original, quick-witted, fluent in thought and word, thrive in this atmosphere. Yet I think it has its dangers. Scientific work is not easy, and a really deep idea is unlikely to come in the hour or so that one may spend talking with a particular person on a particular topic. An atmosphere of intellectual bustle is not favourable to quiet concentration, to unhurried experiments, to brooding over a single problem. There is always the temptation to jump on the latest band wagon, instead of making a thorough study of a narrow field.　And I am afraid originality seems sometimes to be emphasized too much in America, and is often not easily distinguishable from superficial brilliance.

　（注）　to jump on the band wagon：to join in what is likely to be a fashionable
　　　　movement

# 34

次の文の要旨を80字から100字の日本語で書け。ただし句読点も字数に数える。

The notion that every problem can be studied as such with an open and empty mind, without knowing what has already been learned about it, must condemn men to a chronic childishness. For no man, and no generation of men, is capable of inventing for itself the arts and sciences of a high civilization. No
5 one, and no one generation, is capable of rediscovering all the truths men need, of developing sufficient knowledge by applying a mere intelligence, no matter how acute, to mere observation, no matter how accurate. The men of any generation, as a French philosopher once put it, are like dwarfs seated on the shoulders of giants. If we are to "see more things than the ancients and things
10 more distant" it is "due neither to the sharpness of our sight nor the greatness of our stature" but "simply because they have lent us their own." For individuals do not have the time, the opportunity or the energy to make all the experiments and to discern all the significance that have gone into the making of the whole heritage of civilization. In developing knowledge men must
15 collaborate with their ancestors. Otherwise they must begin, not where their ancestors arrived but where their ancestors began. If they exclude the tradition of the past from the curriculums of the schools they make it necessary for each generation to repeat the errors rather than to benefit by the successes of preceding generations.

（注） collaborate：work together

# 35

次の文章を読み，その要旨を 80 字から 100 字の日本文で書け。ただし，句読点も
字数に数える。

It is a matter of argument whether we should wonder at the speed with
which human kind has mastered a hostile environment, and so created the
industrialized world we now inhabit, or, alternatively, despair at the almost
agonizing slowness with which primitive man raised himself from such a low
position to one of comparative plenty. The "take-off" to self-sustaining industrial 5
growth was achieved towards the end of the eighteenth century. Yet the initial
take-off to settled societies, when man (*homo sapiens*) first began to exploit his
biological resources as a rational creature, took place as long ago as the New
Stone Age. It was then that the key discoveries were made, or rather came into
widespread use : how to grow crops ; how to herd, breed and exploit animals ; 10
how to use tools ; how to pass from mere defence against nature to attack ; and
in particular how to organize the collective power of the group. These gigantic
intellectual leaps, which involved the concept of planning and the development
of a sense of time, were more difficult than anything we have performed since.
Hence our wonder. But we are also bound to ask why it was that Stone-Age 15
man, having broken through the prison of his environment at a number of
related points, took such a long time to make full use of his victories. Should not
the process of the ever-increasing speed of development have begun thousands
of years ago, instead of a mere hundred?

*Enemies of Society* by Paul Johnson, Weidenfeld & Nicolson

# 36

次の文の要旨を 100 字から 120 字までの範囲の日本文で書け。ただし句読点も字数にかぞえる。

I could not feel myself to be actively involved in the currents of political events in the world, because I could not find any bearing of society on my own destiny. But my feeling about the political situation of the world I was living in was something more than one of isolation. I was violently in revolt against it.
5 And it was a negative revolt. I did not involve myself in any efforts to better the situation. I had no sense of responsibility for it. All I wanted was the peace and quiet to develop and enjoy myself in spite of it. It was not, however, an attitude that was easy to sustain. It is not in the nature of things that a man should pursue his spiritual advancement outside of any social context. Today a
10 man must be blind to ignore the fact that mankind is committed to a common destiny and is threatened as a whole by the consequences of total war. I am in the world and I cannot give back my entrance ticket. Nor can I be neutral. I have to define what I am for and what against. To be neutral is impossible, because neutrality produces its effects and they are harmful ones. If I stand for
15 survival I must be prepared to work for it, because if we do not work for it we cannot obtain it and if we do not obtain it, its contrary, destruction, will follow.

# 37

次の英文の内容を，60～70 字の日本語に要約せよ。句読点も字数に含める。

There are estimated to be about 5,000 languages currently spoken in the world today, depending on which you count as dialects and which as distinct languages. To these, you can perhaps add a handful of 'dead' languages that are still taught in schools (ancient Greek and Latin) or used in religious services (Sanskrit and Ge'ez). Linguists expect that well over half of all these languages 5 will become extinct, in the sense of having no native speakers, within the next half-century. They are mostly languages which currently have fewer than a thousand native speakers, most of whom are already elderly. The time may come, it has even been suggested, when the world will be dominated by just two languages; on present performance, these will almost certainly be English 10 and Chinese. The loss of all these languages will, of course, be a pity. As we lose them, we lose fragments of our past, for languages represent the history of peoples, the accumulation of their experiences, their migrations and the invasions they have suffered.

But this observation overlooks one curious feature of human behaviour: our 15 tendency to generate new dialects as fast as we lose others. English has spread around the globe to become the common language for trade, government and science, as well as the national language of countries on every continent; yet, at the same time, many local dialects have developed whose speakers can hardly understand each other. Most linguists now recognize Pisin (the 'pidgin English' 20 of New Guinea), Black English Vernacular (a form of English mainly spoken by blacks in the major cities of the US), Caribbean Creoles (the English of the various Caribbean islands) and Krio (the Creole of Sierra Leone in West Africa) and even Scots (the English spoken in the Scottish lowlands) as distinct languages. 25

*Grooming, Gossip and the Evolution of Language* by Robin Dunbar, Faber & Faber

# 38

　以下の英文を読み，ヨーロッパで生じたとされる変化の内容を 70〜80 字の日本語で要約せよ。句読点も字数に含める。

　In pre-industrial Europe, child labor was a widespread phenomenon and a significant part of the economic system. Until and during the nineteenth century, children beyond six years of age were required to contribute to society according to their abilities. From about the age of seven, they began a slow
5　entry into the world of work, a world inhabited by both adults and children. The concepts of education, schooling, and protection against hazards were rare or entirely absent. In the early nineteenth century, children were also mostly viewed as the personal property of their parents, with few or no legal rights. Parents, mainly fathers, were given unlimited power and control over them and
10　were allowed to treat them as they wished ; physical punishment was almost universal and socially accepted.

　This situation began to change as the nineteenth century progressed. Particularly in the half-century from 1870 to 1920, the rights of children in relation to parents, employers, and others expanded in the form of legal
15　protection. Gradually, children began to be perceived as a separate category and not simply as the property of adults. The view that children have no more than economic value began to change and be replaced by the perception that they are a unique group that society has the responsibility to support and protect from the various dangers they face.

20　Another change in this period was the protection of children from parental abuse and neglect, which were subjected to intense scrutiny and challenged increasingly by government authorities. In 1889, both France and Great Britain passed laws against cruelty to children, including that caused by their parents. The nation became the defender of children's rights. The child's right to
25　protection then led to the right to provision of various sorts, with the national government responsible for providing services. Health care, acceptable housing, and playgrounds—together with freedom from work and access to public schooling—emerged as elements of children's rights.

　　*Children's Rights and Social Work* by Hanita Kosher, Asher Ben-Arieh, and Yael Hendelsman, Springer

# 39

次の英文の要旨を，70〜80 字の日本語にまとめよ。句読点も字数に含める。

According to one widely held view, culture and country are more or less interchangeable. For example, there is supposed to be a "Japanese way" of doing business (indirect and polite), which is different from the "American way" (direct and aggressive) or the "German way" (no-nonsense and efficient), and to be successful, we have to adapt to the business culture of the country we are doing business with.

A recent study has challenged this approach, however. Using data from 558 previous studies over a period of 35 years, this new research analyzed four work-related attitudes: the individual versus the group; the importance of hierarchy and status; avoiding risk and uncertainty; and competition versus group harmony. If the traditional view is correct, differences between countries ought to be much greater than differences within countries. But, in fact, over 80 % of the differences in these four attitudes were found within countries, and less than 20 % of the differences correlated with country.

It's dangerous, therefore, to talk simplistically about Brazilian culture or Russian culture, at least in a business context. There are, of course, shared histories and languages, shared foods and fashions, and many other shared country-specific customs and values. But thanks to the many effects of globalization—both in human migration and the exchange of technologies and ideas—it's no longer acceptable to generalize from country to business culture. A French businessperson in Thailand may well have more in common with his or her Thai counterparts than with people back in France.

In fact, occupation and socioeconomic status are much better predictors of work values than country of origin. A hundred doctors from different countries, for example, are much more likely to share attitudes than a hundred Britons from different walks of life. Language aside, a truck driver in Australia is likely to find an Indonesian truck driver more familiar company than an Australian lawyer.

Successful negotiation depends on being able to predict the actions of the other party. In an international context, to the extent that our judgments arise from ideas about national characteristics, we are likely to make the wrong predictions and respond inappropriately. Cultural stereotyping by country is just bad business.

## 40

　次の英文を読み，「オーラル・ヒストリー」の特徴と影響を 100〜120 字の日本語に要約せよ。句読点も字数に含める。

　In the second half of the twentieth century, oral history has had a significant impact upon contemporary history as practised in many countries. While interviews with members of social and political elites have expanded the range of existing documentary sources, the most distinctive contribution of oral
5 history is that it includes within the historical record the experiences and perspectives of groups of people who might otherwise have been 'hidden from history'. Although such people may in the past have been written about by social observers or in official documents, their own voices have only rarely been preserved—usually in the form of personal papers or pieces of autobiographical
10 writing. Through oral history interviews, working-class men and women, and members of cultural minorities, among others, have added their experiences to the historical record, and offered their own interpretations of history. Moreover, interviews have documented particular aspects of historical experience which tend to be missing from other sources, such as personal relations, domestic
15 work or family life, and they have resonated with the subjective or personal meanings of lived experience.

　Oral history has challenged the historical enterprise in other ways. Oral historians have had to develop skills required for the creation of recorded interviews, and to learn from different academic fields—including sociology,
20 anthropology, psychology and linguistics—to better understand the narratives of memory. Most significantly, oral history is based on an active human relationship between historians and their sources, which can transform the practice of history in several ways. The narrator not only recalls the past but also asserts his or her interpretation of that past ; and thus, in participatory oral
25 history projects, the interviewee can be a historian as well as the source. Moreover, for some who practise it, oral history has gone beyond just making histories. In certain projects a primary aim has been the empowerment of individuals or social groups through the process of remembering and reinterpreting the past.

# 41

次の英文の内容を 60〜70 字の日本語に要約せよ。ただし，句読点も字数に数える。

Traditional grammar was developed on the basis of Greek and Latin, and it was subsequently applied, with minimal modifications and often uncritically, to the description of a large number of other languages. But there are many languages which, in certain respects at least, are strikingly different in structure from Latin, Greek and the more familiar languages of Europe such as French, English and German. One of the principal aims of modern linguistics has therefore been to construct a theory of grammar which is more general than the traditional theory—one that is appropriate for the description of all human languages and is not biased in favor of those languages which are similar in their grammatical structure to Greek and Latin.

*Noam Chomsky* by John Lyons, Viking Adult

# 42

次の文を読み，要旨を二つに分けて，それぞれ，(1)「普通教育普及の弊害は……」
(2)「その弊害をのぞく可能性は……」という書き出しで，(1)は 45 字から 75 字まで，
(2)は 30 字から 50 字までの字数でしるせ。ただし指定の書き出しの文句も字数に入れ
る。(句読点は字数に入れない。)

　Our modern system of popular education was indeed indispensable and has
conferred great benefits on the country, but it has been a disappointment in
some important respects. Generally speaking, it has produced a vast population
able to read but unable to distinguish what is worth reading, an easy prey to
5　sensations and cheap appeals. Consequently both literature and journalism have
been to a large extent debased since 1870, because they now entertain millions
of half-educated and quarter-educated people, whose forbears, not being able to
read at all, were not the patrons of newspapers or of books. The small highly
educated class no longer sets the standard to the extent that it used to do, and
10　tends to adopt the standards of the majority. Whether in the twentieth or
twenty-first century the lower forms of literature and journalism will
completely devour the higher has yet to be seen. If they do not, it will be due to
improved Secondary and Higher Education forming a sufficiently large class to
perpetuate a demand for things really worth reading.

　(注)　forbears＝ancestors
　　　　perpetuate＝preserve, keep up

# 43

　次の文の要旨を 125 字から 175 字までの範囲の日本文で書け。ただし句読点は字数にかぞえないでよい。

Parents and children in Britain can freely choose between non-State schools and the schools of the State. It is here that the difference of opinion may possibly arise in the future. It is not all who believe that freedom of choice among alternatives is the essence of democracy in education, as in everything else. There are some who believe that democracy demands that all schools ⁵ should be schools of the State and all should alike attend those schools. If democracy means above all equality, and even uniformity, the present system of education in Britain is not consistent with democracy. If democracy means above all liberty, and if it therefore means, in the field of education, the liberty of parents and children to choose among alternatives, the present system of ¹⁰ education *is* democratic. But many of us who hold the latter view would not be content to stop there. We should admit, and indeed we should assert, that a liberty of choice which permits only the wealthy to choose some of the types of education is *not* real liberty, and *not* true democracy.

## 44

次の文の大意を 80 字から 100 字の日本文で書け。ただし句読点も字数にかぞえる。

I love comedians, the highest and the lowest. I love caricatures, too. My distaste for comics, however, is complete, utter, absolute. Let me quickly admit that I am low enough, and sometimes defeated enough, as a parent, to make use of comics. I mean in desperate moments when, of a rainy Sunday morning or
5　afternoon, I want peace in the home. Or when I am traveling with my two sons on a train and need to subdue them. Then—yes, I'll confess it—then I do resort to comics. Without shame. Without conscience. I'll also grant that so long as other people's children read comics we have scant hope, and perhaps less right, to keep our own from doing so. It would be unfair for us to deny to our children
10　what is now a group experience and, when they have grown up, will have become a group memory of their generation. For all that, I hate to see my sons absorbed by the comics. What irritates me is my awareness of what they are not reading, and could be reading. In other words, of the more genuine and deeper pleasures they could be having. I won't and can't deny that comic books
15　fascinate the young. But, as a writer, I resent the way in which they get along with the poorest kind of writing. I hate their lack of both style and ethics. I hate their bad grammar and their cheap thrills. I despise them, because they have no subtlety, and certainly no beauty. Their power of attraction, I believe, lies in the fact that they make everything too easy.

# 45

「蛍光ペン」について論じた次の英文を読み，全文を 70〜80 字の日本語に要約せよ。ただし，句読点も字数に数える。

The use of highlighters—those marking pens that allow readers to emphasize passages in their books with transparent overlays of bright color—is significantly affecting the education of university students by distorting and cheapening the way many read.

While some students still read without using any kind of marker, and some 5 continue to use pens or pencils, most have switched to highlighters. The most common use of highlighters is for simply marking, with a colorful coating over the words, the main points of a text that the student needs to read. While this might seem harmless, such highlighter use in fact encourages passive reading habits—a mindless swallowing of words that pass through the reader without 10 making any lasting impression. This can have a serious effect on young adults who very much need to learn to read actively, critically, and analytically.

It might be objected, with some justification, that the use of a pencil or pen could also bring about the same result. It is nevertheless proper to hold the highlighter responsible for the actual decline in reading skills. When a pencil or 15 pen is used for a highlighting (that is, underlining) purpose, it is ordinarily used also for writing notes in the margins, a process that greatly intensifies the reader's involvement with the text. The highlighter is practically useless for this purpose.

The problem with highlighters by Lawrence A. Beyer, *Academic Questions Fall 1990 Volume 3 Issue 3*, National Association of Scholars

## 46

次の文の論旨を 80 字から 100 字までの範囲の日本文で書け。ただし句読点も字数にかぞえる。

　　What has made nonsense of most modern education in North America is simply the misapplication of the democratic belief that all men are created equal. Nobody believes this in anything that matters to the common man : the common man does not for an instant believe that an untrained fighter is the
5　equal of the trained one, or that a boy with slow reflexes can play baseball like Babe Ruth or Ted Williams. But in education it is convenient to believe that all men are created equal, and this has been the main difficulty ever since any of us alive can remember. In order to be true to the democratic idea, our schools for years have supported a system in which excellence has been sacrificed. The
10　intelligence level of the not too bright literally controls the curriculum, and able pupils are compelled to do their work at the slow learners' pace. This was already the case when I went to school. Since then a flood of new theories has invaded the system with results which would have horrified even the liberal teachers and parents of my day. In some educational philosophies it is argued
15　that it is practically a form of cruelty to expose a dull or lazy child to the competition of excellence, so giving grades such as A, B, or C is abolished. Failure, it is claimed, will turn the dull boy into a neurotic. It never occurs to people who think like this that frustration will do the same for the excellent boy.

　（注）　reflexes 反射（いわゆる運動神経）　neurotic 神経症患者
　　　　frustration 欲求不満

# 47

次の英文の内容を，80〜100 字の日本語に要約せよ。句読点も字数に含める。

We usually think of the meaning of a poem—or any other literary work—as having been created and fixed by the writer ; all we readers have to do is find out what the author intended to say. However, although it is indeed the poet who gives verbal form to his or her idea or vision, it is the reader who translates this verbal shape into meaning and personal response. Reading is in reality a creative process affected by the attitudes, memories, and past reading experiences of each individual reader. It is this feature of reading which allows for the possibility of any poem having more than one interpretation.

This emphasis on the reader as the source of meaning can, however, be problematic since it is sometimes difficult to draw the line between what we can all agree is a reasonable interpretation and one that appears wild and unjustifiable. Readers often seem eager to produce their own meanings out of their encounters with poems, meanings which, however reasonable or satisfying they are to the readers themselves, may not have been intended by the poet and may not be shared by other readers.

So who actually has the authority to determine meaning? Any strict distinction made between the reader and the writer as the source of meaning is not helpful. Of course, it is in some ways useful to think about and to discuss the differences in the contributions of reader and writer, but this does not alter the fundamental fact that reading is a kind of interaction. It would be misleading to think that the meaning or value of a poem was under the exclusive control of one or the other.

## 48

次の文を読み，その要旨を 80 字から 100 字の日本文で書け。ただし，句読点も字数に数える。

If history is regarded as just the record of the past, it is hard to see any grounds for claiming that it should play any large role in the curriculum of elementary education. The past is the past, and the dead may be safely left to bury their dead. There are too many urgent demands in the present, too many
5  calls over the threshold of the future, to permit the child to become deeply absorbed in what is forever gone by. Not so when history is considered as an account of the forces and forms of social life. Social life we have always with us; the distinction of past and present is indifferent to it. Whether it was lived just here or just there is a matter of slight moment. It is life for all that; it shows
10  the motives which draw men together and push them apart, portrays what is desirable and what is hurtful. Whatever history may be for the scientific historian, for the educator it must be an indirect sociology—a study of society which reveals its process of becoming and its modes of organization. Existing society is both too complex and too close to the child to be studied. He finds no
15  clues into its labyrinth of detail and can mount no heights from which to get a perspective of its arrangement.

(注)  labyrinth：迷宮

*The School and Society and The Child and the Curriculum* by John Dewey, The University of Chicago Press

# 49 2011 年度

次の英文の内容を，70～80 字の日本語に要約せよ。句読点も字数に含める。

Familiarity with basic science is more important than ever, but conventional introductory courses in science do not always provide the necessary understanding. Though knowledge itself increasingly ignores boundaries between fields, professors are apt to organize their teaching around the methods and history of their academic subject rather than some topic in the world. Science courses should instead be organized around content rather than academic field: the physical universe, rather than physics or astronomy or chemistry, and living things, rather than biology.

Psychology has shown that the mind best understands facts when they are woven together into a conceptual fabric, such as a story, a mental map, or a theory. Facts which are not connected together in the mind are like unlinked pages on the Web: they might as well not exist. Science has to be taught in a way that knowledge is organized, one hopes permanently, in the minds of students.

One possibility is to use time as a framework for organizing teaching. The big bang which started the universe marks the origin of the subject matter of physics; the formation of the solar system and the earth was the beginning of earth sciences such as geology; biology came into being with the emergence of life. And if we begin to teach in this way, a science curriculum organized in terms of time could naturally lead into teaching world history and the history of civilizations and ideas, thus potentially unifying an entire general education curriculum.

From *Slate*, November 16 © 2005 The Slate Group.

3

「教育・ことば」を味わう

## 50

次の英文の内容を 80〜100 字の日本語に要約せよ。句読点も字数に含める。

What is the best way to protect the environment? Basically, there are two groups who give two different answers to this question. The answers they give depend on how they think the worth of nature can be determined. One group insist that the value of an untouched rain-forest, for example, or of an
5 unpolluted river, simply cannot be calculated in terms of money. Such things, they therefore argue, must be protected from any industrial or economic use. Thus, they think the best way of saving the environment is to pass strong laws against pollution and the unwise use of nature.

The other group, however, say that it is better to rely upon market forces to
10 achieve the same goal. They believe that it *is* possible to calculate how much the environment is worth; for example, according to their figures, pollution costs Europe five per cent of its GNP. They think that this cost should be paid by those who cause the pollution. In other words, companies should be taxed according to how much pollution they cause, so that they will be encouraged to
15 use cleaner technologies and make cleaner products. If they don't do this, they will go out of business, because if polluting products cost more, people will buy fewer of them. Pollution taxes of this kind would send a signal to industrialists and consumers that pollution does not make economic sense, while the prevention of pollution does.

# 51

次の文を読み，その要旨を 90 字から 110 字の日本文で書け。ただし，句読点も字数に数える。

All animals are playing a potentially very dangerous game with their environment, a game in which they must make decisions for which the reward is survival and the penalty for a mistake is discomfort or even death. In this game, however, fair play is not to be expected ; for, the fact is, it is always rigged in one way or another, and all species cheat in some way. 5

Let us consider two extreme cases : first, our own species as an example of an animal in which responses are almost wholly determined by individual experience. I have a small son. The fact that he has survived to the age of two is largely due to considerable care on the part of his normally untidy parents. Since he happened to us, we have learned to clear up. We hide saws and chisels ; we lay 10 ladders flat instead of leaving them propped against things ; and we shut the garden gate. In short, the boy's opportunities for experiment are kept within limits, so that while he is free to learn by experience, we can be fairly sure that he is not going to hurt himself really badly. As he learns more about the world, we can relax the limits. It is generally accepted that the full treatment takes 15 about twenty years ... so we have another eighteen years to go.

This is one way of rigging the survival game. The other extreme way is to have the right answers to all potentially disastrous experiments fitted in at the outset. For example, any sea anemone knows what is edible and what is not. It will grasp food with its tentacles and cram it into its mouth. It will reject 20 inedible objects and close up when poked. A sea anemone does not learn to do these things ; these responses are built in from the outset and they are unaltered by individual experience. You cannot teach anything to a sea anemone ; it just does not learn.

(注)　rig : arrange (an event, etc.) dishonestly for one's own advantage
　　　chisel :（大工道具の）のみ　　sea anemone : イソギンチャク
　　　edible : fit to be eaten　　tentacle : 触手

# 52

次の英文の内容を，80〜100字の日本語に要約せよ。句読点も字数に含める。

I live in a nice old apartment building in Edinburgh: several floors of individual flats, all connected by an internal staircase made of sandstone. The building is at least a century old, and nowadays each of those sandstone steps is looking a little worn.

5　This wear is the result of a century of people walking up and down from their flats. As they have left for and returned from work, as they have gone out to the shops or for dinner, many times a day the feet of the people living here have fallen upon each stair.

As every geologist knows, even a small force, repeated over a large enough 10　stretch of time, can add up to some very large effects indeed. A century of footsteps is quite a lot. If each of thirty-five residents travelled up and down the staircase four times a day on average, then each step has been struck by at least ten million feet since it was laid down.

When I climb this staircase to my flat, I enjoy the daily reminder that 15　humans are a geological force. If ten million people were all sent up this staircase one by one, it would take less than eight months for their feet to wear away a centimeter of sandstone.

And then, consider that ten million people is but a small fraction of the seven billion people currently in the world. If you could somehow use the feet of all of 20　those people at once, then you could grind meters of rock away in a few moments. A few more repetitions and you'd have an impressive hole. Keep going for a few hours, and you could produce a new valley.

This might seem like a rather unrealistic thought experiment, but it does highlight, in a rather literal way, the idea of a carbon footprint, which is a 25　measure of the environmental impact of human actions. When it comes to our carbon footprints, the entire planet is the staircase. Our individual contribution —the energy we consume, the waste we produce—may seem insignificant, hardly something that is going to affect the planet. But when you multiply by seven billion, the small environmental impact of any one person becomes a very 30　weighty footstep indeed. It's not surprising that Earth is as worn down as my old staircase.

注：geologist, geological＜geology　地質学

# 53

次の英文を 60〜80 字の日本語に要約せよ。ただし，句読点も字数に数える。

My local newspaper recently ran a feature article headlined, "The Great American Bag Race," which I found both interesting and amusing in ways that neither the author nor the editor probably intended. The subject was the relative merits of paper and plastic grocery bags; the discussion included the reasons why many customers and grocers vehemently prefer one or the other, 5 and the fierce economic competition between manufacturers of both.

Just a few years ago, practically all grocery stores in this country routinely stuffed a customer's groceries into paper bags. In the early Eighties, plastic bags began to replace them in some places. By the time I sat down to write this, the two competitors were running neck and neck, with roughly equal 10 numbers of paper and plastic bags in use.

The article I mentioned reached no clear conclusion about which kind of bag was better overall, but it made clear that *both* kinds of bags contribute to the problems of resource consumption and solid waste disposal. The difference between them in terms of environmental impact is one of degree—and, when 15 you come right down to it, pretty trivial. Ironically, neither the author nor anyone quoted in the article even hinted that there might be another option that offers much more significant advantages over *either* kind of bag.

*Which Way to the Future?: Selected Essays From Analog* by Stanley Schmidt, Tor Books

## 54

次の文章は英国の自然について述べたものである。その要旨を 60 字から 80 字の日本文で書け。ただし，句読点も字数に数える。

There are not many places where one can feel with complete assurance that this is exactly as the first inhabitants saw it in "the freshness of the early world." Not much of England, even in its more remote places, has escaped being altered by man in some subtle way or other, however untouched we may fancy
5 it is at first sight. Sherwood Forest and Wicken Fen are not quite what they seem. The historian, trying to enter into the minds of the first men to behold a virgin landscape, trying to imagine precisely what they saw and no more, is aware of some of the difficulties of his task, if not all. One needs to be a botanist, a geographer, and a naturalist, as well as a historian, to be able to feel certain
10 that one has all the facts right before allowing the imagination to play over the small details of a scene. We must be extremely careful not to clothe the landscape with the wrong kinds of trees, or allow in it plants and birds that are really only the product of some recent changes, or fail to observe that the river has changed its course well within historic times. We may have to make all
15 sorts of allowance—subtracting here and adding there—before the natural landscape, still untouched by man, is recovered in all its purity and freshness.

*The Making of the English Landscape* by W. G. Hoskins, Little Toller Books.

# 55

次の英文の内容を 100〜130 字の日本語に要約せよ。ただし，句読点も字数に含める。

Until a few years ago, the common idea among archaeologists was that early human beings began to practice farming because they had no choice. Experts claimed that population growth led people to push some of their group members out of the most productive areas where it was easy to hunt and gather plenty of food from the wild. 5

Living on the poorer edges of the rich environments, according to the old thinking, these people noticed that seeds of gathered wild plants often began to grow where they had been thrown away or accidentally dropped. They then realized that planting crops intentionally in these poor areas provided a more plentiful and reliable source of food than hunting and collecting wild plants that 10 could be eaten. As a result, according to the traditional idea, temporary camps in the poor areas developed into permanent settlements. Recent research, however, suggests it didn't happen quite that way.

Archaeologists now think that agriculture might not have begun just by accident. Instead, it might have begun because early humans did some scientific 15 research. They say that because ancient peoples had experienced occasional bad years when wild foods were not easily available, people thought they should look for ways of making sure they always had enough food. So they experimented with particular wild plants, and eventually chose to grow the ones that seemed the best. Archaeologists say now that necessity was not 20 necessarily the mother of the invention of agriculture. Instead, human creative ability was.

(注)　archaeologist：考古学者

From Farming May Have Begun By Choice, Not by Chance by Boyce Rensberger, *The Washington Post* (1995/04/03)

## 56

次の英文の内容を，70～80字の日本語に要約せよ。句読点も字数に含める。

The silk that spiders use to build their webs, trap their prey, and hang from the ceiling is one of the strongest materials known. But it turns out it's not just the material's exceptional strength that makes spiderwebs so durable.

Markus Buehler, an associate professor of civil and environmental
5 engineering, previously analyzed the complex structure of spider silk, which gains strength from different kinds of molecular interactions at different scales. He now says a key property of the material that helps make webs strong is the way it can soften at first when pulled and then stiffen again as the force increases. Its tendency to soften under stress was previously considered a weakness.
10 Buehler and his team analyzed how materials with different properties, arranged in the same web pattern, respond to localized stresses. They found that materials with simpler responses perform much less effectively.

Damage to spiderwebs tends to be localized, affecting just a few threads—the place where a bug got caught and struggled around, for example. This localized
15 damage can be repaired easily or just left alone if the web continues to function adequately. "Even if it has a lot of defects, the web still functions mechanically virtually the same way," Buehler says.

To test the findings, he and his team literally went into the field, pushing and pulling at spiderwebs. In all cases, damage was limited to the immediate area
20 they disturbed.

This suggests that there could be important advantages to materials whose responses are complex. The principle of permitting localized damage so that an overall structure can survive, Buehler says, could end up guiding structural engineers. For example, earthquake-resistant buildings might bend up to a
25 point, but if the shaking continued or intensified, specific structural elements could break first to contain the damage.

That principle might also be used in the design of networked systems: a computer experiencing a virus attack could shut down instantly, before its problems spread. So the World Wide Web may someday grow more secure
30 thanks to lessons learned from the spidery construction that inspired its name.

注：molecular＝molecule（分子）の形容詞形

From How spider webs achieve their strength by David L. Chandler, *MIT News* (2012/02/02)

次の英文の内容を，60〜70 字の日本語に要約せよ。句読点も字数に含める。

We are only born with so much natural rhythm and harmony, and we have to search for and develop ways of maintaining both. My fifty years of experience in teaching and encouraging top sports people have made me realize that total harmony in movement should resemble a fish in water—one shake of its tail and off it goes, changing pace and direction with ease. Minimum effort is 5 applied, but maximum results are achieved.

All the great heroes in the history of sport—Pele, Muhammad Ali, Bjorn Borg —started each movement with rhythm and fluency. They did not move suddenly from a dead stop : they were thinking sway-and-flow, not start-and-run. They had developed what might be called high-level awareness, which is 10 an absolute necessity for any athlete who wants to reach the top of their profession.

We all know that nerves and tension can cause bad movements and errors, but these can be minimized by developing a lifestyle around this high-level awareness. You must focus the body and make it aware, as you would your 15 fingers that were about to pick something up. Your whole body, like your fingers, must be sensitive to its position in space. Gradually, you will develop your own sense of rhythm, and this will show up in better and more consistent performance.

5

「科学」を味わう

## 58

次の英文の内容を，挙げられた例にも触れながら，90〜100字の日本語に要約せよ。ただし，句読点も字数に含め，"science fiction" は「SF」（2字）と表記せよ。

Science fiction not only is good fun but also serves a serious purpose, that of expanding the human imagination. We can explore how the human spirit might respond to future developments in science, and we can imagine what those developments might be.

5　There is a two-way trade between science fiction and science. Science fiction suggests ideas that scientists include in their theories, but sometimes science turns up notions that are stranger than any science fiction. Black holes are an example, greatly assisted by the inspired name that the physicist John Archibald Wheeler gave them. Had they continued with their original names of
10　"frozen stars" or "gravitationally completely collapsed objects," there wouldn't have been half so much written about them.

One thing that science fiction has focused attention on is travel faster than light. If a spaceship were restricted to flying just under the speed of light, it might seem to the crew that the round trip to the center of the galaxy took
15　only a few years, but 80,000 years would have passed on Earth before the spaceship's return. So much for going back to see your family!

Fortunately, Einstein's general theory of relativity allows the possibility for a way around this difficulty : one might be able to bend, or warp, space and time and create a shortcut between the places one wanted to visit. It seems that
20　such warping might be within our capabilities in the future. There has not been much serious scientific research along these lines, however, partly, I think, because it sounds too much like science fiction. One of the consequences of rapid space travel would be that one could also travel back in time. Imagine the complaint about the waste of taxpayers' money if it were known that the
25　government were supporting research on time travel. For this reason, scientists working in this field have to hide their real interest by using technical terms like "closed timelike curves" that really mean time travel. Nevertheless, today's science fiction is often tomorrow's science fact. The science behind science fiction is surely worth investigating.

*The Physics of Star Trek* by Stephen Hawking, Basic Books

コピーして使用してください（100 字×8，200 字×6）。

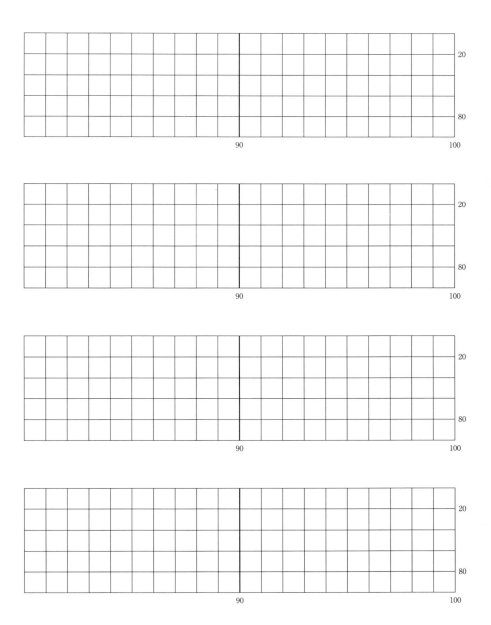

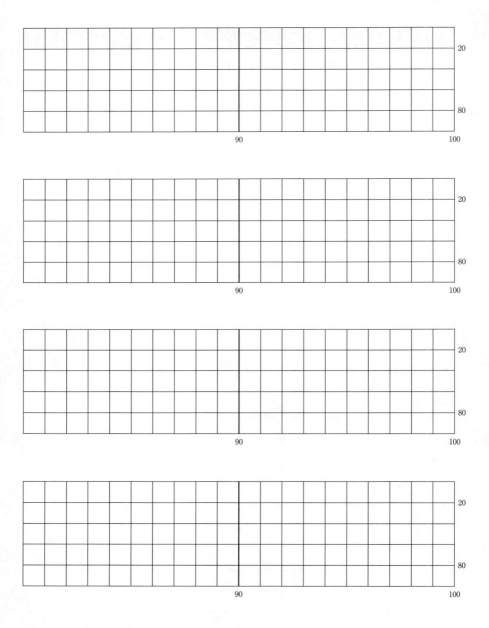

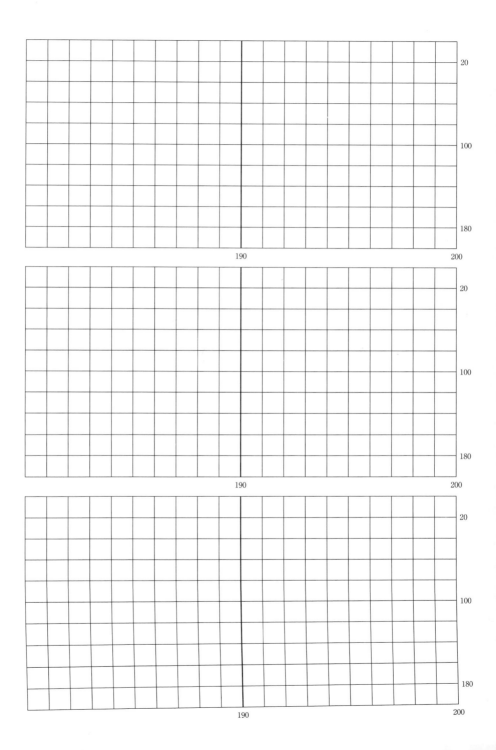

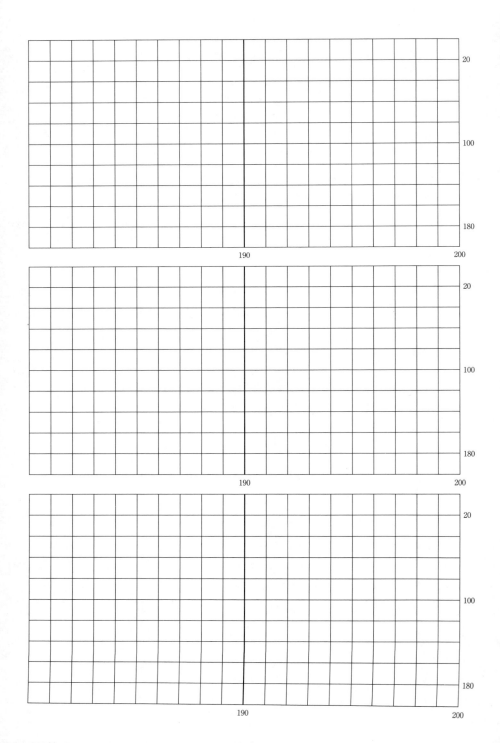